Gulliver Taschenbuch 5506

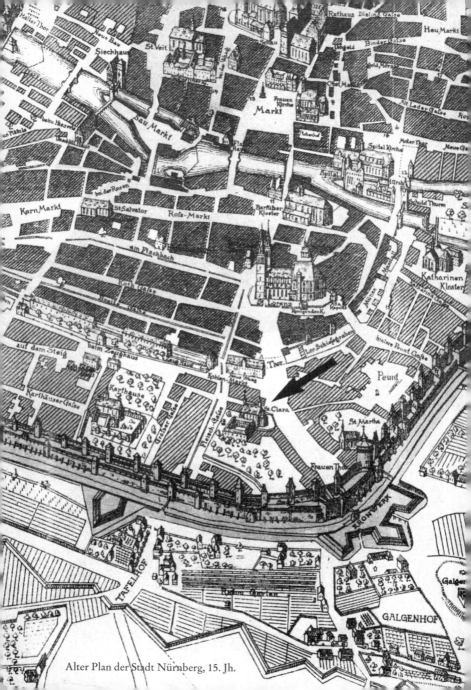

Julia von Grünberg

Caritas Pirckheimer und das Zeitalter der Reformation

Deutsche Geschichte in Lebensbildern
Mit zeitgenössischen Abbildungen

Julia von Grünberg, geboren 1968 in Berlin, Studium der Deutschen Geschichte an der Freien Universität Berlin. Nach einem Aufenthalt in England lebt sie zurzeit mit ihrer Familie in Konstanz. *Caritas Pirckheimer und das Zeitalter der Reformation ist ihr erstes Buch.*

www.beltz.de
Gulliver Taschenbuch 5506
Originalausgabe
© 2001 Beltz Verlag, Weinheim und Basel
Programm Beltz & Gelberg, Weinheim
Alle Rechte vorbehalten
Einbandgestaltung von Max Bartholl
unter Verwendung zeitgenössischer Abbildungen
Lektorat Gabriele Leja
Gesetzt nach der neuen Rechtschreibung
Gesamtherstellung Druckhaus Beltz, 69494 Hemsbach
Printed in Germany
ISBN 3 407 75506 6
1 2 3 4 5   05 04 03 02 01

Inhalt

Mädchenjahre
Als Caritas noch Barbara hieß 9
Margareta und Norius 31
Die Krone des Kaisers 50

Schülerin im Kloster
Von der Bürde anders zu sein 63
Ein Name der Liebe 86

Braut des Herrn
Latrinengeflüster 100
Über den Tod und das Leben 110
Die Kindmeisterin 126
Sixtus Tucher 140
Der Weg zum Ruhm 157

Würdige Mutter, gelehrte Jungfrau
Erste Bewährung 165
Der Ablass 181

Männliche Schwärmereien 190
Anna Schwarz 197
Luthers Thesen 212

Kämpferin wider den Zeitgeist
Gerüchte und Veränderungen 234
Prediger der Evangelischen 244
Mütter und Töchter 257
Wie ging es weiter? 272

Quellen und Literatur 277

Zur Reformation in Deutschland 284

*Zeittafel zu Leben und Zeit
der Caritas Pirckheimer* 297

*»Infirma mundi elegit Deus,
ut fortia quaeque confudat.«* (1. Cor. 1,27)

Was schwach ist vor der Welt, hat Gott erwählt,
um das Starke zu beschämen.

Mädchenjahre
(1478–1479)

Als Caritas noch Barbara hieß

»Barbara, Willibald, reitet doch etwas schneller. Wir sind bald da.«

Johann Pirckheimer musste schreien, damit seine Kinder ihn hörten, so weit hatten sie sich zurückfallen lassen. Die bewaffneten Söldner, die er angeheuert hatte, um seinen kleinen Reisetrupp vor Räubern zu schützen, waren schon fünfzig Pferdelängen voraus. Nun rief er in die andere Richtung hinter den Soldaten her, sie sollten gefälligst warten, selbst wenn es regne, dafür bezahle er sie schließlich.

Seit dem Morgengebet goss es entsetzlich. Barbara und Willibald trieben lustlos ihre Reitponys an, die ebenso lustlos mit einem lahmen Trab reagierten.

Seit vier Tagen waren sie unterwegs. Am ersten Tag hatten die Kinder noch ein Lied nach dem anderen gesungen, waren mit den Ponys vorausgeritten, hatten mit den Söldnern geplaudert und dabei das Gefühl gehabt, sie hätten ewig so reisen können. Schon am zweiten Tag erwies sich dieses Gefühl als irrig. Es war für den Herbst ungewöhnlich schwül, ständig mussten sie sich der Bremsen und Fliegen erwehren. Und wenn sie nicht gerade nach einer Bremse schlugen, klagten sie über ihre schmerzenden Hinterteile. Am dritten Tag hatten sie sich noch ein Schafsfell über den Sattel gelegt, damit sie weicher saßen, doch es hatte nicht viel geholfen. Außerdem war es unerträglich heiß. Wenn sie redeten, fragten sie entweder: »Wann sind wir da?«, oder: »Wann machen wir Pause?« Ansonsten schwiegen sie jetzt verbissen. Am Abend waren sie an den Schenkeln so wund geritten, dass ein Apotheker aus Pleinfeldt ihnen eine besondere Salbe anrühren musste. Mit ihr bestrichen sie Tücher, die sie sich in der Nacht um Schenkel und Hintern wickelten. Doch es half nicht viel. Am vierten Morgen war der Gedanke an die Ponys eine einzige Qual.

»Du musst zu Gott beten, dass es wenigstens etwas kälter wird«, hatte Barbara an diesem Morgen zu ihrem Bruder gesagt.

Willibald hatte sie nur gequält angesehen und geantwortet: »Ich werde zu Gott beten, dass er uns einen Engel schickt, der uns nach Nürnberg trägt.«

Barbara hatte den Kopf geschüttelt und gemeint: »Das macht der nie.«

Worauf Willibald trotzig geworden war. »Vielleicht macht er es ja doch. Aber dann nimmt er nur mich mit, weil du nicht daran geglaubt hast.«

Barbara hatte mit den Schultern gezuckt und war zum Vater gelaufen, um mit ihm und Matthes Volltje, dem

Reitknecht, zur Morgenandacht in die Dorfkirche zu gehen. Ihr drei Jahre jüngerer Bruder war langsam hinterhergetrottet und hatte jedem Stein, der ihm im Weg lag, einen Fußtritt verpasst. Die Kirche war klein, eher eine Kapelle, und der Pfarrer hatte es an diesem Morgen offensichtlich eilig. Nur das Glaubensbekenntnis hatte er langsam gesprochen, so dass alle mitreden konnten.

»Credo in unum Deum, patrem omnipotentem, factorem coeli et terrae, visibilium omnium et invisibilium ...«

Beide Kinder hatten die Augen geschlossen, die Hände gefaltet und ungefähr mitgemurmelt, natürlich ohne etwas zu verstehen. Als sie aus der Kirche getreten waren, regnete es.

»Siehst du«, hatte Barbara frohlockt, »er hat mich erhört, heute wird es bestimmt nicht so heiß wie gestern.«

Willibald hatte ihr einen wütenden Blick zugeworfen und gesagt: »Na und, das mit dem Engel habe ich ja gar nicht gebetet, also kann er mich auch gar nicht holen kommen.«

»Das sagst du jetzt nur so«, hatte Barbara laut gelacht.

Der Vater war dann recht nervös gewesen, denn Matthes Volltje hatte schon die Pferde geholt und stand wartend vor dem Gasthof.

»Steigt endlich auf und Schluss mit dem Streit«, hatte er gedrängt.

Und so hatte dieser Ritt angefangen. Seitdem regnete es ununterbrochen. Inzwischen waren sie alle bis auf die Haut durchnässt. Die Kinder saßen mit blauen Lippen bibbernd auf den Pferden.

»Du hattest doch die dumme Idee, dass es kälter werden sollte«, giftete Willibald natürlich irgendwann zu seiner Schwester hinüber.

Und noch immer war Nürnberg nicht in Sicht. Stattdessen sahen sie jetzt hier und dort am Wegesrand oder auch weiter im Feld eine tote Kuh oder ein totes Schwein oder auch nur ein paar Knochen. Jemand hatte sie hier abgelegt, weil er zu faul gewesen war, sie zu vergraben, wie der Rat der Stadt das eigentlich befahl. Das war der Abfall von Nürnberger Bürgern. Es konnte also nicht mehr so weit sein.

Da kamen sie endlich an das erste Tor. Es war in einen Zaun aus hohen Palisaden eingelassen, ein Schutz für die Bauern der Umgebung, die sich hindurch retteten und mit Holzgittern den Weg verrammelten, wenn mal wieder eine dieser räuberischen Banden unterwegs war. Immer wieder überfielen sie nämlich die Höfe vor der Stadt oder auch schutzlose Reisende auf ihrem Weg. Deswegen hatte der Vater ja die Söldner angeheuert. Doch die schienen ihre Aufgabe nicht besonders ernst zu nehmen und ritten weiterhin eilig vorneweg.

Die Kinder überholten nun einen fluchenden Bauern, der zwei Ochsen hinter sich herzog, und Frauen mit Körben voller Äpfel, deren Röcke im Schlamm schleiften.

»Ich will einen Apfel«, quengelte Willibald.

»Kriegst du aber nicht, Vater ist ja schon da vorn«, antwortete Barbara und trieb ihr Pony zur Eile.

»Dann hol ich mir eben einen vom Baum.«

»Nein, Herrgott, jetzt komm endlich!«

Obwohl sie so nahe an der Stadt waren, ritten sie noch immer an Feldern, Wiesen, Gärten mit Obstbäumen entlang und gelegentlich an kleinen Höfen vorbei. Und dann nach einer Wegbiegung lag sie vor ihnen, so weit sie gucken konnten: die Stadt Nürnberg.

»Sind das viele Häuser«, entfuhr es Willibald.

Eine hohe, breite Mauer umgrenzte das Ganze. Das war nach der großen Holzwand der zweite Schutz für die Stadt. Beide staunten.

»Guck mal, die Mauer ist ja gewaltig, auf der kann man bestimmt um die Stadt herumlaufen«, sagte Barbara.

»Und wenn man da oben steht, kann man das ganze Land sehen und von oben runterschießen«, begeisterte sich Willibald und fügte noch hinzu, was ihm in diesem Moment besonders wichtig erschien: »Man wird nicht einmal nass dabei, über den Zinnen ist ja ein Dach!«

»Ich will mal auf einen dieser vielen Türme klettern bis ganz nach oben«, sagte Barbara.

Alle paar Meter war die Mauer nämlich von Türmen unterbrochen.

Der Vater rief ungeduldig: »Kannst du nicht traben, Willibald, die Söldner sind schon vor den Toren.«

Tatsächlich hatten die Söldner bereits die hölzerne

Brücke erreicht, die über den Stadtgraben zu den Toren führte, aber nun kamen sie nicht weiter, denn ein Schlagbaum versperrte ihnen den Weg. Der wurde von einem Stadtknecht bewacht. Und der Stadtknecht saß nebenan in seinem Häuschen, das an der Brücke stand. Er hatte sich ein Feuer angemacht und schlürfte aus einem Holzbecher warmes Bier, wie es gegen Erkältungen gut sein soll, als es heftig an seiner Tür klopfte. Missmutig erhob er sich und öffnete.

Draußen standen die vier Söldner, zu erkennen an der bunten Uniform, den Schlitzhemden und den Waffen.

»Wo wollt Ihr hin, wo kommt Ihr her, Reisige?«, fragte der Wächter und blieb abwartend in der schützenden Tür seines Hauses.

»Mann, lasst uns hier nicht im Regen stehen, öffnet uns den Schlagbaum, es ist der ehrenwerte Johann Pirckheimer mit seinen Kindern, den Ihr vor Euch habt.«

»So, ich sehe ihn aber nicht. Wo ist er denn?«, fragte der Stadtknecht.

Die Söldner wiesen hinter sich. »Da hinten folgt er uns.«

Der Wächter machte noch immer keine Anstalten herauszukommen.

»Dann wollen wir doch auf ihn warten«, sagte er und grinste.

Die Männer fluchten über den Regen und über die Unhöflichkeit des Nürnberger Stadtknechts – und warteten.

Johann Pirckheimer kam mit den Kindern und den von Matthes Volltje gezogenen Packpferden heran und musste zunächst seinen Geleitbrief vorzeigen. Der Wächter trat sogar heraus, um den Brief anzunehmen, und ging damit schnell wieder in sein Häuschen. Der Brief war von Wilhelm von Reichenau ausgestellt, dem Bischof von Eichstätt, und lautete auf Johann Pirckheimer, freiherrlicher Konsulent, der unterwegs war in Angelegenheiten des Bischofs und des ehrenwerten Nürnberger Rates. Der Mann prüfte nur obenhin Siegel und Signatur, deutete eine leichte Verbeugung an, trat heraus, reichte den Brief zurück und eilte endlich durch den Regen, um den Schlagbaum hochzuheben. Johann Pirckheimer grüßte kurz, winkte den anderen und sie ritten nun über die Brücke.

Die Pferde scheuten vor dem dumpfen Geräusch, das die Hufe auf den Holzbohlen machten, und sprangen schnell auf die andere Seite. Erst am mächtigen zweiten Tor – über ihnen hing das Fallgitter – konnten sie wieder gezügelt werden. Kaum waren sie hindurch, standen sie vor einer noch viel höheren Mauer. Wenn drei große Männer sich übereinander gestellt hätten, hätten sie noch immer nicht über diese dritte und letzte Umgrenzung gucken können. So hoch war sie. Dann ritten sie durch den Zwinger – den Raum zwischen den Mauern, wo man vor sich und hinter sich nichts als Mauer sah – und schließlich durch das Tor, das heute noch Frauentor heißt. Das reiche Nürnberg war gut geschützt, das konnte man wohl sagen. Kaum waren sie hindurch, blickten sie die gepflasterte Straße hinauf

Der Hauptmarkt nach Norden, 1599

links zum Klarakloster und weit hinten rechts zur neuen Lorenzkirche. Darauf machte der Vater sie aufmerksam.

Als sie am Kloster vorbeiritten, betrachtete Barbara neugierig die Klostermauern. Das Kloster war also auch von einer hohen Mauer umgeben und die war wenigstens so hoch wie zwei übereinander stehende Männer. Vom Klarakloster hatte sie die Eltern schon gelegentlich sprechen hören, es musste dort wohl sehr streng nach Gottes Geboten zugehen. So sagten sie jedenfalls und dass das doch ein feiner Konvent wäre für eine Pirckheimerin.

Willibald, der an ihrer Seite ritt, hatte ihre Blicke bemerkt und sagte: »Schau mal, wenn ich hier ein großes Pferd hätte und mich darauf stellen würde, dann könnte ich vielleicht auf die Mauer klettern und rübergucken. Und dann könnten wir uns sehen, wenn du in dem Kloster bist.«

Barbara schaute ihn an, als hätte er etwas völlig Unsinniges gesagt. »Quatsch, die Nonnen sind doch nicht im Garten, die sind im Kreuzgang oder in der Kirche und beten, da könntest du mich gar nicht sehen.«

»Das ist doch ganz langweilig, kannst ja mal in den Garten kommen!«, antwortete Willibald wegwerfend.

Gerade jetzt hielt der Vater an und wandte sich zu Matthes Volltje.

»Matthes«, rief er, »gib die Pferde an die Söldner, sie sollen sie führen und dir später noch beim Absatteln helfen, dann kannst du sie entlohnen, und reite jetzt voraus, um uns meinem Vater anzukündigen.«

Matthes reichte die Zügel weiter an die unwilligen Söldner und trabte rasch vor ihnen her, während sie ihre Pferde nun in ruhigen Schritt fallen ließen, um ihm einen Vorsprung zu gewähren.

So kam es, dass der Großvater Hans Pirckheimer bereits in der Tür seines Hauses am Markt stand, um Sohn, Enkel und Enkelin zu begrüßen, und dass vor allem, was ebenso wichtig war, in der Küche schon ein monströser Kupferkessel mit Wasser über dem Feuer hing, um ein heißes Bad für die durchgefrorenen Gäste vorzubereiten. Die Begrüßung war herzlich, aber kurz, denn alles drängte aus dem Regen ins Haus und aus der nassen Kleidung heraus. In der geräumigen Diele traten auch Großtante Katharina und die zweite Frau des Großvaters, Walpurga, hinzu. Die Kinder nannten sie die Großmutter Walpurga, obwohl sie eigentlich gar nicht verwandt waren. Beide Frauen stellten einmütig fest, dass Vater und Kinder sich schleunigst ins warme Wasser setzen sollten, damit nicht ein Fieber die Folge dieser langen Reise wäre.

Matthes, selber bereits umgekleidet, nahm sich nun seines Herrn in der Badestube an, und die Kinder folgten einer Magd, die für sie in der Küche einen Badezuber eingoss. Frierend und seufzend ließen sie sich hineingleiten. Alles an ihnen war zu einem schmerzenden, müden Ganzen geworden, das sich erst jetzt im warmen

Wasser entspannte. Dazu tranken sie heiße Milch mit Honig.

Anschließend führte die Magd die in dicke Tücher gehüllten Kinder über eine schmale Stiege ins obere Stockwerk, wo ein Raum für sie hergerichtet war. Er war ganz mit Buchenholz verkleidet und mit Blumenranken ausgemalt. Zwei schlichte schmale Laden mit frischem Stroh und Betttüchern standen an den Wänden. Außerdem hatte der Raum zwei offene, unverglaste Fenster, die durch Holzläden geschlossen werden konnten. Direkt darüber war ein schmaler Fensterstreifen mit Butzenscheiben verglast. Butzenscheiben sehen aus wie viele nebeneinander geklebte grüne Flaschenböden. Natürlich fällt durch grüne Flaschenböden nicht besonders viel Licht, aber immerhin wurde es nicht ganz dunkel, als die Magd jetzt die Holzläden schloss. Unter dem Fenster waren Bänke in die Wand eingelassen, außerdem stand eine Sitztruhe neben einem der Betten. Mehr war nicht in dem Raum, und die Kinder waren zu müde, alles zu betrachten. Sie legten sich in die Laden und schliefen bald ein.

Auch der Vater hatte inzwischen sein Bad beendet, trockene Kleidung angezogen und saß mit dem Großvater im Studierzimmer am Kamin auf einer Bank. Die Magd hatte ein Feuer gemacht, weil der Großvater schnell fror. Das war auch kein Wunder, denn die Holzläden standen hier offen und frische, kühle Regenluft zog herein. Beide hielten nun auch einen Becher mit heißem Bier in der Hand und waren mitten im Gespräch.

Der Großvater schien aufgebracht, er sagte gerade heftig: »Und, frag ich dich, was hat sie von all ihrer Weisheit? So lange ich sie kenne, ist sie garstig und übellaunig, deine Tante. Nein, Johann, es tut Frauen nicht gut, wenn sie zu viel lernen. Meine Schwester Katharina war sich immer zu fein für alles, sie hat nicht geheiratet, sie hat keine Kinder, sie ging nicht ins Kloster, dafür liest sie Bücher über die Sterne am Himmel und ist mir ein arger Tyrann.«

Johann Pirckheimer zog die Brauen hoch. »Vater, ich möchte, dass Barbara eine Nonne im Klarakloster wird. Dafür ist es wichtig, dass sie die Heilige Schrift lesen kann. Wir müssen sie darauf vorbereiten, das bedeutet, dass Ihr sie weiterhin Latein lehrt, ihr die wichtigsten Gebete beibringt, die Zither spielen und ein wenig auch das Singen. Ich verstände Eure Erregung, wenn ich Barbara nach Nürnberg gebracht hätte, um einen passenden Ehemann für sie zu suchen. Aber nein, wir wollen sie, unser allererstes Kind, Gott schenken, damit er uns unsere Sünden vergibt, die wir in unserem weltlichen Leben begehen. Barbara soll das fromme Leben einer reinen Jungfrau führen dürfen. Das ist das höchste Dasein, das eine Frau erreichen kann. Und es bedeutet doch für uns alle ein Geschenk, auch für Euch wird sie schließlich beten. Also, sie soll eine Nonne werden und dafür braucht sie zumindest die Fähigkeit zu lesen und zu schreiben.«

Er sah seinen alten Vater beschwörend an, doch der schien wenig beeindruckt.

»Ich will dich nur warnen«, knurrte der Großvater, »es reicht bei weitem, dass sie die Psalmen entziffern kann, alles andere bringt nur Unruhe. Wenn du sie von meiner Schwester unterrichten lässt, wird sie ihr alle möglichen Flausen in den Kopf setzen.«

Johann Pirckheimer seufzte. »Ich sehe gar keine andere Möglichkeit. Barbara muss einige Zeit bei Euch wohnen, weil nur Nürnberger Bürgerinnen ins Klarakloster aufgenommen werden, und sie ist in einem Alter, in dem sie Unterricht bekommen sollte. Bisher habe ich sie gemeinsam mit Willibald unterrichtet. Sie hat die Anfänge der lateinischen Grammatik gelernt, sie ist also weiter als andere Mädchen ihres Alters. Ihr könnt sie nicht in die städtische Schule gehen lassen. Zumal ich auch nicht möchte, dass törichte Lehrweiber meine Tochter schlagen. Vater, Ihr wisst selbst, wie es um die Schulen steht. Das Lateinische jedenfalls lernen Mädchen dort nicht.«

Der Großvater sah ihn mürrisch an. »Sie lernen, was sie brauchen, nicht mehr und nicht weniger. Ab wann wird sie ins Kloster gehen? Wenn sie zwölf ist, sagst du, das sind zwei Jahre.« Er wiegte den Kopf und brummte: »Jaja, es wird wohl so sein, dass Katharina sie unterrichtet, aber ich will ihr doch meine Walpurga an die Seite stellen, damit sie wenigstens einige vernünftige Dinge im Haushalt lernt. Das wird ihr auch im Kloster nichts schaden.«

Inneneinrichtung eines Hauses im 15. Jh. – so ähnlich sah es vermutlich im Haus der Pirckheimers aus.

Johann Pirckheimer nickte erleichtert. »Das finde ich sehr gut, zumal Walpurga, wie ich hörte, einen besonders engen Kontakt zum Klarakloster pflegt. Ihr nehmt uns eine große Sorge ab. Ihr wisst ja, dass wir demnächst von Eichstätt nach München ziehen. Ich fange bald beim bayrischen Herzog an zu arbeiten und hoffe, dass ich mein Weib mit den anderen Kindern nachholen kann. Es bliebe kaum Zeit, Barbara weiter zu unterrichten, ich werde viel unterwegs sein. Es ist das Beste, wenn sie bei Euch bleibt. Übrigens habe ich vor, Willibald auch auf Gesandtschaftsreisen künftig mitzunehmen, so wie Ihr es früher mit mir getan habt. Ich hab doch viel Gutes davon gehabt, auch kann ich ihn während der Reisen weiter unterrichten.«

Der Großvater lächelte wohlgefällig. »Ein feiner Junge, der Willibald, und er wirkt so aufgeweckt. Er erinnert mich sehr an dich, mein Sohn.«

»Es sind zwei gute Kinder«, sagte Johann Pirckheimer stolz. »Ihr werdet Eure Freude an Barbara haben.«

Eine kurze Pause trat ein, dann begannen beide vom Rat der Stadt zu sprechen, denn Johann Pirckheimer war auch deshalb nach Nürnberg gekommen.

Beim Abendessen drehte sich das Gespräch um die Neubauten an der Lorenzkirche. Die ganze Familie saß in dem großen Raum über der Diele, wo sich sonst meist die Frauen mit Spinnrocken und Stickereien aufhielten. Auf der groben Tischplatte lag ein feiner Teppich, den die Großmutter Walpurga kürzlich erst den Nonnen von St. Klara abgekauft hatte. Und außerdem hatte sie Anweisung gegeben, dass die Magd das Silber aus den Truhen holte, denn wenn der Sohn der verstorbenen Frau ihres Mannes im Haus war, wollte sie sich nicht kleinlich zeigen. So wurde denn jetzt auch aufgetischt, was die Vorratskammern hergaben. Die waren zum Ende des Sommers gut gefüllt. Mit Blicken und Winken dirigierte Walpurga die Mägde, das gesottene Wild zu bringen, frisches Brot, dann die Kapaune, den Fisch, das Obst und schließlich Konfekt.

Das Gespräch über die Lorenzkirche führte ihre Schwägerin Katharina.

»Magnificus, sage ich euch, die Mächtigkeit der Halle, formula splendida«, sie klatschte in die Hände. »Ad oblectamentum domini, zur Freude des Herren gerade recht. Omnes gentes, die gesamte Bürgerschaft hat sich elaboriert, die Löffelholzin, mein lieber Johann, die Schwester deiner Frau, ist eine ganz eifrige, die Tucher, die Volckamer, die Kreß, die Ketzlin, die Holzschuher und Imhoff haben sich auch nicht lumpen lassen, und wir Pirckheimer. Ad memoriam unser Wappen in einem Glasfenster, so schon unser Vater selig angeordnet. Gott wird es uns lohnen. Seit achtunddreißig Jahren zahlen wir für diesen Bau und nun ist er noch zu meinen Zeiten fertig geworden. Operae pretium est. Es lohnte die Mühe! Das war ein Fest, an paschale 1477, am Ostertag, als der Bischof ihn weihte. Und darinnen achtet besonders auf die feinen Sculpturae. Carissime, vor allem der Erzengel Michael von dem jungen Veit Stoß. Er hat ihn aus einem einzigen Lindenstamm gearbeitet, mirandum in modum! Der Faltenwurf ist so üppig und redlich, man möchte mit den Händen hineingreifen.«

Willibald stieß Barbara mit dem Ellbogen an, griff mit der einen Hand nach einem nächsten Hühnerschenkel und kicherte ihr leise ins Ohr: »Ich glaube, die ist verrückt, die Großtante, wie redet die denn. Und sie macht ja nicht einmal eine Pause, um Luft zu holen.«

Barbara zuckte mit den Schultern, Fett tropfte ihr vom Kinn, und sie wirkte sehr konzentriert, als sie zurückflüsterte: »Hast du das Konfekt gesehen? Kandierte, wie heißen die? Gezuckerte Zitronen, oder so! Das habe ich noch nie gegessen.«

Beide stopften sich den Mund so mit Speisen voll, dass er kaum einmal leer wurde und sie darüber ihre wunden Stellen am Körper vergaßen. Am Ende fühlten sie sich satt und behaglich.

Draußen war es dunkel geworden. Die Magd hatte den Kamin eingeheizt und auf dem Tisch standen Unschlittlichter – Talgkerzen, die furchtbar stanken und nur vage schimmerten.

Am nächsten Morgen gingen sie zur Messe in Sankt Lorenz. Der Großvater saß als Einziger zu Pferd, denn er konnte wegen seiner Gichtschmerzen kaum laufen. Barbara war hingegen froh, dass sie nicht schon wieder auf ihr Pony steigen musste. Sie trug ein weites, einfaches

Kleid, hatte die Haare zu einem langen Zopf gebunden und lief mit Willibald hinter den Erwachsenen her. Frauen sollten in der Kirche ihren Kopf bedecken, deswegen trug Barbara eine schlichte Haube. Großtante Katharina war besonders anzuschauen, sie trug noch einen dieser altmodischen, spitzen Hüte mit langem Schleier, die man Hennin nannte und die in ihrer Jugend besonders schick gewesen waren. Sie war inzwischen die Einzige, die so etwas noch trug. Die Großmutter hatte den Sturz vorgezogen. Der war zwar viel unbequemer, galt jedoch als besonders ehrenhafte Kopfbedeckung. Dafür musste sie aber die ganze Zeit ein Gestell auf dem Kopf tragen, über dem ein ausladendes Tuch kompliziert gefaltet war. Man ging dadurch sehr aufrecht.

Vor der Lorenzkirche stand ein großer, kräftiger Mann, der über das ganze Gesicht strahlte. Der Großvater ließ sich mit einem Ächzen vom Pferd gleiten, humpelte direkt auf ihn zu, schüttelte ihm freudig die Hand und rief: »Paul, seid Ihr wieder Vater geworden, meinen Glückwunsch, der Herr will Euch viel Gutes, dass er Euch einen gesunden Jungen geschenkt hat.«

»Woher wisst Ihr es denn?« Paul Volckamer sah den alten Pirckheimer erstaunt an.

Der lachte laut heraus: »Ihr macht ein Gesicht, wie ich es das letzte Mal zur Geburt meines Johann aufgelegt habe, und das ist gute vierzig Jahre her, aber vergessen tu ich's nimmer.«

Auch die anderen Pirckheimer gratulierten nun. Vom Markt näherten sich die Familien Tucher, Imhoff und Löffelholz und hörten die frohe Nachricht, dass die Volckamerin glücklich entbunden habe.

Etwas abseits stand ein junges Mädchen in der Nähe von Barbara und Willibald. Sie beäugten sich, bis Barbara auf sie zuging und sagte: »Ich bin Barbara, das ist mein Bruder Willibald, wir sind gestern zu Pferd aus Eichstätt gekommen.«

Das Mädchen lächelte und stellte sich als Margareta Volckamer vor. Es war die Schwester des Jüngstgeborenen.

Gemeinsam liefen sie in die Lorenzkirche, Willibald ging mit den anderen Männern zu den rechten Plätzen, Barbara mit den Frauen auf die linke Seite. Sie hielt sich eng an Margareta und saß zwischen ihr und der Großmutter. Ganz aus der Nähe sah sie jetzt, wovon die Großtante gesprochen hatte: den Erzengel Michael. Das war wirklich eine wunderschön geschnitzte Holzfigur. Und mit Gold und Silber bemalt. Barbara betrachtete sie neugierig, als die Messe begann. Durch die große Tür zog der Priester ein. Alle sangen das Kyrie.

»Kyrie eleison, Christe eleison. Herr erbarme dich, Christe, erbarme dich.«

Die Worte waren die gleichen, aber der Gesang war etwas anders als in Eichstätt. Barbara machte einfach alles, was Margareta tat. Zwischendurch flüsterte sie ihr zu: »Was trägt der Erzengel denn in der Hand?«

Trachten aus der Zeit von Caritas Pirckheimer

»Na, ein großes Schwert.«
»Nein, in der anderen Hand?«
»In der anderen trägt er eine Seelenwaage. Wenn du stirbst, dann wiegt er deine Seele. Siehst du, auf der rechten Seite sitzt ein guter Mensch, der in den Himmel kommt, und auf der anderen sitzt ein böser, an dem hängt ein Teufel und versucht ihn in die Hölle zu ziehen. Der Engel will mit seinem Schwert den Teufel vertreiben.«

Die Großmutter warf den Mädchen einen drohenden Blick zu. Schwätzen im Gottesdienst, das ging nun wirklich nicht.

Und so fielen die Mädchen schuldbewusst in das allgemeine Gemurmel ein:

»Gratias agimus tibi propter magnam gloriam tuam ...« Nach dem Gottesdienst führte die Großtante sie durch die ganze Kirche, eine gewaltige, hohe Halle. Sie zeigte alles so begeistert, als hätte sie es mit eigenen Händen gebaut. Im Chorfenster sah Barbara das Stadtwappen und in einem der Nebenfenster das Wappen der Familie Pirckheimer. Wie schön das aussah, von Nürnberger Bürgern erbaut, und sie, Barbara, gehörte nun dazu, sie wurde eine Nürnberger Bürgerin, sie war eine Pirckheimerin. Ein wenig gerader und stolzer verließ Barbara die Kirche.

Margareta und Norius

An einem der nächsten Tage durfte Willibald mit Vater und Großvater ins Rathaus, um dort andere Kaufleute der Stadt kennen zu lernen. Damit Barbara sich nicht verlassen fühlte, ging die Großmutter mit ihr zur Lauffergasse, um der Volckamerin im Kindbett ihre Aufwartung zu machen. Sie waren nicht die einzigen Besucherinnen. Als sie in den Raum traten, sahen sie in allen Ecken auf den Wandbänken kleine Gruppen von Frauen. Im Raum aber stand ein gewaltiges Bett mit einem Baldachin, einem Stoffhimmel, der auf gedrechselten Säulen ruhte.

In der Mitte in frische Linnen gebettet, einen brüllenden Säugling im Arm, saß die Volckamerin. Sie war eine dralle Person mit dicken Zöpfen und gewaltigen Brüsten, die sie gerade auspackte, um den Säugling anzulegen. Sie hielt inne, begrüßte die Eintretenden, doch der brüllende kleine Junge ließ keinen Zweifel daran, dass er nun gestillt werden wollte, und so fiel die Begrüßung recht knapp aus. Barbara und die Großmutter setzten sich zu den anderen auf die Wandbank und die Großmutter versank schon bald in ein Gespräch.

»Ach, sie will selbst stillen?«, sagte sie.

»Sie hat doch so viel Milch. Hat ja auch die anderen Kinder jedes seine zwei Jahre gestillt«, bemerkte die Imhoffin neben ihr.

»Zwei Jahre! Also, das halte ich, unter uns gesagt, für übertrieben. Wozu gibt es denn Ammen«, meinte darauf die Tucherin.

»Schläft er denn, der Kleine?«, fragte die Großmutter.

»Nein, das ist es ja, er schläft schlecht ...«, entgegnete die Imhoffin.

»Und die Geburt war schwer?«, kam es von der Löffelholzin aus der anderen Ecke des Raumes.

Worauf die schwerhörige Ketzlin fragte: »Was, nicht mehr? In nur drei Stunden? Dem Herrn sei Dank!«

Barbara langweilte sich. Erst hatte sie dem schmatzenden Säugling zugesehen, dann das Zimmer betrachtet, das ganz ähnlich gestaltet und ausgemalt war wie ihr eigenes, nur das Bett war natürlich mächtiger. Nun guckte sie zur Tür und schaute der Magd zu, die draußen vom Brunnen frisches Wasser geholt hatte und es jetzt in eine ganz praktische Vorrichtung goss. Das war ein Behältnis, das an der Wand hing und woran ein Hahn befestigt war. So konnte man, solange das Fass voll war, daraus Wasser in eine Schüssel laufen lassen.

Da trat Margareta ein. Barbara stand auf und ging auf sie zu.

»Barbara, du bist ja da. Komm, ich zeig dir was Schönes«, sagte Margareta gleich.

Sie ging voraus, zog Barbara die Treppe hinunter in die Diele, an großen Stoffballen vorbei, mit denen der Vater handelte, und durch die hintere Tür in den Hof. Der Hof war ziemlich groß, an der Seite lag ein abgetrennter

Kindbett – die Szene bei der Volckamerin könnte sich so abgespielt haben.

Kräutergarten, der Stolz der Volckamer'schen Köchin. Hinten schlossen Stallgebäude den Hof ab. Dort hinein ging Margareta. Es roch nach Stroh und Pferdemist. Drei Pferde standen hier, und in einer Ecke war noch ein Schweinekoben, in der eine Sau mit Frischlingen lag. In einer anderen Ecke lagerten Heu und Stroh. Margareta ging auf den Strohhaufen zu, wühlte etwas darin herum und hielt, als sie sich umdrehte, in jeder Hand einen jungen Hund.

»Sind die nicht goldig? Zwei Wochen sind sie alt, hier, nimm doch auch einen. Es waren acht. Einer ist leider letzte Woche gestorben. Jetzt sind's nur noch sieben.«

Barbara nahm vorsichtig ein kleines schwarzes Kerlchen auf den Arm und setzte sich zu Margareta ins Stroh. Jetzt sah sie auch die Hündin, die ausgestreckt auf ihrem Lager ruhte, die Welpen leckte und sie trinken ließ. Sie schien sich gar nicht daran zu stören, dass die Mädchen die winzigen Hunde streichelten. Diese hatten die Augen geschlossen und schliefen einfach weiter. Lange saßen die Mädchen so nebeneinander in den Anblick der kleinen Tiere versunken.

Schließlich seufzte Margareta tief. »Ich kann die Hunde nicht mitnehmen.«

»Wohin denn?«, fragte Barbara.

»Na, ich muss doch auf die Klosterschule. Ich will eine Nonne werden. Der Heilige Vater freut sich darüber, sagt meine Mutter, aber seit die Hunde geboren sind, möchte ich viel lieber hier bleiben.«

Barbara nickte verständnisvoll und sagte: »Ich kann auch eine Nonne werden, hat mein Vater mir versprochen, wenn ich alt genug bin. Warum darf denn der Hund nicht mit dir im Kloster wohnen?«

»Ich weiß auch nicht, aber jetzt brauchen sie sowieso noch ihre Mutter, da kann ich sie nicht mitnehmen, und dann kann ich ja nicht mehr herkommen. Mein Vater hat gesagt, Hunde hätten im Kloster nichts zu suchen«, antwortete Margareta.

Barbara meinte, sie würde ohne ihren Hund nicht ins Kloster gehen.

Margareta schniefte über so viel Unwissenheit etwas verächtlich durch die Nase. »Das kann man sich doch nicht aussuchen. Man soll da ja Gott dienen und nicht mit kleinen Hunden spielen, sagt meine Mutter. Ich gehe übrigens zu den Klarissen. Da waren schon ganz viele aus meiner Familie. Und du?«

»Ich geh auch dahin. Meine Großmutter kennt die Äbtissin. Wie schön, dass wir da beide hingehen! Meine Eltern haben gesagt, das Beste für mich wäre das Klarakloster, aber dafür muss ich Nürnberger Bürgerin sein und deswegen lebe ich jetzt erst mal bei meinem Großvater und seiner zweiten Frau.«

Margareta blickte froh. »Dann sehen wir uns ja bald im Kloster wieder. Kannst du dich nicht so lange um die Hunde kümmern? Wir können es ja so machen, dass du dir einen kleinen Welpen aussuchst, den du dann mitbringst, wenn du kommst. Dann ist er bestimmt groß genug.«

»Ich denke, das darf man nicht?«

»Vielleicht geht's ja doch, wenn wir sehr darum bitten!«

»Meinst du? Welchen sollen wir denn nehmen?«

»Guck mal, den hier mit dem weißen Ohr. Du musst deine Großeltern nur bitten, dass er bei euch wohnen darf, bis du ins Kloster gehst.«

Barbara nickte, begeistert von dieser Idee, und sagte: »Ich werde es versuchen. Und mir fällt auch ein Name für ihn ein. Wir hatten in Eichstätt mal einen Hund, der hieß Norius.«

Margareta stimmte zu: »Ja, so nennen wir ihn. Norius!«

Die Großmutter war nicht begeistert. »Einen Hund?«, rief sie, »Hunde gehören auf die Straße und einen Hofhund haben wir schließlich schon.«

»Aber er ist doch so klein, Großmutter, Ihr werdet ihn mögen. Er kann auch nur in meinem Zimmer wohnen, Ihr seht ihn überhaupt nicht«, jammerte Barbara.

»Nein, das kommt mir nicht in Frage«, antwortete die Großmutter unwirsch, »und jetzt will ich davon gar nichts mehr hören. Dein Vater wird heute mit Willibald abreisen. Wir wollen ihre Sachen zusammenlegen und du solltest dich hinsetzen und einen Brief an deine Mutter schreiben. Geh zu Katharina, sie soll dir helfen.«

Missvergnügt ging Barbara zur Großtante. Sie saß um diese Zeit meist im Studierzimmer. Es hieß so, weil dort einige Bücher standen und ein Pult, an dem sie las.

Als Barbara schüchtern eintrat, blickte sie auf, lächelte und sagte: »Salve puella, du verstehst, wie ich hörte, etwas Latein? Quod erit demonstrandum. Wenn dein Vater nun wegfährt und du dich bei uns eingelebt hast, beginnen wir unsere Lectiones. Ein wenig lateinische Grammatik jeden Tag, mal eine Heiligenlegende, mal eine Fabel des Äsop, auch die Historica unserer Kaiser seit Carolus Magnus und vielleicht eine Rede des Cicero?«

Während dieser Aufzählung schaute sie munter und fröhlich, als hätte sie einen guten Scherz gemacht.

Barbara blickte abweisend. »Ich soll einen Brief an meine Mutter schreiben und Ihr sollt mir dabei helfen.«

Die Tante nickte, griff zu einer Gänsefeder und einem Messer, schnitzte einen Kiel zurecht und schob Barbara einen Schemel heran, damit sie sich setzen konnte.

Barbara tunkte die Feder in die Tinte und kratzte klecksend über das Papier:

*Lib Muter, wir synd agekomen. Gesten hab i eyne kleinen Hunt gestreychet. I wolte Ewch dysen Brif scheibe.
Barbara.*

Mehr fiel ihr nicht ein.

Die Tante schaute streng, schien es ihr, und sagte dann auch: »Des Schreibens bist du wohl nur ein wenig kundig, wir werden das üben müssen.«

Barbara war gar nicht wohl zumute.

Und dann ritten Vater und Bruder mit Matthes Volltje, dem Reitknecht, wieder weg. Noch lange stand Barbara vor der Haustür und winkte ihnen, ihr war so schwer und so traurig ums Herz. Nicht einmal das Reitpony hatten sie zurückgelassen. Es trug jetzt einen Ballen mit neuen Stoffen für die Mutter. Vor dem Haus auf dem Marktplatz standen heute viele Bauern aus der Umgebung und verkauften ihr Gemüse und ihre Tiere. Sie lärmten, es war so laut und die Stadt schien Barbara unendlich groß und beängstigend.

Am Nachmittag fröstelte sie und am Abend hatte sie schon hohes Fieber. Die Großeltern zögerten, den Stadtmedikus kommen zu lassen, denn der war sehr teuer. In der Nacht wickelten die Mägde Barbaras Waden mehrmals mit feuchten kalten Tüchern ein, um das Fieber zu senken. Aber auch am nächsten Tag blieb sie mit Fieber im Bett. Der Hals war geschwollen und schmerzte. Barbara fühlte sich entsetzlich einsam. Ab und zu kam die Großmutter, um nach ihr zu sehen. Sonst lag sie in dem dunklen Raum und dämmerte vor sich hin. Am dritten Tag kam auch die Großtante vorbei.

»Bärbchen, ich habe dir eine Geschichte mitgebracht«, sagte sie und erzählte die Fabel des Äsop vom Wolf und dem Schaf, die sie selbst gerade gelesen hatte. Doch hatte sie damit nicht gerade besonders viel Erfolg.

»Wieso frisst der Wolf das Schaf denn, das ist doch eine grässliche Geschichte. Es hat ihm doch gar nichts getan!« Barbara drehte sich auf die andere Seite und schloss die Augen.

An diesem Nachmittag hatte sie einen entsetzlichen Traum. Sie träumte, sie wäre gestorben und stände auf der Waage des Erzengels Michael. Plötzlich verlor sie das Gleichgewicht, stürzte herunter und konnte sich gerade noch mit der Hand am Rand der Waage festhalten. Von unten schnappte der Teufel nach ihr, er hatte das Aussehen eines Wolfes mit spitzen gelben Zähnen. Über ihr schwang drohend der Erzengel sein Schwert, um den Teufel zu vertreiben. Sie schrie! Als sie das Gefühl hatte, sie könne sich gar nicht mehr halten, kam zum Glück die Magd herein und rüttelte sie wach. Barbara war schweißgebadet und ganz rot im Gesicht.

Am Abend sprachen Großmutter und Großtante besorgt miteinander.

»Wir müssen etwas tun, damit uns das Kind nicht stirbt. Es scheint mir Heimweh zu haben«, sagte die Großmutter.

Die Großtante zuckte mit den Schultern. »Ach was, es hat eine Erkältung, es wird schon wieder, aber vielleicht sollten wir jetzt doch den Arzt holen.«

Der teure Stadtmedikus kam, sagte, Barbara hätte hohes Fieber, sonst könne er auch nichts feststellen, und ließ

Der Erzengel Michael mit seinem Schwert, Ende 15. Jh.

ihnen eine braun glänzende Paste da, die in Wasser verdünnt zweimal am Tag eingenommen werden sollte. Sie schmeckte gallebitter und schien gar keine Wirkung zu haben. Barbara schlief unruhig, redete wirr und fieberte weiter.

Am nächsten Morgen ging die Großmutter besorgt zu den Nonnen von St. Klara, betete lange und gab den Nonnen Geld, damit sie jeden Tag der nächsten Woche für Barbara zusätzlich beteten.

Jeder machte sich auf seine Weise Gedanken. Während die Großmutter Walpurga in der Kirche war, ging die Großtante Katharina in ihrem Studierzimmer auf und ab und überlegte, womit man Barbaras Lebenswillen wecken konnte. Es musste doch irgendetwas geben, was das Kind besonders freute? Eine Geschichte war es offensichtlich nicht. Aber hatte ihr Walpurga nicht neulich von einem jungen Hund erzählt, den Barbara sich gewünscht hatte?

Gerade trat der Großvater ein, um sich Feder und Tinte zu holen. »Hans, te tribus verbis volo, gut, dass du kommst. Es geht Barbara wohl doch sehr schlecht. Wir müssen etwas tun!«

Der Großvater sah seine Schwester an und dachte, was die sich schon wieder ausheckte.

»Der Arzt war doch da. Was meinst du denn?«

Katharina ließ einen Moment verstreichen, lächelte äußerst liebenswürdig und sagte: »Wir sollten ihr einen Hund kaufen.«

»Bist du völlig verrückt?«, gröpste er. »Wozu denn noch so einen Köter, wir haben doch schon diesen ständig kläffenden Hofhund, der mich sowieso bei meiner Arbeit stört.«

Katharina sah ihn fest an. »Ist es dir lieber, dass die Kleine stirbt? Du wirst sie auf dem Gewissen haben!«

»Was hat denn ein Hund damit zu tun? Im Übrigen hat der Stadtmedikus gesagt, sie habe einfach Fieber. Das wird schon wieder sinken.«

»Hans, sie ist von der Reise erschöpft, hinzu kommt ihr Heimweh. Sie fühlt sich einsam. Das scheint mir ernster, als wir meinen. Wir müssen ihr etwas geben, was sie ablenkt.« Es schien ihr immerhin so ernst, dass sie entgegen ihrer sonstigen lieben Gewohnheit bei diesen Sätzen auf jedes lateinische Wort verzichtete.

Der Großvater sah sie nachdenklich an, Schuld am Tod des Kindes wollte er natürlich nicht sein. Also muffelte er, schon im Weggehen und sich abwendend: »Wenn du meinst, dass es das Einzige ist, was hilft. Der Hund muss ja nicht bei uns im Haus leben, er kann hinten in den Stall und später in eine Hundehütte im Hof. Wenn sie damit wieder gesund wird.«

Da ging die Großtante am nächsten Morgen mit einer Magd zu den Volckamers, erzählte von ihrer Hoffnung und kehrte mit einem kleinen Welpen im Arm zurück.

»Bärbchen, schau her, was ich hier habe.«

Barbara lag mit dem Gesicht zur Wand im Bett.

»Barbara, dreh dich um und schau nur.«

Langsam drehte sie sich um und richtete einen tieftraurigen Blick auf die Großtante. Schlagartig veränderten sich ihre Gesichtszüge.

»Oh, Norius mit dem weißen Ohr!«

Die Großtante lächelte über die plötzliche Lebendigkeit und sagte: »Donum te do. Ich habe ein Geschenk für dich. Du darfst ihn ganz kurz in den Arm nehmen, denn ich möchte nicht, dass er in dein Bett pinkelt. Außerdem muss ich ihn zurückbringen zu seiner Mutter. Aber wenn er groß genug ist, darf er bei uns im Stall wohnen. Würdest du dich darüber freuen?«

Barbara wurde puterrot, streckte die Arme nach dem kleinen Tier aus und küsste es zärtlich. Das war Antwort genug.

Am nächsten Tag ging es ihr besser und sie aß etwas. Nach einer Woche war sie wieder auf den Beinen und besuchte nun täglich ihren kleinen Hund. Natürlich dachte sie oft sehnsüchtig an die Geschwister und die Eltern, doch schob sich dann meist das kleine Hundegesicht vor die traurigen Gedanken. Großmutter und Großvater aber dankten Gott, spendeten dem Klarakloster einen großen Hecht und redeten von einem Wunder, das ihnen widerfahren sei.

Die Großtante konnte mit dem Unterricht beginnen. Sie war sehr streng. Barbara musste vieles auswendig lernen. Wenn sie maulte, war die Antwort der Tante nur: »Nil sine magno vita labore dat mortalibus.« Was in etwa heißt: Im Leben kriegt man nichts geschenkt. Und so entließ sie Barbara zu ihren Konjugationen und Deklinationen. Man sah Barbara oft murmelnd umherlaufen: »virgo, virginis, virgini, virginem, virgine.«

Am allerwenigsten mochte sie die endlosen lateinischen Gebete, die sich ihr noch immer nicht nach dem Inhalt, sondern nur nach dem Klang einprägten.

Magnificat anima mea dominum; et exultavit spiritus meus in deo, salutari meo. Quia respexit humilitatem ancillae suae: ecce enim ex hoc beatam me dicent omnes generationes, quia fecit mihi magna, qui potens est et sanctum nomen eius, et misericordia eius a progenie in progenies timentibus eum ...

Hinzu kam, dass die Tante nie richtig zufrieden war. Sie hatte hier an der Schrift rumzumäkeln und dort am Ausdruck. Aber sie schlug Barbara nicht, was ganz ungewöhnlich war. Die Löffelholzin hatte erst vor einigen Tagen zu der Tucherin gesagt: »Wer sein Kind liebt, der schlägt es. Wo kommen wir denn hin, wenn es keine Zucht und Ordnung mehr gibt.«

Das fand die Tante nicht. Und was Zucht und Ordnung anging, vertraute sie auf Gott, auf seine Gebote und auf das natürliche Bedürfnis eines jeden Menschen, Teufel und Hölle zu meiden. Sie setzte auf Barbaras Vernunft und malte ihr in den grässlichsten Farben aus, was sie im Regnum infernum, im Höllenreich, erwarte, wenn sie nicht brav ihre Gebete spreche und sich sittsam und freundlich verhalte. Es reichte, um Barbaras Phantasie angstvoll zu beschäftigen.

In ihrem Zimmer hatte sie sich einen eigenen kleinen Altar gebaut, darauf stand nur ein Holzkreuz aus zwei groben Ästen und ein kleines Gefäß, in das sie den ganzen Sommer über Rosen oder Wiesenblumen stellte und im Winter getrocknete Gräser. Dort betete sie nach dem Aufstehen und vor dem Zubettgehen. Jeden Morgen vor dem Unterricht ging sie dann mit der Großtante zur Messe, meist wollte sie in die Lorenzkirche, weil dort der Erzengel Michael hing, der für die guten Seelen mit dem Schwert gegen den Teufel kämpfte und ihr im Traum auch schon einmal geholfen hatte, manchmal aber auch in die Klarakirche zu den Nonnen, um sich an die Umgebung zu gewöhnen. Nachmittags fütterte Barbara ihren Hund und spielte mit ihm im Hof. Am Abend setzte sie sich oft zur Großmutter und ließ sich von ihr Stickereien zeigen.

Sie lebten in den nächsten Monaten zurückgezogen und häuslich, machten gelegentlich Besuche bei den Verwandten und Freunden. Barbara traf dann ihre Cousins und Cousinen, Neffen und Nichten und was es noch alles gab. Meist spielten sie Verstecken. Oft war Norius dabei, der wunderbar suchen konnte. In den alten Häusern konnte man sich überall verstecken. Im Keller bei den Vorräten, wo sie eigentlich gar nicht hindurften, oder oben auf den Böden, wo die Stoffballen lagerten. Am schönsten war es auf den Heuböden über den Ställen.

Im Januar fing es heftig an zu schneien. Die Holzläden blieben jetzt fast immer geschlossen, trotzdem zog eisige Luft in die Zimmer. Außerdem wurde es drinnen nie richtig hell, denn die Butzenscheiben über den Holzläden gaben ja nur wenig Licht. Die beiden Kamine im Haus – im Studierzimmer und im großen Raum über der Diele – brannten jetzt den ganzen Tag. Richtig warm war es aber eigentlich nur in der Küche. Im Haus der Imhoffs stand neuerdings ein großer rundum geschlossener Kamin, den sie Ofen nannten. Der machte den Raum viel wärmer als die offenen Kamine im Pirckheimerhaus. Der Großvater hatte schon angekündigt, dass er sich so etwas im nächsten Jahr bauen lassen würde. Aber noch froren sie vor allem an der Seite, die dem Feuer jeweils abgewandt war. Saßen sie am Kamin, war ihnen im Gesicht zu heiß und im Rücken zu kalt.

Die Straßen waren noch immer verschneit, als Fasnacht nahte. Eines Morgens saß Barbara mit der Großtante im Studierzimmer, da hörten sie laute Stimmen, Schellen, Trommeln und Schreien im Hof. Die Großtante stand gleich auf.

»So, Bärbchen, finem facemus, für heute machen wir Schluss, das ist der Hans Folz. Er kommt jedes Jahr in den Hof und spielt uns ein Fasnachtsstück. Ich schau hier aus dem Fenster, aber geh du ruhig hinunter, wenn du möchtest«, sagte sie.

Barbara sah sie erstaunt an. Da hörte sie von draußen eine Männerstimme rufen: »Ihr Herrn, Gott geb Euch Heil dazu, wir schaffen Euch nit gern Unruh. Doch sind wir sunder her beschieden, ob wir ein Sach richten zufrieden. Dann, Pirckheimer, habt Ihr einen guten Wein, so tragt nun her und schenkt flux ein!«

Eilig lief Barbara hinunter in die Diele und von dort auf den Hof. Sie schaffte es kaum. Überall standen Leute und immer mehr drängten vom Marktplatz heran. Die meisten waren junge Männer. Sie trugen Masken und riefen und johlten so laut, dass man von dem Fasnachtsstück kaum mehr etwas hörte. Erst als sie sich vorgedrängelt hatte, sah sie, dass da vorn im Hof jetzt fünf Männer und eine Frau standen, nein, das war ja ein Mann, der sich verkleidet hatte.

Sie schrien sich an, der eine fluchte gerade sehr laut: »Hat dich der Teufel das gebeten, samer pox lung, lass die Red nun.«

Samer pox lung, lustiges Wort, dachte Barbara. Alle um sie herum lachten laut und riefen: »Schlachen! Schlachen!«, das hieß: Hau ihm gleich eine runter. In diesem Moment – Barbara dachte gerade: Samer pox lung, das muss ich mir merken – wischte etwas Weiches an ihren Kniekehlen vorbei. Aus den Augenwinkeln nahm sie eine kleine schwarze Gestalt wahr. Sie fuhr herum und sah gerade noch ihren Hund sich zwischen zwei derben

Stiefeln hindurchzwängen. Sofort versuchte sie ihm zu folgen, wieder schob sie Leute zur Seite und kämpfte sich den Weg jetzt in die andere Richtung frei. Als sie vor die Tür trat, sah sie Norius in wilder Panik am Schönen Brunnen vorbeispringen. Sie rief ihn, doch war ihre Stimme viel zu leise gegen den Zug mit Schellenträgern, der gerade quer über den Marktplatz kam. Barbara zögerte nur kurz, dann lief sie hinterher und schrie: »Norius!«

Hinter dem Brunnen rannte er die große Straße hoch zur Burg. Da war sie noch nie gewesen. Egal, wenn ihm nur nichts passierte. Als sie die Straßenecke erreichte, kam ihr ein Leiterwagen mit zwei schweren Pferden entgegen, die einige Fässer zogen. Wenn Norius nur nicht den Pferden zu nahe kam. In Eichstätt bei den Eltern hatte mal ein Pferd einen Hund mit den Hufen getroffen und der war daran gestorben. Aber nein, da oben lief er ja. Sie hinterher.

»Norius!«

Die große Selbaldkirche ließen sie links liegen. Der Hund wurde gar nicht langsamer. Fast war er die Straße Unter der Vesten hochgerannt, während Barbara ganz am Anfang keuchend stehen blieb, weil sie Seitenstiche hatte. An den Kaiserstallungen vorbei liefen sie hinauf in die Burg. Nirgendwo schien mehr eine Wache zu stehen. Kaiser Friedrich war nicht in der Stadt und die Fasnacht ließ alle Wächter ihre Aufgaben vergessen. Erst im Inneren Burghof fand Barbara zitternd und japsend unter der Bank einer gewaltigen Linde ihren kleinen Hund, der sich in den hintersten Winkel verkrochen hatte. Sie zog ihn hervor, nahm ihn, selber noch schwer atmend, auf den Arm und ließ sich auf die Bank sinken.

»Norius, du kannst doch nicht einfach wegrennen.«

Er hechelte und leckte ihr mit seiner kleinen rosafarbenen Zunge über die Wange. Sie vergrub ihr Gesicht in seinem weichen Fell und war sehr erleichtert, dass sie ihn wiederhatte. Dann sah sie sich flüchtig um, hier also wohnte der Kaiser Friedrich. Ein fein verziertes Haus mit einem hölzernen Umgang. Sie atmete etwas ruhiger und spürte jetzt die Kälte, die langsam in sie hineinkroch, denn sie hatte natürlich ihre Schaube, ihren Umhang, zu Hause gelassen.

»Norius«, sprach sie ernst, »hör mir zu, wir müssen jetzt schnell nach Hause gehen und du darfst nicht noch einmal weglaufen, du bleibst bei mir auf dem Arm, da bist du ganz sicher und du darfst nicht runterspringen, hörst du!«

Norius schien ruhig zu sein. Aber vorsichtshalber wich Barbara unterwegs allen Schellenträgern und Fasnachtszügen aus, weil er jedes Mal, wenn ihm so ein lärmender Zug entgegenkam, anfing zu jaulen. Im Pirckheimerhaus war noch immer die Hölle los, überall Menschen. Barbara schlich, so heimlich das mit dem jaulenden Hund auf dem Arm eben ging, die Stiege nach oben in ihr Zimmer und ließ sich erleichtert auf das Bett nieder. Norius rollte sich zufrieden neben ihr zusammen. Barbara kroch ebenfalls ins Bett, denn sie fror bitterlich, ihr Zimmer konnte man ja auch nicht heizen.

Den ganzen Tag hielt sie den Hund in ihrem Zimmer versteckt. Am Abend waren Großmutter und Großtante bei Anton Tucher eingeladen, der für dreißig Frauen und fünfzehn Jungfrauen einen Fasnachtshof hielt mit Wein, Musik und Mandelkuchen. Da schlich Barbara heimlich in den Stall und brachte Norius zurück zu Großvaters Pferden, wo er seine Ecke im Stroh hatte.

Die Krone des Kaisers

Der größte Schatz lag in Nürnberg. Das fanden jedenfalls die Nürnberger, denn sie hüteten den Schatz des deutschen Kaisertums, das also, was der Kaiser zu seiner Krönung trug, die so genannten Reichskleinodien: die Reichskrone, den goldenen Reichsapfel, das Zepter, das Reichsschwert, den rot-goldenen Krönungsmantel und alle anderen Gewänder bis zu den roten Seidenstrümpfen, das Reichskreuz, die Lanze und all die Reliquien, das waren die sterblichen Überreste vieler Heiliger, die dem Kaiser himmlischen Schutz gewähren sollten. Diese Gegenstände, in herrlichen goldenen Truhen aufbewahrt, hießen zusammen kurz: das Heiltum. Einmal im Jahr wurde das Heiltum dem Volk gezeigt, das war die Heiltumsweisung.

Das Ornat Karls des Großen, Anfang 16. Jh.

Zwar war es so, dass jede Kirche ihre eigenen Reliquien sammelte und ausstellte, aber die Heiltumsweisung der Reichsreliquien und Reichskleinodien war das größte Fest von allen.

Barbara war sehr überrascht, als der Großvater kurz nach dem Osterfest auf sie zukam und sie in knappen Worten ansprach.

»Barbara, du bist nun so lange in Nürnberg und hast noch nie das Heiltum gesehen. Morgen findet die alljährliche Heiltumsweisung statt. Du darfst mich begleiten.«

Barbara starrte verlegen auf die Erde und wusste gar nicht, was sie erwidern sollte, so befangen war sie. Schließlich hob sie leicht den Kopf und machte nur einen Knicks. Doch der Großvater beachtete sie gar nicht weiter.

Bisher hatte der Großvater von seiner Enkelin nicht sonderlich viel Notiz genommen. Täglich ging er zu Geschäften ins Rathaus oder machte Besuche, ab und zu war er auch ein, zwei Wochen unterwegs. Als Barbara nach seiner Arbeit fragte, hatte ihr die Großtante einmal erklärt, er handele mit Erzen, die in einem Bergwerk geschürft würden. Seitdem stellte sie sich ihn vor, wie er in voll beladenen Karren stocherte, die in dunklen Gängen standen. Barbara hatte ein bisschen Angst vor ihm. Wenn er bei Tisch saß, schwieg er meist mit abweisender Miene, während die Großtante sprach. Aber er war nicht oft da. Gelegentlich aß er allein im Studierzimmer, meist aber außerhalb des Hauses.

Am nächsten Tag durfte Barbara eine alte Schaube der Großtante anziehen, der Umhang reichte ihr bis zu den Fußknöcheln und sie kam sich mit Schaube und Haube sehr erwachsen vor. Dann reichte der Großvater ihr den Arm, damit er sich auch etwas auf sie stützen konnte, und sie liefen quer über den Marktplatz bis zur Spitalkirche.

So voll hatte Barbara diesen Platz noch nie gesehen, die Menschen standen eng aneinander gedrängt. Der Großvater erklärte ihr, dass die Leute schon seit Stunden in die Stadt strömten und die Stadttore nun fast alle geschlossen wurden, damit, falls jemand die Kostbarkeiten stehlen sollte, er nicht die Stadt verlassen konnte.

Wie jedes Jahr war ein haushohes Holzgestell in der Nähe der Kirche aufgebaut. Sechzig Stadtknechte standen mit angelegten Spießen und Armbrüsten in einem Zwischengeschoss unter einer Empore, um jeden Spitzbuben abzuschrecken.

Oben stand neben einigen Ratsherren, die lange dicke Kerzen in den Händen trugen, der so genannte Heiltumsschreier, er trug zuerst ein Gebet vor, das die Feier einleitete. Dann zeigten von der Plattform des Holzgestells herunter die fünf Äbte der größten Klöster die Reliquien, die an die Kindheit Jesu und an die Apostel erinnerten: den Span von der Krippe des Jesuskindes, das Armbein seiner Großmutter Anna, einen Zahn von Johannes dem Täufer, ein Stück des Gewandes von

Johannes dem Evangelisten und so fort. Dann folgten die Reichsinsignien. Die Sonne kam heraus, und ihre Strahlen fielen auf die Äbte und die Gegenstände, die sie von der Empore herunter zeigten. Barbara verrenkte sich fast den Hals, um die Reichskrone zu sehen. Aber es war doch etwas weit entfernt. Dann kam der Höhepunkt: mehrere Dornen der Dornenkrone, die Christus getragen hatte; kleine Holzstückchen des Kreuzes, an das er genagelt worden war; ein Stück vom Tischtuch des Abendmahlstisches; das Schürztuch Jesu bei der Fußwaschung. Die einzelnen Heiltümer wurden jeweils vom Heiltumsschreier angekündigt und dazu ging ein »Ah« und »Oh« durch die Menge der unten stehenden Bürger und Pilger.

Als alles vorbei war, hatte der Großvater das Bedürfnis, seiner Enkelin wenigstens in einigen Sätzen vom Kaiser zu erzählen, dem er selbst oft begegnet war.

»Unser Kaiser jetzt ist der Kaiser Friedrich, und sein Sohn, der nach ihm hoffentlich auch zum Kaiser gewählt wird, das ist der Maximilian. Wenn sie nach Nürnberg kommen, ist es immer ein großes Fest, das wir Patrizier im Rathaus mit ihnen feiern. Weißt du, wo sie wohnen, wenn sie in Nürnberg sind?«

»Ja, da in der Burg, wo die große Linde steht«, sagte Barbara.

»So so, von der Linde hast du schon gehört.« Der Großvater schaute erstaunt. Ein Lächeln verirrte sich in sein Gesicht, als er daran dachte, wie er mit Walpurga bei ihrer Hochzeit um die Linde getanzt hatte.

Barbara erzählte natürlich nicht, dass sie auch schon einmal kurz unter der Linde gesessen hatte.

Plötzlich erklang hinter ihnen eine laute, selbstbewusste Männerstimme: »Das ist ein Anblick, was, Herr Hans, gut, dass Kaiser Sigismund selig uns den Schatz in der Stadt gelassen hat, das freut einen doch immer wieder!«, sprach der junge Anton Tucher über Barbara hinweg zum Großvater.

»Herr Anton, das möchte man doch meinen, dass er sich die schönste Reichsstadt ausgesucht hat«, stimmte der zu.

Beide schauten stolz und selbstgefällig.

»Und die reichste zumal«, sagt Hans, »habt Ihr gestern den Vordersten Losunger gesprochen? Gibt es Neuigkeiten...«

In diesem Moment schob sich eine Gruppe von Handwerkern heran. Der Großvater trat mit Anton Tucher beiseite, die Menge drängte sofort nach, wobei Barbara die beiden aus den Augen verlor. Sie trat zurück, sah sich schutzsuchend um und lenkte dann ihre Schritte in Richtung der Spitalkirche. Direkt neben dem Kirchenportal lungerten zerlumpte Gestalten. Noch nie hatte Barbara so viele Bettler auf einem Haufen gesehen. Ein Mann ohne Beine, eine alte Frau, der ein Arm fehlte. Neben ihr saß ein Mann; sein Gesicht war knallrot und Stirn und Wangen waren mit dicken Beulen bedeckt. Ein schmutziges, mageres Kind lag dazwischen auf dem kalten Boden. Barbara starrte sie entsetzt an. Plötzlich fühlte sie sich von hinten angestoßen, sie fuhr herum und sah direkt in gelbe, triefige Augen, die gar keine Pupillen zu haben schienen. Fauliger Verwesungsgestank schlug ihr entgegen. In ihrer Kehle würgte es, sie schlug sich die Hand vor den Mund, um sich nicht zu übergeben. Und dann rannte sie Hals über Kopf davon. Doch kam sie nicht sehr schnell voran, denn der Marktplatz war gedrängt voller Buden und Menschen, die Würfel spielten, sich die Zukunft aus der Hand lesen ließen, einem Äffchen und einem Bären zusahen und Bier tranken. Barbara wagte nicht, sich umzusehen. Weg, nur weg.

Zu ihrem großen Glück erhaschte der Großvater, während er an einer der Buden nach Ochsenfleisch vom Spieß anstand, einen Blick auf das gehetzte, entsetzte Gesicht seiner Enkelin.

»Barbara, hier bin ich, Barbara.«

Sie hörte ihn und blieb zitternd stehen.

»Was hast du denn, Kind, und wo warst du so lange?«, fragte er ungeduldig.

»Ich ... ich hab Euch nicht mehr gesehen, und wie ich mich umdrehte, stand ich vor einem Mann ohne Augen, also mit ganz gelben Augen, und er stank so entsetzlich ...«

«Ach, die Bettler? Jaja, das ist kein schöner Anblick. Das ist wirklich kein schöner Anblick! Sie leben von unseren Almosen, von dem, was wir ihnen geben. Sei froh, dass du nie betteln müssen wirst, für dich wird immer das Kloster sorgen.« Damit war für ihn die Sache erledigt und er wandte sich seinem Fleisch zu. Barbara kriegte keinen Bissen herunter und war erleichtert, als sie bald nach Hause gingen. Die Erinnerung an diese armen Kreaturen aber blieb ihr im Gedächtnis haften.

Im Sommer brachte ein reisender Kaufmann einen Brief von den Eltern aus München mit. Sie seien jetzt umgezogen, deswegen hätten sie sich so lange nicht melden können. Die Mutter sei wieder schwanger und von den Geschwistern sei zu berichten: Walburga wolle auch Nonne werden. Sie dächten da an St. Jakob am Anger in München. Willibald, der Barbara ganz besonders grüße, übe sich im Fischen und Lanze stechen, Felicitas spiele neuerdings die Laute, Sebald habe seine ersten Buchstaben geschrieben und das Ketterle könne nun schon sicher laufen und fange an zu sprechen. Und dann fragten sie, ob es dem Bärble denn gut ginge, ob es sich auf das Klarakloster freue. Sehr oft müssten sie an Barbara denken und jeden Tag würden sie für ihre Tochter beten. Ob Barbara denn schon im Kloster vorgesprochen habe?

Barbara kriegte einen plötzlichen Anfall von Heimweh und kam sich so verlassen vor wie lange nicht mehr.

Doch das verging wieder, denn die Sommertage wurden sehr vergnüglich. Oft begleitete Barbara die Mägde vor die Tore der Stadt, um aus den Gärten Obst und

Gemüse zu holen. Und Norius durfte ihr meist vorausspringen.

Eines Tages als die Boskopäpfel schon reif waren und die Luft nach Herbst roch, traf die Großmutter bei einem Besuch auf die Löffelholzin.

»Es wird Zeit, dass ihr Barbara verschwinden lasst«, riet sie der Großmutter, »sonst werden noch begehrliche Gedanken bei den jungen Kaufmannssöhnen geweckt. Und verheiraten wollt Ihr sie doch nicht! Schaut sie Euch an, sie ist hübsch geworden.«

Das war Walpurga auch schon aufgefallen, und da sie nicht wollte, dass ihre Stiefenkelin auf andere Gedanken käme, sagte sie schon bald zu ihr: »Barbara, ich glaube, wir sollten nun einmal daran denken, dich bei den Nonnen vorzustellen, denn du bist alt genug und hast im letzten Jahr viel gelernt.«

Die Großmutter hatte einen sehr guten Kontakt zu den Nonnen des Klaraklosters und insbesondere zur Äbtissin Margareta Grundherr. Und das kam so: Erstens waren sie etwa gleich alt und kannten sich noch aus der Kindheit. Zweitens mochte Walpurga die energische Mutter Margareta ausgesprochen gern. Und drittens hatten sich die Pirckheimer in den letzten Jahren nicht nur finanziell am Bau der Halle in der Lorenzkirche beteiligt, sondern auch für die Umbauten im Klarakloster viel Geld gestiftet. Denn seit Margareta Grundherr dort Äbtissin war, wurde das Kloster umfassend erneuert. 1473 hatten sie angefangen. Innerhalb von drei

Jahren wurden Kreuzgang, Zellenbau, Krankenhaus, Küche, Schlafhaus sowie alle übrigen Räume entweder neu errichtet oder vergrößert. Die Baukosten beliefen sich auf 2137 Gulden, eine enorme Summe, wenn man bedenkt, dass man für einen einzigen Gulden acht Stockfische kaufen konnte. Die Glasfenster im Kreuzgang stifteten verschiedene Bürgerfamilien, deren Wappen in den Fenstern angebracht wurden. Und natürlich fehlte das Prickheimer'sche Wappen dort nicht, dafür hatte Großmutter Walpurga gesorgt.

Damit noch mehr Nürnberger Familien Geld spendeten, schrieb die Äbtissin an Papst Sixtus IV., ob er nicht helfen könne. Der antwortete am 20. November 1474, dass er seinerseits für dreißig Nürnberger Bürger ein ganz besonderes Geschenk hätte, wenn sie ihrerseits dem Kloster jetzt Geld schenkten: Sie dürften sich einen Priester aussuchen, dem sie ihre Sünden erzählten. Dieser Priester dürfe sie dann nach der Beichte von allen Sünden freisprechen und außerdem auch noch von den Sünden, die sie in den nächsten zehn Jahren begehen würden. Damit war für diese dreißig Nürnberger die Chance, nach dem Tod in den Himmel zu kommen, viel größer geworden. Und sie konnten davon ausgehen, dass sie wahrscheinlich nicht in der Hölle schmoren mussten. Das Ganze nannte man »einen Ablass für zehn Jahre erlangen«.

Und selbstverständlich gehörte zu diesen privilegierten dreißig Personen, die besonders viel Geld gespendet hatten, auch Großmutter Walpurga. In dem Breve, so hieß der Brief des Papstes, wurde weiterhin gestattet, dass die Spender nach den Umbauten das Kloster auch innerhalb der Klausur anschauen dürften, also dort, wo sich sonst nur die Nonnen aufhielten.

Die Großmutter war, nachdem alle Arbeiten beendet waren, von der Äbtissin eingeladen worden, sich das Kloster anzusehen. Seitdem schwärmte sie erst so richtig für die Klarissen. Wie modern der Kreuzgang sei, rundum verglast, da würde man auch im Winter nicht so frieren. Und dann erst das Refektorium. Man glaube es kaum, aber darin stände doch tatsächlich ein Ofen. Und die Apotheke! So viele Kräuter, die dort zum Trocknen hingen, davon könnte eine ganze Stadt genesen. Und die Bibliothek erst! Ganz voller Bücher! Barbara hörte sich das natürlich erfreut an, denn es war ja gut, dass es so ein angenehmer Ort war, an den sie jetzt kommen würde, aber ihr vordringlicher Gedanke war: Würde sie Norius mitnehmen dürfen?

Die Frage stand im Raum und weder Großeltern noch Großtante wussten eine Antwort darauf. Norius war zu einem kniehohen, schwarzen, langhaarigen Wesen herangewachsen, das Barbara auf dem Fuß folgte, sobald sie aus dem Haus trat.

Walpurga bat also um ein Gespräch mit der Äbtissin am Redegitter. Zwar hatte sie mit päpstlicher Erlaubnis einmal das Kloster betreten dürfen, doch nun musste sie wieder wie alle anderen auch, die die

Nonnen sprechen wollten, mit dem Redegitter vorlieb nehmen.

Das Redegitter war in eine Holzwand eingelassen und mit einem schwarzen Vorhang verhängt. Auf der einen Seite saßen die Nonnen, auf der anderen Seite saßen die Besucher. Sie konnten zwar miteinander sprechen, aber sie konnten sich nicht sehen. Barbara begleitete die Großmutter zum Klarakloster. Diesmal gingen sie nicht in die Kirche, sondern ins Beichthaus, das man sowohl von der Straße aus als auch aus dem Inneren des Klosters betreten konnte. Dort war das Besucherzimmer. Walpurga führte das Wort. Nach der Begrüßung und dem Austausch von höflichen guten Wünschen – »Ehrwürdige Mutter, Ihr befindet Euch wohl, wie ich hoffe?« – kam sie sehr schnell zum Punkt.

»Es geht darum, dass die Enkelin meines Mannes, Barbara, in einigen Wochen zu Euch ins Kloster kommen wird. Nun treibt das Kind eine große Sorge um. Sie hat einen kleinen Hund, noch nicht zwei Jahre alt, der sehr an ihr hängt. Und sie umso mehr an ihm, als sie doch das Elternhaus verlassen musste, um zu uns zu ziehen. Sie mag nun gar nicht ins Kloster ohne das Tierchen. Kann sie's wohl mitbringen? Hättet Ihr im Stall einen geeigneten Platz?«

Margareta Grundherr konnte ein Lächeln nicht unterdrücken, aber das sahen ja weder die Großmutter noch Barbara.

»Aber Pirckheimerin, wenn es weiter nichts ist, was

Barbara von ihrem Wege zu Gott abhält, so können wir ihr helfen, zumal uns der alte Hofhund gerade gestorben ist. Irgendjemand muss das Kloster doch bewachen.«

Die Äbtissin wusste, was sie einer der eifrigsten und reichsten Unterstützerinnen des Klosters schuldig war.

Barbara strahlte. Ihr Herz wurde jetzt ganz leicht bei dem Gedanken, in die Schule der Klarissen zu gehen. Norius würde mitkommen! Und Magareta Volckamer würde sie auch wieder sehen! Und Großeltern und Großtante würden sie sicher auch am Redegitter besuchen.

Schülerin im Kloster
(1479–1483)

Von der Bürde anders zu sein

Es dauerte dann doch noch ein halbes Jahr, bis es so weit war. Erst zwei Wochen nach Ostern 1479 lief Barbara zwischen Großmutter und Großtante dem Großvater folgend zum Kloster. Mit den Worten: »Der Herr ist auch zu Fuß gegangen«, hatte der Großvater heute auf sein Pferd verzichtet. Und so war die ganze Familie unterwegs zur Klarakirche. Alles erschien Barbara heute farbiger, schöner. Im Sonnenschein blickte sie zum letzten Mal auf das Pirckheimerhaus. Alle Mägde waren herausgekommen, um ihr zu winken. Die Straßen waren voll von Bauern, Handwerkern, Krämern, Bettlern, denn wieder einmal war Jahrmarkt aus Anlass der Heiltumsweisung. Sie erinnerte sich, wie sie im letzten Jahr mit dem Großvater die Schätze bestaunt hatte. Sie sah die Sonne im Wasser der Pegnitz spiegeln, als sie über die Brücke ging. Und sie fühlte sich bange bei dem Wissen, dass sie all das nie wieder sehen würde. Hilfe suchend blickte sie auf Norius, der sich brav an ihrer Seite hielt und gelegentlich zu ihr aufschaute, als wollte er fragen: »Was ist denn heute los?«

Das Klarakloster

Es war früher Vormittag und sie nahmen in der Klarakirche an der Messe teil. Norius wartete so lange bei einem Knecht vor der Tür. Barbara versuchte die Nonnen zu erkennen, doch die standen auf der Empore über der Gemeinde hinter dem Chorgitter und waren nicht zu sehen. Dann brachte die Familie sie zur Kapellentür, durch die die jungen Schülerinnen in das Kloster eintraten. Die Großmutter weinte, auch die Großtante hatte feuchte Augen, alle küssten Barbara auf Stirn und Wangen, und dann trat sie über das Trittscheufelin, wie man damals sagte, über die Türschwelle, in den geschlossenen Bereich des Klosters ein.

Die Äbtissin empfing sie mit den Worten: »Barbara, du musst nicht weinen. Es ist ein froher Moment! Du trittst zu uns, um dem Herren zu dienen! Komm, ich will dich dem Konvent vorstellen.«

Sie ging vor ihr her durch lange Gänge in den Ess- und Versammlungssaal, das Refektorium. Auf dem Weg begegneten sie einer Magd, der Margareta Grundherr zurief: »Bring den Hund in die Hütte am Stall.«

Barbara streichelte Norius und sagte ihm, er solle mit der Magd gehen und sie würde später nach ihm schauen. Dann folgte sie der Äbtissin ins Refektorium.

Mehr als fünfzig Frauen saßen dort an langen Tischen, alle trugen die Tracht der Klarissen, ein graues, weites Manteltuch mit weiten Ärmeln und einem weißen Unterkleid. Das Ganze wurde von einem Strick zusammengehalten und selbstverständlich hatten alle ein langes graues Tuch auf dem Kopf.

Weiter hinten in der Ecke sah Barbara einen Tisch mit vielleicht zehn jungen Mädchen, die schlichte Kleider anhatten, aber keine Kutte trugen, das mussten die Schülerinnen sein. Sie hielten den Blick gesenkt und schienen auf ihre Teller zu starren. Auch Barbara guckte intensiv nach unten. Am liebsten hätte sie sich verkrochen. Die Äbtissin bemerkte ihre Verlegenheit.

»Das ist unsere neue Schülerin Barbara Pirckheimer«, erklärte sie schnell. »Wir heißen sie willkommen und danken Gott, dass er sie zu uns geführt hat, damit sie ihn nach den Regeln der Heiligen Klara preise.«

Barbara war bei diesen Worten rot angelaufen, was die Äbtissin offensichtlich erheiterte, denn sie lächelte.

»Barbara, wir lernen hier, auch vor der Gemeinschaft aufzustehen und das Wort zu ergreifen. Aber nun magst du dich erst einmal setzen. Unsere Kindmeisterin heißt Schwester Christina, sie wird dich in der nächsten Zeit betreuen. Schwester Christina, nehmt Euch ihrer an!«

Eine große, hagere Gestalt erhob sich und führte Barbara an den Tisch der Schülerinnen mit den leisen Worten: »Setz dich! Und schweig bei Tisch! Mach, was die anderen auch tun.«

Das war nicht sehr freundlich. Barbara schwieg und betrachtete aus den Augenwinkeln die anderen Mädchen. Wo ist nur Margareta Volckamer?, dachte sie dabei. Diese Frage wurde bald beantwortet, denn die Tür ging auf und herein trat Margareta mit einem großen dampfenden Suppentopf. Ihr folgten zwei weitere Mädchen. Sie setzten die Töpfe ab und füllten jeder Schwester den Teller, bis sie am Ende bei den Schülerinnen angekommen waren. Die Suppe bestand aus viel Wasser, Kohl und Buchweizen. Noch nie hatte Barbara eine bürgerliche Frau Kohl essen sehen, das war wirklich ein Essen für Bauern. Jede bekam dazu eine Scheibe Brot. Sie warteten, bis eine der Schwestern sich erhoben hatte und an ein großes Pult getreten war. Darauf lag eine Bibel, aus der sie nach dem Tischgebet vorlas. Alle begannen währenddessen schweigend zu löffeln.

Danach griff die Schwester zu einem anderen Buch, aus dem sie eine der Ordensregeln vortrug, die abwechselnd täglich verlesen wurden.

»Im Sinne der Heiligen Klara geziemet sich für die Klarissen folgendes Betragen. Ich rede heute über das Schweigen, das Sprechzimmer und das Redegitter: Zwischen den Gebeten der Complet am Abend und der Terz am Morgen wird geschwiegen. Auch in der Kirche und im Dormitorium, im Schlaftrakt, schweige man immer sowie im Refektorium während des Essens. Wenn man rede, fasse man sich kurz und spreche mit leiser Stimme. Im Sprechzimmer und am Redegitter ist es den Schwestern nur mit Erlaubnis der Äbtissin möglich, sich mit Angehörigen und Freunden zu unterhalten, die außerhalb des Klosters leben. Es geht dies jedoch nur im Beisein von zwei anderen Schwestern und nur geschützt hinter einem schweren dunklen Vorhang. Die Haupttür sei mit zwei Schlössern versehen, deren einen Schlüssel die Äbtissin bei sich trage, den anderen aber die Sakristantin.«

Barbara zog die Schultern hoch, blickte gar nicht mehr auf und sank noch tiefer in sich zusammen, während sie dachte: Oje, kaum sprechen und die Verwandten nicht sehen. Sie hatte doch gehofft, jede Woche Besuch zu bekommen.

Nach dem Essen folgten die Mädchen Schwester Christina, die sie in das Dormitorium führte, wo sie sich ausruhen sollten. Alle Betten der Schülerinnen standen in einem Zimmer. Es waren mit Stroh gefüllte Holzgestelle, auf denen dünne Decken lagen. Mehr war nicht in dem Raum als diese zehn Betten, keine Truhen, kein Kreuz an den unverputzten Wänden, keine Verzierungen und Blumenranken an der Decke. Die offenen Fenster wurden mit groben Holzläden geschlossen. Schwester Christina wies Barbara ein Bett zu. Sie blickte sich um, Margareta stand ganz am anderen Ende des Raumes, schaute gerade herüber und lächelte sie aufmunternd an. Barbara guckte skeptisch zurück und zog leicht die Augenbrauen hoch. Margareta nickte ihr zuversichtlich zu und das wirkte beruhigend.

Keiner sprach. Die Schwester setzte sich jetzt auf einen Schemel, der an der Tür stand, und nahm ein Strickzeug zur Hand. Die Mädchen legten sich angezogen, wie sie waren, auf die Betten.

Barbara schlief natürlich nicht. In ihrem Kopf drängten sich die Gedanken und waberten wirr durcheinander: Wo war Norius? Wie konnte sie das rauskriegen, wenn sie nicht reden durfte? Die Suppe hatte nicht satt gemacht. Wie konnte man unter so einer dünnen Decke warm werden, wenn nicht gerade Hochsommer war? Wer würde Norius denn füttern? Ob sie die Äbtissin heute noch einmal sehen würde? Schwester Christina hatte einen strengen Zug um den Mund, man mochte sie gar nicht ansprechen. Wieso hatte die Großmutter so von diesem Konvent schwärmen können? Sie hatte wohl diesen Schlafraum nicht gesehen! ... Und so drehte sich Barbara der Kopf, bis irgendwann draußen auf dem Gang eine Glocke schlug, die die Nonnen von der Mittagsruhe zur Arbeit rief.

Die Schülerinnen folgten der Kindmeisterin in einen anderen Raum, der sogar verglaste Fenster hatte. Die Mädchen setzten sich auf die Wandbänke, Schwester Christina trat an ein Pult, auf dem ein großes Buch lag. Margareta und vier andere Mädchen wies sie an, sich nun an den niedrigen Tisch in der Mitte zu hocken und darauf Schreibübungen zu machen, die übrigen sollten ein Gebet auswendig lernen, das sie aufgeschlagen hatte. Dann wandte sie sich Barbara zu.

»Nun wollen wir sehen, was du kannst. Schreibe einmal deinen Namen hierhin!«

Sie reichte ihr eine Schiefertafel mit einem Griffel, und Barbara ritzte darin in der feinsten Schrift, die ihr die

Großtante beigebracht hatte, ihren vollständigen Namen. Schwester Christina sah vor ihren erstaunten Augen eine geübte zierliche Handschrift. Die meisten Mädchen, die zu ihr kamen, konnten höchstens einige Buchstaben. Mit dem Lesen ging es oft etwas besser, aber den Mädchen das Schreiben beizubringen war ihre Hauptaufgabe. Dieses Kind schien weiter zu sein.

»Dann schreib zunächst das Paternoster, das Vaterunser ab.«

Barbara nickte willig und dachte: Ich muss sie jetzt nach Norius fragen.

»Schwester Christina, könnte ich nachher einmal nach meinem Hund sehen?«

Schwester Christina fuhr zusammen. Wenn es nicht verboten gewesen wäre, laut zu sprechen, wäre sie jetzt laut geworden, so zischte sie: »Nach deinem Hund sehen? Deinem? Du hast einen Hund mitgebracht? Weißt du nicht, dass uns Klarissen aller persönlicher Besitz verboten ist. Du hast keinen Hund mehr! Wie könnte auch jede hier einen Hund mitbringen. Unmöglich! Im Übrigen steht es dir nicht zu, mich einfach anzusprechen. Du redest, wenn du gefragt wirst. Und nun an die Arbeit!«

Barbara starrte sie entsetzt an, die Tränen schossen ihr in die Augen. Sie biss sich auf die Lippe und setzte sich an den niedrigen Tisch. Wenigstens gelang es ihr, neben Margareta Platz zu finden. Die Nähe der Freundin tat ihr wohl. Schweigend kratzten sie mit den Griffeln über die Schiefertafel. Barbara dachte angestrengt nach. Sie musste eine Gelegenheit finden, Margareta allein zu sprechen. Da kam ihr ein Gedanke.

»Schwester, wo wären wohl die Latrinen?«, fragte sie schüchtern und kaum hörbar.

Und die Kindmeisterin antwortete wie Barbara gehofft hatte, indem sie einfach zu ihrer Nachbarin sagte: »Also gut, weil du neu bist. Margareta, zeig ihr den Locus, aber dass ihr mir sogleich wiederkommt! Und das nächste Mal gehst du vor dem Unterricht wie alle anderen.«

Sie waren kaum aus der Tür, da fielen sich die beiden Mädchen in die Arme. Dann brach es aus Barbara heraus.

»Margareta, ich bin so froh, dass wir endlich miteinander sprechen können. Ich hab Norius mitgebracht, aber ich weiß nicht, wo er ist, wir müssen nach ihm suchen.«

»Juhu!«, jubelte Margareta, »Das ist ja ein Wunder, dass du das geschafft hast.«

«Ich glaube, sie haben es nur meiner Großmutter zuliebe erlaubt. Aber jetzt komm, wo kann er nur sein?«

»Er ist bestimmt hinten bei den Stallungen in der alten Hundehütte, die Latrinen stehen sowieso am Misthaufen. Dann sind wir fast da.«

Sie rannten durch den Kreuzgang, am Refektorium vorbei, wo einige Schwestern ihre Gebete murmelten, und traten durch eine kleine Pforte in den Garten. Er war mit alten Obstbäumen bestanden, die gerade anfingen zu blühen. Obstbäume hinter der Klostermauer, noch immer der gleiche Sonnenschein wie er am Morgen auf den Markt geschienen hatte, Vögel, die zwitscherten, und ein Hund, der zum Erbarmen jaulte. Das musste er sein. Sie bogen rasch um die Stallecke und prallten mit etwas Weichem zusammen.

»Wer kommt denn da angefegt?«, rief eine tiefe, warme Stimme. Die Mädchen sahen vor sich die ausladend breite Gestalt der Köchin Ise, die Margareta gut zu kennen schien und sie auch gleich ansprach.

»Kennst du diesen verrückten Hund, der hier seit Stunden heult, obwohl ich ihm einen Knochen hingeworfen habe?«

Margareta nickte. »Barbara hat ihn mitgebracht.«

»Ach, du bist die Neue? Beruhig doch erst mal dieses arme Tier.«

Barbara trat zu Norius, der sie stürmisch begrüßte und an ihr hochsprang. Leise und ernst redete sie auf ihn ein.

»Norius, wir wohnen jetzt immer hier, du musst ruhig sein und fressen, was du kriegst. Ich komm dich auch jeden Tag besuchen. Platz! Leg dich jetzt hin! Platz! Und still! So ist's brav.«

Währenddessen sprach Margareta mit Ise.

»Red bloß nicht mit der Vogelscheuche darüber, dass wir bei dem Hund waren. Dann gerät sie wieder völlig außer sich. Barbara soll vergessen, dass sie einen Hund hat und solche Blödigkeiten, hat sie schon gesagt.«

Margareta sah Ise verschwörerisch an, dann zupfte sie Barbara am Ärmel und drängte zur Eile.

»Schon gut, ich kümmere mich um ihn. Geht mal zurück«, beruhigte Ise sie.

Als sie gingen, redete Margareta sehr schnell auf Barbara ein: »Nimm bloß nicht so ernst, was der alte Drachen dir erzählt. Du musst irgendwie durch die nächsten zwei Jahre kommen. Wenn wir erst einmal richtige Nonnen sind, dann haben wir mit der Kindmeisterin nichts mehr zu tun. Dann bekommst du deine eigene Zelle und eigene Aufgaben, die Äbtissin ist klug und nett, aber Christina Schilt ist grässlich. Sie wird dich triezen, wo sie nur kann. Und erst recht, wenn du schon kannst, was sie dir beibringen soll.«

Als hätte sie solche Reden geahnt, ernteten beide Mädchen von der Kindmeisterin einen scharfen Blick, wie sie ins Schulzimmer traten. Sie setzten sich still und mit unschuldig niedergeschlagenen Augen an den Tisch zurück.

Die nächsten zwei Jahre wurden allerdings gar kein Spaß. Schon einen Monat, nachdem Barbara angekommen war, verließ Margareta die Schulstube und wurde Nonne auf Probe, Novizin nannte sie sich nun. Das bedeutete, dass sie fortan mit den Nonnen zusammenlebte und Barbara sie nur noch von fern beim Essen oder zu den gemeinsamen Messen in der Klarakirche sah, aber dort natürlich auf gar keinen Fall mit ihr reden durfte. Gelegentlich trafen sie sich bei den Latrinen, um für einige gestohlene Minuten Norius zu besuchen.

Mit Margareta ging auch die einzige Freundin, die Barbara unter den Mädchen hatte. Sie fand keine neue. Das lag vor allem daran, dass sie in einer völlig anderen Situation war als die übrigen Mädchen. Sie war die Einzige, die im Kloster bleiben wollte, während alle anderen im Laufe der nächsten zwei Jahre das Kloster wieder verlassen würden, um zu heiraten. Sie war die Einzige, die schon schreiben, lesen und sogar Latein verstehen konnte. Und da die Äbtissin sie fördern wollte, ließ sie sie täglich einige Zeit getrennt von den anderen Latein unterrichten.

Es blieb nicht aus, dass Barbara in dieser herausgehobenen Position Angriffspunkte für endlose Sticheleien bot. Die miesesten Aufgaben übertrug Christina Schilt der Schülerin Barbara. Vom Reinigen der Latrinen bis zum Scheuern des Dormitoriums. Oder kam es ihr nur so vor, weil sie diese unangenehmen Tätigkeiten nicht gewöhnt war? Natürlich war Barbara in den letzten zwei Jahren verwöhnt worden als einziges Kind zwischen den alten Leuten. Sie hatte einen verwöhnten Geschmack und konnte sich schwer mit der ewigen Kohlsuppe abfinden. Sie hatte auch eine verwöhnte Nase, die sich nur zu leicht gegen den unangenehmen Geruch der Nonnen rümpfte.

Die Nonnen lebten bewusst arm und schlicht, um an die Nichtigkeit irdischen Daseins zu erinnern. Gingen sie zu Bett, dann trugen sie auch dort ihre Nonnentracht, die sie oft schon seit Tagen anhatten. Einmal in der Woche wurde die Wäsche gewechselt. Alle zwei Wochen war großer Waschtag, dann kochten die Mägde und Laienschwestern die Wäsche über dem Feuer in der Waschküche und hängten sie auf dem Boden auf.

Mit dem Baden der Nonnen war das eine Sache für sich. So richtig sauber wurden sie eigentlich nur ein- oder zweimal im Monat, nämlich kurz bevor sie die heilige Kommunion empfingen. Und das war damals höchstens zweimal im Monat üblich.

Deswegen war es ein besonders großes Fest. Erst reinigten sie ihren Körper in den beiden Badehäusern, wo mehrere Zuber standen, aber für fünfzig Nonnen und zehn Schülerinnen natürlich bei weitem nicht genug. Dann reinigten sie ihre Seelen, indem sie dem Beichtvater am Redegitter ihre Sünden beichteten. Und nach der Beichte schließlich kam die Lossprechung, im Namen des Vaters, des Sohnes und des Heiligen Geistes erließ er ihnen ihre Sünden. Innerlich gestärkt gingen sie in die Kapelle, die an die Klarakirche angrenzte, um dort nach der Messe vom Prediger durch ein kleines Fenster in der Kapellentür ein Stück Brot und einen Schluck Wein gereicht zu bekommen. Das war nicht irgendein Brot und irgendein Wein, es war der wahrhaftige Jesus Christus, sein Leib und sein Blut, den sie da in Gestalt von geweihtem Brot und geweihtem Wein empfingen.

Indem sie Leib und Blut Christi genossen, gründeten sie ihren Bund mit Jesus Christus und ihrer Kirche immer wieder neu. Die Äbtissin bereitete sie meist mit den Worten des heiligen Paulus vor: »Nicht mehr ich lebe, Jesus lebt in mir ...« So sollten sie diesen Moment empfinden. Und das hinterließ für einige Zeit bei vielen einen großen inneren Frieden. An den Abenden solcher Tage kehrte oft eine erfüllte Ruhe im Konvent ein.

Doch genau genommen hieß das also, dass die Nonnen sich, wenn es hochkam, zweimal im Monat richtig wuschen, manchmal auch nur einmal. Seife gab es noch nicht. Man legte Wert auf Reinlichkeit, aber das ist ein dehnbarer Begriff.

Im Pirckheimerhaus wusch man sich auch nicht täglich, aber man konnte doch öfter die Wäsche wechseln und zwischendurch auch mal ein Bad nehmen. Läuse, Wanzen, Flöhe und Würmer hatten natürlich auch die Großeltern gehabt, aber im Kloster waren sie eine üble Plage. Sie schienen in dem Stroh zu leben, das auf dem Boden des Dormitoriums wie in einem Stall ausgebreitet wurde, sobald es draußen etwas kälter war. Man konnte so viel fegen wie man wollte, hatte man einmal das Stroh verbrannt und neues gestreut, wimmelte es schon wieder vor Ungeziefer.

Außerdem fehlten Barbara die wohlriechenden Kräuter, die Großtante Katharina immer bei sich trug. Deswegen hielt sie sich gerne im Kräutergarten des Klosters auf. Dort gab es Salbei, Rosmarin, Zitronenmelisse,

Thymian, auch dufteten Flieder und Lavendel köstlich und ab Juni blühten die Rosen bis tief in den Oktober hinein.

Im November, kurz vor dem Fest des heiligen Martin, saßen alle Mädchen im Badehaus auf den Wandbänken, schmierten sich gegenseitig Asche ins Haar und schrubbten sich den Rücken. Die Asche nahm das Fett aus den Haaren und machte es schön geschmeidig. Man musste sie allerdings sehr sorgfältig ausspülen. Es dampfte aus allen Fugen und die Mägde gossen immer wieder heißes Wasser nach.

Die Mädchen genossen es, unter sich zu sein, denn Christina Schilt war es zu stickig in der Badestube, und so kam sie ihrer Aufgabe, die Mädchen zu beaufsichtigen, nicht nach, und die Mägde hatten anderes zu tun. Da kam das Gespräch auf die Zukunft.

»Wenn wir in einem halben Jahr entlassen werden, dann beginnt eine aufregende Zeit. Dann werde ich meinen Bräutigam häufiger sehen. Ich soll den Martin Tucher heiraten, den Neffen des Anton Tucher, den kennt ihr doch alle. Noch studiert er in Heidelberg die Rechte, aber im Winter ist dann der große Tanz im Rathaus, da wird er mich hinführen. Ist das nicht herrlich?«, schwärmte eine von ihnen aus der Familie Imhoff.

Ihre Nachbarin kicherte.

Barbara versetzten diese Worte einen kleinen Stich.

Wenn sie im Kloster blieb, würde sie niemals an so einem Fest teilnehmen können. Sie schwieg zunächst und dachte mit großer Sehnsucht an das Haus der Großeltern.

»Wisst ihr, worauf ich mich am meisten freue?«, sprach das Mädchen weiter. »Aus diesen groben Stoffen herauszukommen. Ich bin ja froh, dass wir wenigstens keine Kutten tragen müssen. Aber immer diesen kratzenden, derben, langweiligen Stoff. Zu Hause habe ich ein Kleid, da ist der Rock aus fließender Seide und das Mieder aus Brokat.« Sie hielt inne, schaute an sich herunter, reckte sich ein wenig und sagte dann zufrieden: »Vielleicht passt mir das Kleid dann aber auch gar nicht mehr und ich muss es ändern. »

Die anderen starrten plötzlich alle auf ihre Brüste und fingen wieder an zu kichern. Es stimmte, die Brüste der Imhoffin waren in den letzten Monaten wirklich gewachsen. Wie kleine pralle Äpfel sahen sie aus, was ihr nicht im Mindesten peinlich zu sein schien, im Gegenteil.

»Meine Mutter sagt immer, je runder die Brust desto besser die Milch.«

Jede von ihnen schaute nun unwillkürlich an sich selbst herunter und an der Nachbarin nebenan. Barbara wurde ganz heiß im Gesicht vor Scham, was zum Glück keiner merkte, da man im Badehaus eben schwitzte. Aber es stimmte, alle hatten sie Brüste bekommen, auch bei ihr waren schon Rundungen zu sehen, die sie von

Anfang an irritiert hatten, denn die Frage war doch: Wenn sie nie ein Kind stillen würde wie die Mutter von Margareta, die sie damals zusammen mit der Großmutter im Kindbett besucht hatte, wozu wuchsen ihr dann Brüste?

Die Größeren kommentierten nun in aller Ausführlichkeit und betasteten unter lautem Kreischen, was sie vorfanden, und prophezeiten, wer von ihnen viel und wer wenig Milch haben würde. Die mit den kleinen, spitzen Brüsten versicherten sofort, dass sie sowieso Ammen nehmen würden, das käme ihnen ganz gelegen. Barbara drehte sich weg und hoffte, dass die Mädchen sie in Ruhe ließen. Das taten sie auch, aber mit Worten, die sie insgeheim dann doch ärgerten: »Bei der ist es ja sowieso egal.«

Dann fingen die anderen wieder an zu schwärmen, wie sie sich kleiden würden.

»Ich freu mich am meisten auf meinen Schmuck«, sagte eine. »Ich hab von meiner Großmutter noch eine Perlenkette, die darf ich tragen, wenn ich aus dem Kloster zurück bin, hat meine Mutter gesagt. Das wird so eine schöne Zeit.«

Die anderen stimmten ihr zu, erzählten von ihrem eigenen Schmuck, überlegten, was ihnen jetzt wohl gut stände und träumten von zukünftigen Festtagen.

Barbara schwieg. Plötzlich aber stieg es in ihr hoch, sie musste einfach reden, musste sich verteidigen, musste diese unverschämte Freude und Sorglosigkeit der anderen Mädchen trüben, die sie selbst verunsicherte.

»Ja und dann?«, fragte sie herausfordernd. »Ihr habt einige fröhliche Jahre, vielleicht auch mehr, aber dann ist es vorbei, ihr werdet kaum mehr Zeit haben, ein Buch in die Hand zu nehmen. Ihr werdet Jahr für Jahr Kinder kriegen, so lange ihr nur könnt, und irgendwann nach dem zwölften oder vierzehnten werdet ihr erschöpft sterben. Wenn Gott euch die Kinder lässt, dann könnt ihr glücklich sein, aber sind euch allen nicht auch schon Geschwister gestorben? Ich seh noch meine traurige Mutter immer wieder zum Grab meiner kleinen Schwester gehen. Das Los einer Mutter ist schwer, Gott schütze euch vor all dem Unglück, das da lauert.« Sie biss sich auf die Lippe und verschränkte schützend die Arme über ihren Brüsten.

»Du wirst ja eine Braut des Herrn, da kannst du schließlich für uns beten«, spöttelte die Braut von Martin Tucher.

Die Mädchen lachten, Barbaras Gesicht glühte und sie schwieg. Sie fand einfach nicht den rechten Ton mit den anderen.

Am gleichen Abend vor der Mitternachtsmesse knieten die Schülerinnen mit Christina Schilt in ihrem Zimmer und bereiteten sich auf die heilige Kommunion vor. Die Kindmeisterin erzählte, wie Jesus an seinem letzten Abend mit den Jüngern gespeist hatte. Er hatte das Brot für seine Jünger gebrochen, so wie heute der Priester für sie das Brot brechen würde. Und er hatte mit ihnen den

Wein geteilt, wie heute der Priester mit den Mädchen den Wein teilen würde zur Erinnerung an Jesus und seinen Heilstod.

Es war ausgerechnet an diesem Abend, dass Barbara den ersten Kuss Jesu in ihrer Seele empfing. Ja, er küsste sie. Sie kniete gerade zwischen den anderen und dachte an die Worte: »Nicht mehr ich lebe, Jesus lebt in mir ...« Bisher hatte sie bei diesen Worten immer das Gefühl gehabt, Jesus blicke ihr entgegen, er stehe ihr gegenüber und beide sahen einander abwartend an.

An diesem Abend aber war es nicht mehr ein bloßes Anblicken, sondern plötzlich ein Aufgehen ineinander. Barbara fühlte sich auf einmal von Liebe eingehüllt und jauchzte innerlich: O Herr, wie liebe ich dich und schenke mich dir für immer, Jesus, mein Seelenbräutigam. Für einen kurzen Moment hatte sie das Gefühl, verschwunden zu sein, wie sich ein Wassertropfen im weiten Meer verliert. Sie fühlte sich durchsichtig, kaum mehr vorhanden, ganz ausgefüllt und umgeben von göttlicher Kraft.

Als sie um Mitternacht Leib und Blut Christi in Form des geweihten Brotes und des Weines an der Kapellentür vom Priester empfing, war ihre Freude zu groß, zu tief, als dass sie sie zu fassen vermocht hätte, die Augen gingen ihr über und sie vergoss selige, erlösende Tränen.

Die anderen bemerkten das irritiert. Sie ahnten nichts von ihrem Zustand, begriffen nicht, dass Barbara bei der heutigen heiligen Kommunion zum ersten Mal das Gefühl hatte, durch die Wonnen dieser göttlichen Liebe allen spitzen Bemerkungen der Mädchen standhalten zu können. Es war wie ein Hauch ewiger Liebe, der ihr da entgegengeweht war. Das begriffen sie nicht, sie, die sowieso wieder in die Welt zurückkehren wollten, und fragten sich erstaunt, warum hat sie nur geweint? Sie verstanden nicht, dass über Barbaras Wangen Tränen des Danks und des Glücks liefen, weil sich die ganze Freude des Himmels auf einmal in ihr Herz ergossen hatte. Es war der schönste Moment in diesen zwei Jahren.

Denn die guten Stunden konnte sie zählen, so wenige waren es. Das Arbeiten im Kräutergarten gehörte dazu, die wenigen Minuten bei Norius, vor allem wenn es ihr dabei gelang, einige Worte mit Margareta zu wechseln. Auch zur morgendlichen Messe ging Barbara recht gern, besonders wenn die Nonnen gregorianische Choräle anstimmten und die Morgensonne durch die hohen Chorfenster fiel. Dann hatte Barbara nach dem ersten Erlebnis göttlicher Liebe oft das Gefühl der Ergriffenheit. In der Schulstube aber verließ dieses kostbare Gefühl sie sofort.

Barbara wollte nun alles über Jesus wissen, wie seine Mutter ihn geboren hatte, wie er als kleiner Junge im Tempel gewesen war, welche Wunder er vollbracht hatte, wie er mit Gott gesprochen hatte. Christina Schilt erzählte ab und zu kleine Geschichten von Jesus und bei Tisch wurde aus der Bibel vorgelesen, aber das reichte

Barbara nicht. Sie wollte in der Vulgata, in der lateinischen Bibel, seine Lebensgeschichte selber lesen. Und da sie das Lateinische lernen sollte, bat sie darum, das Lukasevangelium lesen zu dürfen.

> *... et ingressus angelus ad eam dixit have gratis plena Dominus tecum benedicta tu in mulieribus ... ecce concipies in utero et paries filium et vocabis nomen eius Jesum hic erit magnus et Filius Altissimi vocabitur ... et regni eius non erit finis ...*

Vom Engel Gabriel las sie, der Maria erschien und zu ihr sagte: »Du wirst ein Kind empfangen, einen Sohn wirst du gebären: dem sollst du den Namen Jesus geben. Er wird groß sein und Sohn des Höchsten genannt werden ... und seine Herrschaft wird kein Ende haben ...«

Jeden Tag kam sie nur wenige Sätze weiter, aber jedes Mal schien es Barbara, als öffne sich ihr eine wunderbare geheimnisvolle Welt, die jenseits des Schulzimmers von Christina Schilt lag. Alles, was ihr Freude machte, musste jenseits dieses Schulzimmers liegen, so glaubte sie. Es gab da nur etwas, das ihr Angst machte: Wie sollte sie jemals die endlose Flut von Psalmen und Hymnen lernen, die die älteren Nonnen ohne ein Zögern bei den Chorgebeten sprachen?

Den ganzen Tag hörte man aus irgendwelchen Zimmern im Kloster das Gemurmel betender Nonnen. Barbara hatte noch nicht verstanden, nach welchem Plan sie vorgingen, wann sie was beteten. Sie kannte bisher nur einige Stundgebete.

Beim Morgengrauen läutete eine der Schwestern zum Gebet. Gleich mussten die Mädchen aus den Betten aufstehen und in die Kapelle zum Morgenlob, zur Laudes, gehen, kurze Zeit später zur Morgenmesse. Danach allerdings folgten die Klosterschülerinnen in ihrem Tagesablauf eher den Laienschwestern als den stundenlang betenden Nonnen.

Die Laienschwestern hatten zwar ihr Gelübde abgelegt, Gott in aller Keuschheit zu dienen, sie waren also wie die Chorschwestern auch Nonnen, aber sie brauchten nicht an den täglichen Stundgebeten teilzunehmen. Dafür hatten sie aber auch kein Recht, zum Beispiel die Äbtissin mitzuwählen. Sie machten zusammen mit den Mägden die meisten körperlichen Arbeiten im Kloster.

Die Schülerinnen halfen den Laienschwestern etwa beim Füttern der Tiere. Es gab im Kloster viele Hühner, fünf Schweine und auch drei Kühe, die die Milch für die Nonnen gaben. Außerdem musste der Obst- und Gemüsegarten gepflegt werden. Im Herbst pflückten die Schülerinnen vorsichtig Äpfel und Birnen, damit sie keine Stellen bekamen und zu schnell faulten, und trugen sie auf die Speicherböden. Barbara dachte dabei an Willibald, der von außen über die Klostermauer hatte gucken wollen, um ihr zuzuwinken. Jetzt hätte er sie hier tatsächlich sehen können, wie sie knackige, rote Äpfel vom Baum nahm.

Kirschen und Beeren kochten sie zusammen mit den Laienschwestern ein. Viel Obst wurde auch zum Trocknen ausgelegt, wurde gedörrt. Denn man brauchte ja Obst für den langen Winter. Das alles war Arbeit der Laienschwestern. Sie durften das Kloster verlassen, um Botengänge zu machen oder auf dem Markt einkaufen zu gehen. Die Schülerinnen und die Chorschwestern verließen das Kloster nicht. Und die Schülerinnen sollten darüber hinaus eigentlich auch keinen Besuch bekommen.

Nach einem dreiviertel Jahr erreichte die Großtante, dass Barbara ans Redegitter treten durfte, um mit ihr zu sprechen. Katharina erzählte, dass die Großeltern Barbara sehr vermissten, beide aber im Augenblick kränkelten und deshalb nicht mitgekommen waren, und dass es den Eltern und Geschwistern gut ginge. Dann fragte sie, was Norius mache.

»Na ja«, antwortete Barbara ausweichend, »ich sehe ihn kaum.« Das klang traurig.

»Barbara, mea carissima, bist du unfroh?«, ließ sich die Stimme der Großtante vernehmen.

Aber in dem Moment guckten die beiden Nonnen, die Barbara begleiteten, sie drohend an. Sie schwieg also einen Moment und sagte dann zögerlich: »Ach nein. Aber alle Mädchen wollen später heiraten.«

Das reichte, um der Großtante verständlich zu machen, wie es um Barbara stand.

»Weißt du«, hob sie an und sprach mal wieder ausnahmsweise ganz unlateinisch. »Es ist so, Barbara, du bist ein sehr kluges Mädchen. Ich bin sicher, dass Gott dich auserwählt hat, einst im Himmel bei ihm zu sein. Die klugen, reinen Jungfrauen kommen gleich zu ihm in den Himmel. So ist das. Aber es ist immer schwierig, eine kluge Jungfrau zu sein, wenn man unter törichten Jungfrauen lebt. Glaube mir, das weiß ich ganz aus eigener Erfahrung, es ist sehr schwer, anders zu sein als die anderen in deiner Nähe. Dafür, dass du nicht zweifelst, sondern deinen Weg unbeirrt gehst, wirst du einmal belohnt werden. Der Weg ist schwer. Doch wenn du erst unter den Chorschwestern lebst, wird er sicherlich leichter.«

Diese Worte hatten Barbara geholfen und ließen sie die kleinen Sticheleien der anderen Mädchen leichter ertragen.

Ein Name der Liebe

Sie war noch fester entschlossen zu bleiben! Barbara wollte so schnell wie möglich aus der Ungewissheit hinaus und in die Sicherheit des Konvents aufgenommen werden – weg von Schwester Christina, weg von den anderen Mädchen. Doch leider war sie noch nicht einmal vierzehn Jahre alt. Das Gelübde, im Kloster zu bleiben, durfte man eigentlich erst mit sechzehn, frühestens mit fünfzehn ablegen.

Eines Tages bekamen die Klarissen hohen Besuch vom Generalvikar der Franziskaner-Observanten, der ab und zu die Klöster besah, ob alles zum Guten stände. Sein Name war Wilhelm Bertho. Er hielt sich einige Tage in Nürnberg auf und wohnte währenddessen im Franziskanerkloster. Franziskus war ja der Freund von Klara gewesen, sozusagen ein geistiger Bruder, ein Verwandter im Geiste, beide hatten vor zweihundert Jahren Klöster gegründet. Ihnen eiferten die Mönche und Nonnen, die Franziskaner und Klarissen, nach. Deswegen waren die Franziskanerklöster immer die Bruderklöster der Klarissen. Und deswegen besuchte Wilhelm Bertho seine geistigen Schwestern im Klarakloster. Er war einer der wenigen Menschen, die auch das Innere des Klosters betreten durften. Er ermahnte seine Schwestern, Jesus, ihrem Seelenbräutigam, in Betrachtungen und Andachten entgegenzugehen und der heiligen Klara auf dem Weg der Vollkommenheit zu folgen.

Nach der gemeinsamen Messe und einem großen Essen, bei dem es mal etwas anderes als Kohlsuppe gab, führte ihn die Äbtissin im Kloster herum, zeigte ihm die Arbeiten der Nonnen und auch die der Klosterschülerinnen. Da Margareta Grundherr besonders stolz war auf die Lateinkenntnisse ihrer Schülerin Barbara Pirckheimer, arrangierte sie ein Gespräch zwischen dem Generalvikar und der Klosterschülerin. Barbara hatte gleich gedacht, als sie von seinem Besuch hörte, sie müsse ihn sprechen und ihn anflehen, sie vorzeitig ins Kloster aufzunehmen. Da kam ihr die Gesprächsidee der Äbtissin sehr entgegen.

Barbara war furchtbar aufgeregt. Wilhelm Bertho unterhielt sich mit ihr lateinisch.

»Noch nicht zwei Jahre bist du im Kloster, Barbara, gefällt es dir bei den Klarissen?«, fragte Wilhelm Bertho ungefähr.

Barbara musste sich anstrengen, um ihn zu verstehen.

»Ja, Vater, es gefällt mir, die Nonnen sind sehr gut zu uns«, antwortete sie bescheiden.

»Sag, dein Name kommt mir so bekannt vor, hast du nicht einen Onkel, der Prior im Kartäuserkloster ist?«

Barbara nickte. »Mein Onkel, der Georg Pirckheimer, ist das.«

»So, willst du denn auch einmal im Kloster bleiben?«

Da warf Barbara sich vor ihm auf die Erde, küsste seine Hand und sagte: »O bitte, bitte, ehrwürdiger Vater, ich möchte sogleich mein Gelübde ablegen, es ist mein dringendster Wunsch, in diesem Kloster als Nonne wie die heilige Klara weiter zu leben. Ich bin mir sicher, Gott möchte, dass ich bleibe, ich will ihm dienen, so lange ich lebe. Bitte nehmt mir das Gelübde ab.«

Wilhelm Bertho sah das junge Mädchen erstaunt und gerührt an.

»Ich wüde dir gerne das Gelübde abnehmen, mein Kind«, sagte er sanft, »aber dafür ist ein anderes Alter als das deinige vorgesehen. Du bist noch nicht einmal vierzehn. Bei Gott, das kann ich nicht, du musst dich noch etwas gedulden. Aber ich bin sicher, dass du eine eifrige Nonne werden wirst. Mein gutes Kind, ich segne dich im Namen des Vaters, des Sohnes und des Heiligen Geistes, und nun geh zurück zu den anderen.«

Barbara ging mit gesenktem Kopf. Die anderen Schülerinnen waren ein wenig neidisch, weil sie allein mit dem Vikar hatte sprechen dürfen, und sie machten ihrem Neid mit spitzen Bemerkungen Luft: »Na, hat er dich gleich als Heilige vorgeschlagen?«, oder: »Und, bist du nun eine richtige Nonne?« Zum Glück konnte Barbara den Fragen bald entgehen, denn etwas ganz Besonderes stand bevor: Einige Ratsherren waren gekommen, um dem ehrenwerten Gast Wilhelm Bertho das heilige Reichskreuz und den Reichsspeer ganz persönlich zu zeigen. Im Beichthaus durfte er auch die Jesusreliquien in ihren Kästchen an sein Herz drücken und weinte dabei so überwältigt von Freude, dass auch die Ratsherren, die bei ihm standen, von Rührung ergriffen waren.

Mit fünfzehn Jahren durfte Barbara endlich die Schulstube und Christina Schilt verlassen. Sie wurde vor die im Kapitelsaal versammelten Chorschwestern geführt. Es war eine äußerst feierliche Zeremonie, mit der Barbara in die Klosterfamilie aufgenommen wurde. Die hochwürdigste Äbtissin Margareta Grundherr stieg mit dem Äbtissinnenstab in der Hand von ihrem Sitz herunter, kniete vor Barbara nieder und wusch ihr die Füße.

Von alters her galt die Fußwaschung als ein Zeichen der gastlichen Aufnahme und Freundschaft.

Danach knieten alle Nonnen vor Barbara nieder, um ihr die Füße auch noch zu küssen. Barbara erstarrte völlig und ließ alles über sich ergehen, in ihrem Kopf war nur ein Gedanke: Jetzt gehöre ich zu euch. Sie bekam eine eigene Zelle, in der ihr Bett stand, sie erhielt einen weißen Schleier und wurde Novizin. Nun war sie offiziell mit Jesus verlobt, obwohl sie für sich meinte, sie sei es eigentlich schon seit diesem ersten berauschenden Seelenkuss.

Sie lebte also jetzt mit den Chorschwestern zusammen, betete mit ihnen, folgte ganz ihrem Tageslauf, hatte aber ihr Gelübde noch nicht abgelegt. Noch hätte sie sich gegen das Leben im Kloster entscheiden können. Sie war eine Nonne auf Probe, eine Nonne im Noviziat.

Zunächst war ihre Aufgabe, zu den Stundgebeten die Gebetsglocke im Kreuzgang zu läuten. Besonders gern tat sie es im Sommer morgens zum Morgenlob, der Laudes. Wenn die Sonne gerade aufging und die Vögel eben zu singen begonnen hatten, dann stieg der Hall der Glocke in den Himmel. Barbara stellte sich vor, Gott Vater würde sie wohlgefällig beobachten. Nur wenn man ganz gleichmäßig an der Schnur zog und die Glocke mit Schwung bewegte, konnte sich ihr Klang richtig entfalten. Das war gar nicht so einfach. Dann musste sie wieder zur Terz, zur Sext, zur Non, Vesper und Komplet läuten. Meist ging sie dann mit den Nonnen in die

Kapelle und betete Psalmen, die ihr inzwischen flüssiger von den Lippen kamen. Manchmal übernahm Barbara aber auch schon kleinere Fürbittgebete. Vor einigen Monaten hatte ein Bäcker dem Kloster ein Fässchen Wein geschenkt. Dafür hatte er sich erbeten, dass täglich für ihn die Namen-Jesu-Litanei gesprochen werde. Das tat jetzt Barbara.

Unzählige solcher Fürbitten mussten gesprochen werden. Einmal wurden für einen Gönner des Klosters zu Neujahr fünftausend Ave Maria gebetet. Und als die Gartenmeisterin Bretter geschenkt bekam, betete sie für den Schenker fünfzehnmal den Rosenkranz und sprach fünfundzwanzig Vigilien für seine Vorfahren.

Die Ausbildung der Novizin übernahm nun eigentlich die Novizenmeisterin, wobei die Äbtissin selbst, soweit ihr dazu Zeit blieb, sie auch gerne persönlich anleitete. Barbara musste der ehrwürdigen Mutter nach jedem Essen die Schriftlesung zusammenfassen und dabei zeigen, ob sie alles verstanden hatte. Die Äbtissin sorgte auch dafür, dass sie das Klosterleben in allen Formen kennen lernte, in der Bibliothek, der Schreibstube, der Apotheke, der Gewandschneiderei, der Stickerei, im Siechenhaus, als Sakristanin. Und sie hielt sie persönlich zur Frömmigkeit an.

»Stell dir vor, jeder Raum des Klosters sei ein Leidensort Christi: das Refektorium etwa der Saal, in dem unser lieber Herr das letzte Nachtmahl aß. Das Schlafhaus halte für das Tal Josaphat, wo alle Toten auferstehen und vor Gericht kommen, und so fort. Und versuche beständig an den Herrn zu denken, wo du dich auch befindest, so gelingt es dir, dich von unnützen, weltlichen Gedanken fern zu halten.«

Barbara dachte, der Kreuzgang war dann wohl der Weg, den Jesus hatte das Kreuz tragen müssen, die Siechstube mit den Kranken vielleicht der Ort, an dem Jesus Wunder tat. Aber was, fragte sie sich, war das Redegitter für ein Ort? Aber das fragte sie natürlich nicht laut. Auch hatte sie das Gefühl, dass es besser war, mit Gott zu reden als über ihn.

Schon gegen Abend war Barbara oft hundemüde. Aber um Mitternacht musste sie noch an der Mitternachtsmesse der Nonnen von St. Klara teilnehmen. Erst danach begann ihre Nachtruhe.

Nach einiger Zeit bemerkte die Apothekerin des Klosters Barbaras Interesse für den Kräutergarten. Immer öfter zog sie sie zur Hilfe heran. Sie erklärte ihr die Herstellung von Heiltees, Salben, des Melissenbalsams, von medizinischen Schnäpsen, Elixieren, Magen- und Asthmatropfen. Bekannt und auch in der Stadt geschätzt war der Klosterlikör, der in der Brennerei hergestellt wurde. Und Barbaras Großmutter Walpurga schwor immer auf eine Flüssigkeit, die sie Elixier Vitae nannte. Nun stand ihre Enkelin in der Apotheke und mischte aus verschiedenen Kräuterkonzentraten diese Flüssigkeit zusammen. Das machte ihr zwischen den Stundgebeten viel Freude.

Nicht so schön fand sie die Zeit, die sie in der Stickerei bei Schwester Anna Neuper zubringen musste. Die Paramentenstickerei war sehr kompliziert, und sie bekam Kopfschmerzen, so musste sie sich konzentrieren, um eine Altardecke, eine Fahne oder das Messgewand ihres Priesters mit feinsten Goldfäden und Perlen zu verzieren. Doch gab es genug, worüber sie bei diesen Arbeiten nachdenken konnte. Zum Beispiel über das, was die Äbtissin und die Novizenmeisterin ihr immer als wichtigste Ziele auf dem Weg zu Gott vorpredigten: den Gottesdienst mit Eifer zu versehen und dabei die biblische Mahnung »Betet ohne Unterlass« im Kopfe zu haben. Demütig und gern die Arbeiten zu verrichten, die in den Augen der Weltleute nichts gelten. Und in jedem Fall gehorsam zu sein, denn der Gehorsam war ein Gut an sich. Und schließlich sollte sie alles, was sie tat, mit Liebe tun.

Je länger sie im Kloster war, desto dringender schien sich ihr nun ein Thema aufzudrängen: Wenn sie sich mit Jesus vermählen würde, welchen Namen sollte sie dann wohl tragen? Es sollte ein Name sein, der ihre Empfindung zu ihrem Bräutigam so ganz ausdrückte. Ein Name der Liebe sollte es sein, der Liebe zu Gott, aus der heraus sie auch ihre Mitschwestern lieben wollte. Und eines Nachts träumte ihr, dass sie mit dem schönsten Namen gerufen werde, den sie kannte, mit dem lateinischen Wort für hingebungsvolle Liebe: CARITAS. Doch sie erzählte niemandem davon.

Nachdem Barbara über ein Jahr lang Novizin gewesen war, verkündete Margarete Grundherr bei einer Versammlung der Nonnen im Kapitelsaal, sie freue sich, dass Barbara sich so gut im Kloster eingelebt habe, der Konvent sei sehr mit der jungen Novizin zufrieden, und wenn niemand Einwände habe, so wolle sie Barbaras Profess anberaumen und sie könne ihr Hochzeitsfest mit dem Herrn bald feiern. »Barbara, wenn Ihr Euch jetzt selbst dazu bereit fühlt, dann könnt Ihr den Schleier nehmen«, sprach sie feierlich. Sie sagte nicht mehr »du«, sondern redete Barbara mit dem höflichen »Ihr« an. Die Zustimmung war allgemein und Barbara strahlte vor Glück.

Und dann durchfuhr es Barbara jäh, als die Äbtissin weitersprach.

«Natürlich kann sie weiterhin nach der heiligen Barbara heißen, nur dachte ich, es gäbe noch einen Namen, der passender wäre für einen Menschen, der so erfüllt wirkt von göttlicher Liebe. Deus Caritas est. Gott ist die Liebe. Deswegen möchte ich vorschlagen, dass wir Barbara fortan Caritas nennen.«

Barbara strahlte über das ganze Gesicht und dachte entgeistert: Wie hat sich ihr dieser Name mitgeteilt? Diese glückliche Gedankenbegegnung muss eine zarte Aufmerksamkeit meines Vielgeliebten sein. O Jesus, bald werde ich dein sein für immer.

In der Nacht vor ihrem Gelübde schlief Barbara nicht. Sie kniete die ganze Nacht in der Kapelle, auch als die anderen schon zu Bett gegangen waren, und betete. Sie betete um ein Zeichen Gottes, um die Vereinigung mit Jesus. Damit er zu ihr kommen könne, meinte sie, müsse sie erst innerlich aufräumen. Also stellte sie sich ihre Seele als einen freien Platz vor und bat die seligste Jungfrau Maria, die Mutter ihres Bräutigams, alles fortzuräumen, was verhindern könnte, dass er wirklich frei sei. Dann flehte Barbara sie an, ein großes, des Himmels würdiges Zelt aufzurichten, es mit ihrem eigenen Schmuck zu zieren, und dann lud sie alle Heiligen und Engel ein, zu kommen und ein wunderbares Konzert zu geben. Und dann geschah es wirklich, Jesus stieg in ihr Herz herab, sie fühlte, dass er zufrieden war, so wohl empfangen zu sein. Und Barbara war erfüllt von Glück. Der Mond schien durch die Fenster der Kapelle – oder war es schon die aufgehende Sonne? – direkt auf den Altar, und es war ihr, als lächelte die Mutter Gottes ihr zu. Am Morgen fühlte sie sich überflutet von einem warmen Strom des Friedens.

Der Franziskanerpater las die Messe am Altar der Klarakirche für die Gemeinde und alle Nonnen. Die ganze Familie war gekommen, um der Messe beizuwohnen. Bei der Kommunion, als Jesus in das Herz ihrer Verwandten eingekehrt war, hörte Barbara rings um sich nur Schluchzen, die Großtante Katharina, die Großmutter Walpurga hielten Tücher an die Augen, ja selbst der Großvater schnäuzte sich. Barbara war die Einzige, die keine Tränen vergoss. Sie fühlte sich ermattet von der letzten Nacht und von der Gewalt ihres klopfenden Herzens. Ob man an zu heftigem Herzklopfen sterben kann?, fragte sie sich.

Nach der Darreichung von Brot und Wein wandte der Priester sich an Barbara, die zum letzten Mal in der Kirche bei ihrer Familie kniete, und bat sie nach vorn zu sich. Barbara umarmte Großtante, Großmutter und Großvater und ging unsicher und schwankend zum Altar.

Dort auf den Stufen zum Altar fragte der Priester, ob Barbara nun in den Stand einer Nonne eintreten wolle und gemeinsam mit den anderen Nonnen die consilia evangelica befolgen wolle, was übersetzt hieß: »Willst du, Barbara, dein Leben lang arm, unverheiratet und gehorsam in diesem Konvent leben?«

Und Barbara antwortete lateinisch, dass sie die stabilitas und die conversio morum und oboedentia gelobe, was in etwa bedeutet: »Ja, das will ich und gelobe Beständigkeit, die Bekehrung meiner Sitten und Gehorsam.«

Der Franziskaner reichte ihr eine Urkunde, in der das festgehalten war, und Barbara legte sie auf dem Altar nieder.

Sie war ganz in weiß gekleidet und trug etwas, das aussah wie ein Totenhemd. Nun warf sie sich vor dem Altar mit zur Seite gestreckten Armen auf die Erde nieder, so dass ihr Körper ein Kreuz bildete. Der Priester besprengte sie mit Weihwasser, bedeckte sie mit einem Tuch und sprach die Gebete, die bei einer Beerdigung üblich waren.

»O Herr Jesu Christe, nimm diese Seele zu dir, dass sie ewig bei dir mag bleiben ...«

Das ganze Volk, das in der Kirche war, sah dabei zu. Natürlich war nicht nur Barbaras Familie gekommen, sondern die vielen Mädchen, die das Klarakloster wieder verlassen hatten, um zu heiraten, saßen auch dabei.

Mit dieser Zeremonie beendete der Priester Barbaras weltliches Leben, er beerdigte die weltliche Person namens Barbara Pirckheimer und die geistige war geboren. Er half ihr hoch und führte sie, eine Kerze in der Hand, an die Kapellentür, den Eingang, wo nur gottgeweihte Jungfrauen eintreten durften. Dort nahmen die Nonnen sie in Empfang. Abwechselnd sangen und sprachen alle gemeinsam in der Kapelle den 118. Psalm, eine Dankliturgie, selbstverständlich lateinisch, und Barbara sprach laut mit ihnen. Sie hatte diesen Psalm lange geübt, jedes Wort kam ihr von Herzen.

»Danket dem Herrn, denn er ist gütig, denn seine Huld währt ewig ...

Dominus meus es non timebo quid faciat mihi homo? ...

Der Herr ist bei mir, ich fürchte mich nicht. Was können Menschen mir antun? ...

Haec est dies quam fecit Dominus exultemus et laetemur in ea o Domine salvum fac o Domine prosperare!

Dies ist der Tag, den der Herr gemacht hat; wir wollen jubeln und uns an ihm freuen. Ach, Herr, bring doch Hilfe, ach, Herr, gib doch Gelingen!«

Barbara roch nach dem Weihrauch, den der Priester über sie nach allen Seiten verteilt hatte. Sie schloss die Augen und sprach gemeinsam mit den anderen den 116. Psalm:

»Ich liebe den Herrn; denn er hat mein lautes Flehen gehört und sein Ohr mir zugeneigt an dem Tag, als ich zu ihm rief ...

Vota mea Domino reddam in conspectu omnis populi eius.

Ich will dem Herrn mein Gelübde erfüllen offen vor seinem ganzen Volk.«

Nun trat die Äbtissin Margareta Grundherr vor und sprach den Segen über die junge Nonne und alle Klarissen, und dann weiter zu Barbara gewandt: »Ich nehme Euch in die Gemeinschaft unseres Klosters auf und gebe Euch den Namen Schwester Caritas. Wir loben und preisen Euch, weil Ihr die Üppigkeit der Welt und die Wonnen des Hochmutes verachtet und Euch dem Dienste Gottes und der Heiligen weiht.«

Zum Zeichen, dass ihre Ehe mit Jesus Christus jetzt geschlossen sei, reichte die Äbtissin ihr einen Ring, den Caritas sich voller Stolz an den Finger steckte. Die Gewandmeisterin näherte sich und hielt auf den ausgebreiteten Armen die Tracht der Klarissen. Eine andere Schwester kam und schnitt Barbara die langen Haare ab und schor ihr den Kopf. Barbara ließ sich das weite Gewand anlegen. Sie nahm den Schleier und setzte ihn sich auf ihr Haupt. Nun zogen alle Nonnen an ihr vorbei und küssten sie auf die Stirn. Und damit war sie eine der ihren, eine Klarisse. Aus Barbara Pirckheimer war Schwester Caritas geworden. Von nun an unterschrieb sie ihre Briefe stolz mit ihrem neuen Namen: Caritas Pirckheimer.

Braut des Herrn
(1483–1503)

Latrinengeflüster

Caritas Pirckheimer wuchs langsam in den Konvent hinein. Bisher hatte sie doch immer noch nicht ganz dazugehört, sie war die Junge, die Unbekannte gewesen, die neugierig beäugt wurde, die man aber ansonsten in Ruhe ließ, zumal sie von der Novizenmeisterin oder direkt von der Äbtissin angeleitet wurde.

Nun aber hatte sie immer weniger mit der Äbtissin zu tun und immer mehr mit ihren Mitschwestern. Es waren etwa fünfzig Frauen jeden Alters, die hier eng zusammenlebten. Einige von ihnen kannte Caritas schon besser: Da war die Bibliothekarin Christina Knoll, eine wache, besonnene Frau, bei der sich Caritas gerne aufhielt, zumal eine besonders nette, junge Schwester mit ihr zusammenarbeitete: Apollonia Tucher. Dann die Apothekerin Adelheit Strosser, bärbeißig und abweisend im Alltag, aber ungewöhnlich sanft, wenn sie kranke Schwestern versorgte. Sie war die beste Freundin der alten Siechenmeisterin, die hatte eine Nichte namens Katharina Schlüsselfelder, eine junge Frau, ein bisschen älter als Margareta und Caritas. Katharina Schlüsselfelder war unglücklicherweise gerade zuständig für das Läuten der Gebetsglocke am Morgen. Das war fatal, denn sie kam nur schwer aus dem Bett und verschlief etwa jeden dritten Tag, was aber ihrem Selbstbewusstsein nicht den mindesten Abbruch tat. Sie war lebhaft und mutig, hatte oft ein freches Wort auf den Lippen und imponierte Caritas sehr. Im Übrigen war sie eine enge Freundin von Margareta, deren fröhliches Naturell dem der Katharina Schlüsselfelder entgegenkam. Das waren die Nonnen, die Caritas neben ihrer alten Freundin Margareta und der Äbtissin am nächsten standen. Vielleicht könnte man noch die sanfte, aber hartnäckige Anna Neuper hinzuzählen. Sie war älter, so um die vierzig, und überwachte Gewandmeisterei und Teppichknüpferei des Klosters. Die Nonnen webten und nähten alles selbst, was sie trugen, und knüpften Teppiche, die sie in der Stadt verkauften.

Es gab zwei Nonnen, die Caritas vom ersten Augenblick an nicht besonders gemocht hatte. Die eine, die Sakristanin Ursula Wickerstetter, auch etwa um die vierzig, war ihr wesensfremd, denn sie war eine lautstarke Schwärmerin. Es gab viele mystisch gestimmte Schwarmgeister im Kloster, doch Ursula Wickerstetter wirkte auf Caritas besonders töricht und überspannt.

Die andere schien ihr hinterlistig, was schlimmer war. Es war die alte Kerzenzieherin Elisabeth Lochner, die, von ihrer Tätigkeit nicht hinreichend ausgefüllt, allem und jedem hinterherspionierte. Katharina pflegte insgeheim zu

Caritas von ihr nur als von der »alten Vettel« zu sprechen. Natürlich durfte solche Reden weiter keiner hören.

Bekanntlich sollten die Klarissen vom Untergang der Sonne bis zum Stundgebet der Terz schweigen, außerdem bei den Schlafzellen, im Refektorium, in Kapelle und Kirche.
 Doch hatte sich die heilige Klara in ihrer Regel nicht über die Latrinen geäußert; in etwa: Auf dem Locus haben die Nonnen zu schweigen! Und so kam es, dass ganz das Gegenteil dort der Fall war.
 Die Latrinen waren überaus praktisch konstruiert. Es handelte sich um ein Häuschen ganz aus Holz, in dem nichts weiter stand als eine lange Bank, die die ganze Längsseite einnahm, und eine zweite Bank, die sich gegenüber erstreckte. In diese Bänke waren Löcher eingelassen. Dort konnte man sich in die darunter befindliche Grube entleeren. Dafür gab es feste Zeiten, damit die Nonnen nicht einfach wegen eines unheiligen, körperlichen Bedürfnisses den Gottesdienst schwänzten. Direkt nach dem Aufstehen, vor der Messe, nach dem Mittag, vor der Non am Nachmittag, vor dem Abendgebet und natürlich noch einmal nach der Mitternachtsmesse gingen die Nonnen an diesen entspannenden Ort. Und wer schon fertig war, konnte ja noch ein wenig bei den anderen verharren. Hier entstanden alle Gerüchte, und es wurde weitergetragen, was man so im Laufe des Tages oder der Nacht beobachtet und was man erfahren hatte. Die Schwester Sowieso

hat einen Brief bekommen, und die ist am Redegitter verlangt worden. Die hat im Gottesdienst laut geschnarcht, und die hat schon wieder ein Fürbittgebet vergessen. Die hat schlecht geträumt, diese ist durch den Kreuzgang geschlafwandelt und jene hat besonders falsch gesungen. Bei den Latrinen sprudelten also die Nachrichtenquellen des Klosters. Und »Ich geh mal zu den Latrinen« hieß eben auch: »Ich muss mal – mich informieren.«

Eines Morgens, es war noch dämmerig, herrschte ungeheure Aufregung an diesem Ort. Alle versuchten zu flüstern, damit es nicht so auffiele, doch die hohe, schrille Stimme der Schwester Ursula Wickerstetter ließ sich nicht überhören.

»Er hat mich in seinen Armen gehalten und hat mich gewiegt. Unser Bräutigam hat mich in seinen Armen gewiegt, er ist aus dem Himmel herabgestiegen, um mich, seine treue Gefolgin, zu erhören«, sagte sie gerade.

Barbara Wagner, eine ganz junge Nonne, saß direkt neben ihr, starrte sie mit glänzenden Augen an und flüsterte beschwörend: »Erzählt es noch einmal von vorn, bitte, wie ist er Euch begegnet?«

Ursula Wickerstetter richtete sich hoch auf und begann noch einmal.

»Ich muss gerade eingeschlafen sein. Plötzlich erscheint mir die Jungfrau Maria. Sie ist überwältigend schön, trägt ein seidenes, fließendes langes Kleid, ein Strahlenkranz erleuchtet ihr liebes Gesicht und sie tritt auf mich zu und sagt: ›Ich habe dir meinen Sohn gebracht.‹ Hinter ihr steht Jesus, jung und unendlich traurig ist sein Gesicht. Ich will ihn trösten. Mein ganzes Wesen strebt zu ihm, ihn anzubeten, ihm nahe zu sein, ihn in den Armen zu halten. Und er ergreift meine Hände und zieht mich zu sich. Und ich spüre den Hauch des Heiligen Geistes, der mit meinem verschmilzt in einem langen, betörenden Kuss. Er wiegt mich in seinen Armen. Ich werde ganz leicht ... Und dann hat die Gebetsglocke geläutet und die Heilige Mutter zog sich mit Jesus zurück.«

Die Frauen, die um sie herumstanden und -saßen, hatten gebannt zugehört. Jetzt zischten sie aufgeregt durcheinander: »Sie hatte eine Vision«. – »Der Heilige Geist ist ihr erschienen«. – »Wir müssen es der Ehrwürdigen Mutter erzählen«. – »Schwester Ursula ist auserwählt.«

Einige Nonnen jedoch standen etwas abseits und guckten skeptisch. Zu ihnen gehörte Caritas. Margareta trat zu ihr und musste mit dem Lachen kämpfen.

»Kannst du dir vorstellen, wie der Heilige Geist Ursula Wickerstetter umarmt und küsst?«, flüsterte sie.

Das war eine ziemlich gemeine Bemerkung, denn Ursula Wickerstetter war nicht gerade das Sinnbild der hübschen Jungfrau; sie war sehr klein und etwas verwachsen. Sie humpelte leicht und in letzter Zeit sogar stärker. Sie hatte es nicht leicht mit ihrem Körper, der ständig kränkelte. Aber ihre Seele war ehrlich, gläubig und sehr bemüht, keinen Fehler zu machen, um sich nicht etwa ihren Platz im Himmel zu verspielen. Sie murmelte fast unablässig Gebete, hielt sich von den anderen fern, und ab und zu hatte sie diese Vorstellung, dass sie sich mit dem Heiligen Geist verbunden hätte. Danach lief sie tagelang wie beseelt herum und fühlte sich auserwählt unter allen Nonnen des Konvents.

Die Nonnen waren gespalten. Es gab eine ganze Menge von ihnen, die begeistert jedes ihrer Worte glaubten. Denn jeder schwärmerische Geist in ihrer Umgebung wartete eigentlich täglich auf so ein Zeichen Gottes. Während andere, nüchterner gestrickt, ihre Erlebnisse als Träumereien abtaten. Caritas dachte an ihren Seelenkuss mit dem geliebten Bräutigam, ihr waren diese Gefühle nicht fremd, aber die Art, sie hinauszuschreien, stieß sie ab.

Besonders heftig in ihrer Ablehnung war Katharina Schlüsselfelder. Sie war neben Caritas und Margareta getreten und drehte sich halb zu ihnen.

»Die ist verrückt im Geist«, sagte sie wegwerfend. Und als sie sah, wie Margaretas Schultern noch immer vor unterdrücktem Lachen bebten, konnte sie auch nicht mehr an sich halten und fing ebenfalls an zu kichern. Zumal Ursula Wickerstetter wieder begann, mit hoher Stimme von Jesus und dem Heiligen Geist zu reden. Es war einfach zu komisch, wie sie dort im Latrinenhäuschen saß und verzückt plapperte – so früh am Morgen und obwohl man doch bis zur Terz eigentlich gar nicht reden sollte. Auch Caritas wurde angesteckt von dem Gekicher und allen drei Mädchen standen

Tränen in den Augen vor unterdrücktem Gelächter. Sie pressten sich die Hände vor den Mund, um nicht laut herauszuplatzen.

Was sie nicht bemerkt hatten, war, dass soeben die Tür auf- und dann wieder zugegangen war und die missgünstige Elisabeth Lochner hereingeschaut hatte. Sie hatte gesehen, was sie hatte sehen wollen, hatte umgehend kehrtgemacht und war zurück ins Haus gelaufen, directissime zur Äbtissin.

»Würdige Mutter, was zu weit geht, geht zu weit. Man kann ja über die Visionen unserer guten Schwester Ursula geteilter Meinung sein, aber dass man den Respekt und die Demut gegenüber den alten, bewährten Nonnen unseres Konventes verliert, das ist eine Sünde und muss seine gerechte Strafe finden. Und dass der halbe Konvent noch vor der Terz schwätzend im Latrinenhäuschen steht, obwohl doch Schweigezeit ist!«

Die Äbtissin schaute sie erstaunt an, schüttelte unwillig den Kopf und hob bedeutungsvoll den Zeigefinger an die Lippen. Sie war auf dem Weg zur Kapelle, wo in Kürze die Laudes, die Morgenandacht, stattfinden sollte.

Die restliche Zeit bis zur Terz verging in Schweigen, doch kaum durfte wieder geredet werden, sagte Elisabeth Lochner zur Äbtissin: »Das solltet Ihr aber nicht auf sich beruhen lassen.«

Erst am Nachmittag holte Margareta Grundherr die Nonnen zu sich, die zur nämlichen Stunde im Latrinenhäuschen gewesen waren.

»Nun?«, fragte sie etwas ungeduldig. »Was ist geschehen?«

»Schwester Ursula hatte eine Vision«, hob Elisabeth Lochner wieder an, »und unsere jungen Nonnen Schwester Katharina, Schwester Margareta und Schwester Caritas haben sie ausgelacht!«

Die Äbtissin schaute ernst und tadelnd.

Schwester Ursula stöhnte auf. »Heilige Mutter, ich hatte wirklich eine Vision.« Und nun erzählte sie ein weiteres Mal.

Die eher nüchterne Äbtissin schaute sie nachdenklich an, ließ sie ausreden, und meinte dann: »Schwester Ursula, Ihr werdet geträumt haben. Aber warum sollte Euch Gott nicht ein Zeichen geben in Euren Träumen, Ihr seid eine treue, brave Seele. Auch der heilige Franziskus hat seine Träume immer zu deuten gewusst. Dennoch dränge ich alle Schwestern, was immer geschieht, das Schweigegebot einzuhalten!«

Ein besonders strenger Blick traf die jungen Mädchen, die jetzt still die Köpfe gesenkt hielten. Alle drei waren reuig und gelobten Besserung. Zur Buße mussten sie fünfmal zusätzlich den Rosenkranz beten, und zwar den freudenreichen, den schmerzhaften und den glorreichen. So standen sie in ihrer knappen freien Zeit in der Kapelle und murmelten immer und immer wieder: »Gegrüßet seist du, Maria, voll der Gnade, der Herr ist mit dir. Du bist gebenedeit unter den Frauen, und gebenedeit ist die Frucht deines Leibes, Jesus ...«

Einige Tage später, es war am Nachmittag, hatte Caritas schon wieder eine unangenehme Begegnung mit Schwester Elisabeth Lochner.

»Schwester Caritas, Euch hab ich was zu sagen!«, rief sie verschwörerisch hinter ihr her.

Caritas bemühte sich, nicht die Augen zu verdrehen, sie war eilig durch den Kreuzgang gegangen und hatte gehofft, dass Elisabeth Lochner sie nicht hören würde. Aber da erklang ihre Stimme wieder.

»Ist Euch nicht aufgefallen, dass Schwester Katharina zur Laudes zu spät gekommen ist?« Sie winkte Caritas näher zu kommen, hob einen krummen, fleckigen Zeigefinger und flüsterte: »Und geflucht hat sie, ich hab es deutlich gehört. Na, wir wissen ja, wo es herkommt. Sie soll ja eigentlich ein Kind aus ganz gemeinen Verhältnissen sein, heißt es. Vielleicht ist sie sogar in Sünde gezeugt und unehelich geboren.«

Caritas wusste, dass Katharina Schlüsselfelder oft verschlief und ein loses Mundwerk hatte, und sie wusste auch, dass Elisabeth Lochner außer mit dem Ziehen der Kerzen mit nichts anderem mehr beschäftigt war als mit der Beobachtung ihrer Umgebung. »Wir sind alle fehlbar und arme Sünder, Schwester Elisabeth«, wiegelte sie ab.

»Ihr habt allerdings allen Grund, demütig zu reden, Schwester Caritas, denn Ihr seid bei der Schriftlesung eingeschlafen! Es ist mir nicht entgangen. Ganz zu schweigen von Eurem ungehörigen Lachen vor einigen Tagen«, keifte daraufhin Elisabeth Lochner.

Caritas versuchte in ihrer Antwort ganz ruhig zu bleiben.

«Ich schließe manchmal die Augen, um besser zuhören zu können. Aber jetzt nach dem Mittagessen will ich mich etwas zur Ruhe legen, und Ihr tut sicher auch gut daran, wenn Ihr an der Mitternachtsmesse teilnehmen wollt.» Damit wandte sich Caritas ab und eilte in die Richtung ihrer Zelle.

Nach der Non, dem Nachmittagsgebet, gingen die Nonnen ihren Arbeiten nach. Caritas und Margareta liefen zur Schreibstube, die gleich neben der Bibliothek lag, um ein Gebetbuch abzuschreiben. Katharina kam mit ihnen, denn sie besaß eine besondere Begabung: Sie konnte sehr fein malen und übte sich in der Verzierung der Gebetbücher. Es war zwar neuerdings so, dass Bücher nicht mehr abgeschrieben werden mussten, weil man sie auch drucken lassen konnte, aber die waren immer noch sehr teuer. Außerdem gehörte es zu den schönsten Aufgaben der Nonnen, die göttlichen Worte in hübscher Schrift zu kopieren.

Als sie an der Gewandschneiderei vorbeikamen, hörten sie Ursula Wickerstetter von ihrer Vision erzählen. Sie war unter dem Vorwand gekommen, eine fertige Paramentenstickerei für den Altar in der Klarakirche abzuholen, da sie ja als Sakristanin des Klosters zuständig war für das Schmücken der Kirche. Barbara Wagner, die ihr zur Hand gehen sollte, saß wieder mit offenem Mund und aufgerissenen Augen neben ihr und hörte ihren Erzählungen von ihrer Begegnung mit Jesus zu. Als sie von ferne Elisabeth Lochner heranschleichen sahen, die leise über die schwätzenden Schneiderinnen schimpfte, eilten sie weiter in die Bibliothek. Später sahen sie wieder einmal Elisabeth Lochner verschwörerisch auf die Äbtissin einredend.

Als am nächsten Sonntag der Franziskanerpater Stefan Fridolin in der Klarakirche predigte, dass geschrieben stehe: »Tuschler und Verleumder sind Gott verhasst. Seid bescheiden und voll Sanftmut. Ihr sollt nicht richten, nicht verachten und, wie der Herr sagt, nicht die kleinste Sünde anderer blicken, nein, lieber den eigenen nachsinnen«, da war allen klar, obwohl sich jede angesprochen fühlen sollte, auf wen sich diese Predigt bezog, nur Elisabeth Lochner schaute unbeteiligt und gedankenverloren.

Über den Tod und das Leben

Die Adventszeit 1483 war besonders kalt, es hatte früh angefangen zu schneien und die Nonnen froren erbärmlich. Sie konnten der Kälte kaum etwas entgegensetzen, denn Adventszeit war Fastenzeit. Sie aßen sowieso fast nie Fleisch, aber jetzt durften sie auch nichts essen, was aus Milch oder Eiern gemacht war. Dafür gab es jeden Tag drei Krüge Wein.

Beim heiligen Christfest hustete schon der halbe Konvent. Ursula Wickerstetter hatte in der Nacht wieder eine ihrer Visionen gehabt: Das Christkind sei aufgestanden und hätte ihr gewunken, es wolle viele Nonnen zu sich nehmen. Und einige Tage später schien sich das zu bestätigen, denn das ganze Siechenhaus war voll mit fiebernden, rotäugigen Nonnen. Unter ihnen war auch Barbara Wagner, die größte Verehrerin der Ursula Wickerstetter. Sie war vom Schüttelfrost erfasst und fror und schwitzte abwechselnd.

Noch vor dem Fest der Heiligen Drei Könige setzte erneut Schneefall ein. Der Schnee lag so hoch, dass man von den Konventsgebäuden kaum bis in die Ställe gelangte. Selbst Norius durfte im Stall schlafen, wo es wärmer war als in seiner Hütte.

Caritas ging der Siechenmeisterin und Apothekerin zur Hand, brühte Lindenblütentee, bereitete Umschläge und verabreichte Efeusaft gegen den Husten. Alle Kranken mussten zur Ader gelassen werden. Man schlitzte ihnen die Ellbogenvene auf, damit sie Blut verloren. Wenn das schlechte, kranke Blut raus war, so stellte man sich vor, dann bildete sich neues, gesundes Blut und machte die Menschen wieder gesund. Tatsächlich schwächte das die kranken Nonnen erst recht.

Caritas wusch die Kranken, bezog die Betten, wenn sie durchgeschwitzt waren, und kam kaum zur Ruhe. Vor der Krankenstube saß Anna Neuper mit ihren Altarstickereien, um immer ein Auge auf die Kranken zu haben und ihnen gelegentlich etwas vorzusingen. Es wurden immer mehr und schließlich waren alle Betten belegt. Besonders schlecht ging es der schmalen, zarten Barbara Wagner. Seit zwei Tagen lag sie schon in Fieberträumen und wachte gar nicht mehr auf. Man musste Schlimmes befürchten.

Wer nicht krank war und helfen konnte, flehte zu Gott um Hilfe für die kranken Schwestern. Natürlich betete die Siechenmeisterin mit den Kranken selbst in der Siechenstube kurze Stundgebete. Als es nicht besser wurde, schickte die Äbtissin zu Pater Fridolin. Alle gesunden Nonnen zogen sich zurück und der Pater kam, um Barbara Wagner zu segnen und zu ölen, die letzte Beichte aber entfiel, denn sie war nicht mehr bei sich. In der Nacht starb sie, ohne noch einmal erwacht zu sein.

Die Trauerfeier in der Klarakirche war nur von wenigen besucht, denn viele Nonnen lagen selbst krank darnieder, und aus der Stadt kam kaum jemand, weil der Schnee zu hoch lag. Als sie nach der Feier zu den Krankenstuben zurückkehrten, empörte sich Katharina Schlüsselfelder gegenüber Caritas.

»So ein junges Mädchen, so ein unschuldiges, schüchternes Ding stirbt, das niemandem etwas zuleide getan hat. Und diese grässliche alte Vettel Elisabeth Lochner ist nicht totzukriegen und spioniert weiter hinter uns her.«

Caritas sah sich erschrocken um, ob jemand sie gehört hatte. Es schien keiner in der Nähe zu sein. Aber Katharina war keineswegs fertig.

»Der liebe Gott weiß eben auch, wessen Anwesenheit er schätzt und wen er sich lieber vom Leibe hält.«

»Schwester Katharina, die Wege Gottes sind manchmal rätselhaft. Aber kritisieren sollten wir sie nicht. Der Prediger sagt: ›Sei nicht schnell mit deinem Munde, und lass dein Herz nicht eilen, etwas zu reden vor Gott; denn Gott ist im Himmel, und du auf Erden‹«, erwiderte Caritas unangenehm berührt und möglichst sanft.

»Jaja, Ihr habt gut reden, Euch hat sie nicht auf dem Kieker«, schnaubte Katharina verächtlich.

Es stimmte. Wann immer Katharina auch nur einige Minuten zu spät kam, rannte Schwester Elisabeth zur Äbtissin und krähte gleich die Neuigkeit heraus.

Doch später dachte Caritas manchmal, Katharina hätte nicht so schimpfen dürfen; eines der göttlichen Gebote hieß schließlich: »Du sollst den Namen des Herrn, deines Gottes, nicht unnütz gebrauchen; denn der Herr wird den nicht ungestraft lassen, der seinen Namen missbraucht.« Vielleicht hatte der Heilige Vater es ihr übel genommen oder er wollte sie schnell zu sich holen, jedenfalls starb Katharina Schlüsselfelder genau ein Jahr später am gleichen Tag wie Barbara Wagner. Es war der 2. Januar 1485 und sie war gerade zweiundzwanzig Jahre alt.

Der Tod von Schwester Katharina traf Caritas sehr, vor allem weil er nicht der einzige war, den sie in dieser Zeit verkraften musste. Einige Monate zuvor war Großtante Katharina gestorben, plötzlich und völlig unerwartet. Caritas hatte sie seit ihrer Professfeier nur noch einmal wieder am Redegitter gesprochen. Die Großtante war schwermütig gewesen und hatte sich mit ernsten Worten verabschiedet.

»Jaja, mein Kind, sic transit gloria mundi, so vergeht alle Herrlichkeit der Welt«, hatte sie gesagt und es zweifelsohne auf sich selbst bezogen. Es waren dann auch die letzten Worte, die Caritas von ihr im Gedächtnis blieben.

Von der Großmutter hörte Caritas auch nichts Gutes, sie kränkelte, musste immer wieder tageweise das Bett hüten und war schon lange nicht mehr zu Besuch gekommen.

Nur wenige Wochen nach Katharina Schlüsselfelder, die Schneeglöckchen und Primeln blühten schon, starb dann auch die Großmutter. Im Sarg wurde sie in die Klarakirche getragen, denn ihr letzter Wille war es, bei der Enkelin ihres Mannes im Kloster begraben zu sein. Caritas weinte hemmungslos, als Pater Fridolin die Leichenpredigt hielt, sie weinte um die Großmutter, um die Großtante, um die Eltern und Geschwister, die so weit weg waren, aus Sehnsucht nach dem Pirckheimerhaus und ihrer Kindheit und konnte ihren großen Schmerz nicht zurückhalten.

Als sie später bei Norius allein waren, weinte sie sich mit Margareta aus, die sie wie ein Kind in den Armen wiegte.

»Weißt du, Margareta, seit dem Tod von Katharina,

meiner Großtante und meiner Großmutter fühle ich mich so verlassen. Auch Jesus scheint gar nicht mehr bei mir zu sein, mein Inneres ist ganz trocken. Vielleicht habe ich mir seine Nähe nur eingebildet, ein Traum, ein Wahn. Ich finde das Leben hier sehr schön, aber vielleicht bin ich dafür gar nicht geeignet?«, schluchzte Caritas.

Margareta tat ihr Bestes, um diese Bedenken aufzufangen, sie wischte sich und Caritas die Tränen aus den Augen und lachte sie einfach aus. Dann wurde sie ernst.

»Manchmal glaube ich, Jesus braucht auch Ruhepausen«, sagte sie. »Er muss müde davon sein, sich für die Menschen immer zu verausgaben und ihnen ständig entgegenzukommen. Deswegen ist er dir aber trotzdem nahe. Er schläft eben manchmal. Aber unser Vater im Himmel, der wacht sicher.«

Die Äbtissin hatte den Gefühlsausbruch bei der Beerdigung in der Kirche sorgenvoll beobachtet und die kummervolle Miene, die Caritas in der nächsten Zeit vergeblich zu verbergen suchte, entging ihr nicht.

Da sprach sie sie eines Tages nach der Non an: »Schwester Caritas, kommt bitte in mein Zimmer. Ich muss mit Euch reden.«

Sie ging voran und Caritas folgte ihr. Der Raum der Äbtissin war größer als alle anderen Räume. Darin standen zwei Schreibpulte mit Bänken und ein großer Stuhl, auf den sie sich nun setzte.

»Bitte, Schwester Caritas, nehmt Platz.«

Caritas ließ sich auf eine Bank nieder. Einige Zeit verstrich, in der die Äbtissin sie nachdenklich anschaute. Caritas hatte den Blick niedergeschlagen und redete gar nicht, um sich überhaupt zu beherrschen.

»Schwester Caritas, Ihr trauert um Eure Großmutter und Eure Freundin?«

Caritas Augen füllten sich mit Tränen.

»Es ist schwer, Menschen zu verlieren, die uns nahe stehen.«

Caritas nickte schluchzend und hörte die Worte der würdigen Mutter, die ihr aus dem Herzen sprach.

»Man möchte zweifeln an der Gnade unseres Herren.«

Caritas sah auf und blickte mit ihren verschwommenen Augen Hilfe suchend die Äbtissin an.

»Schwester Caritas, ich will Euch zum Trost ein Bibelwort sagen. Jesus sprach zu seinen Jüngern: ›Es ist niemand, der ein Haus verlässt, oder Eltern, oder Brüder, oder Weib, oder Kinder, um des Reichs Gottes willen, der es nicht vielfältig wieder empfange in dieser Zeit, und in der zukünftigen Welt das ewige Leben.‹ Seht, Schwester Caritas, wir sollten die Toten nicht betrauern, denn sie sind im ewigen Leben. Sie haben erreicht, wonach wir alle streben, worauf wir warten, unseren Herrn zur Rechten Gottes wieder zu sehen. Wenn wir die Toten zu sehr betrauern, wirkt es, als würden wir sie beneiden. Wir dürfen, wenn wir rechtgläubige Christen sind, nicht daran zweifeln, dass diejenigen, die wohl gelebt haben, das wahre, ewig bestehende Leben voll aller Freude haben werden. Also, bitte, trauert nicht länger, sondern freut Euch an dem Gedanken, dass Ihr Schwester Katharina und Eure Großmutter einst wieder sehen werdet.«

Caritas nickte, schluchzend um Haltung bemüht.

»Wir hier auf Erden müssen in Geduld, Demut und Frohsinn unserem Tagwerk nachgehen und den letzten Tag erwarten. Wenn ihr so recht nach den heiligen Worten lebt, dann müsst ihr fröhlich sein, denn auch das Fröhlichsein in der Arbeit ist eine Gottesgabe.«

Caritas nickte wieder schweigend. Margareta Grundherr lächelte ihr aufmunternd zu und reichte ihr ein Tuch.

»Wischt Euch die Tränen ab und geht nun und bedenkt meine Worte!«

Caritas bedachte die Worte der Äbtissin und betete vor dem Holzkreuz, das ihr die Großmutter vermacht hatte und das nun als einziger Schmuck in ihrer Zelle hing. Sie betete für die Seelen der Verstorbenen und um das Fröhlichsein in der Arbeit, wovon die Äbtissin ihr gesprochen hatte. Und es erleichterte sie ein wenig. Aber die alte Verbindung zu Jesus schien immer noch unterbrochen, warum hatte er sich von ihr abgewandt?

Es blieb eine große Traurigkeit in ihr. Und sie fragte sich oft nach der Komplet, dem Abendgebet, wenn sie auf ihrer Pritsche in ihrer Zelle lag, wozu der Herr sie wohl ausersehen hatte: Wenn er mich noch nicht abberufen will, so wie er Schwester Katharina zu sich gerufen hat, dann muss er doch eine Aufgabe für mich haben. Warum gibt er mir kein Zeichen mehr?

Bei der nächsten Beichte saß sie am Redegitter Pater Fridolin gegenüber und erzählte ihm, dass sie verzweifelt und verzagt sei. Er redete ganz ähnlich wie die Äbtissin zu ihr vom Tod und davon, dass sie Geduld haben müsse und ihr Tagwerk fröhlich verrichten, dann werde der Herr schon ihre Schritte lenken. In solchen Momenten der Prüfung muss man demütig auf Gott vertrauen.

»Auch das Leiden ist eine Gnade Christi, in Euren Leiden lässt er Euch an seinen Leiden teilhaben«, sprach er ganz sanft auf Caritas ein und dann zitierte er ihr die Bibelworte: »›So sehe ich nun das für gut an, dass es fein sei, wenn man isset und trinket, und gutes Muths ist in aller Arbeit, die Einer thut unter der Sonne sein Leben lang, das ihm Gott gibt; denn das ist sein Theil.‹«

Außerdem trug er Caritas auf, sie solle die Schriften der Ordensgründer, des heiligen Franziskus und der heiligen Klara, studieren und nach ihrem Vorbild leben.

Damit Caritas dazu Ruhe und Muße fände, erlaubte ihr die Würdige Mutter für einige Tage zur Zeit der Non, statt wie alle Nonnen in der Kapelle zu beten, ungestört für sich in der Bibliothek zu lesen. Das war eine ganz besondere Vergünstigung. Elisabeth Lochner kriegte den Mund vor Empörung fast nicht mehr zu, als sie davon hörte, dass Schwester Caritas nicht zur Non erscheinen musste, und nörgelte darüber bei allen sich bietenden Gelegenheiten. Trotzdem blieb die Äbtissin bei ihrem Wort.

Inzwischen war es Mai geworden, die Luft roch süß und frisch. Caritas saß in der Bibliothek an einem Pult vor dem Fenster und sog den Duft des Flieders ein, der im Garten blühte. Von ferne hörte sie die anderen Nonnen den 12. Psalm singen, Frieden breitete sich in ihr aus und mit dankbaren Gefühlen vertiefte sie sich in die Schrift, die vor ihr lag.

Sie las ein Buch über das Leben des heiligen Franz von Assisi. Und es tat ihr gut, von einem Menschen zu lesen, der Gott nahe gewesen war. Franz hatte dreihundert Jahre, bevor Caritas geboren wurde, sein reiches Elternhaus verlassen, um fastend und in Lumpen gekleidet bei einem einsamen Mönch zu leben. Sein Vater wollte das natürlich nicht, er wollte, dass Franz der Nachfolger in seinem Geschäft werde. Aber Franz blieb hart und sagte ihm, er wolle leben, wie Jesus gelebt hat. Er werde zukünftig bei den Kranken und Armen wohnen, und statt zu arbeiten, wolle er sich selbst demütigen und in den Straßen seiner Heimatstadt betteln.

Am meisten interessierte Caritas natürlich, wie ihre eigene Ordensgründerin Klara als junges Mädchen diesem Franz gefolgt war. Auch sie hatte ihr Elternhaus verlassen und Franz hatte ihr in der Kirche Santa Maria degli Angeli den Kopf geschoren und den Schleier gegeben.

Da musste Caritas an ihre eigene Profess denken. Sie

hatte auch ihr Elternhaus verlassen, ihr war auch der Kopf geschoren worden, sie wusste, wie sich das anfühlte.

Dann las sie von den vielen Zeichen der göttlichen Gnade, die die beiden empfangen hatten. Einmal waren dem Franziskus die allerheiligsten Apostel Petrus und Paulus erschienen, damals waren sie immerhin schon seit über tausend Jahren tot, und hatten zu ihm gesagt: »Da du das erbittest und zu ehren begehrst, was auch Christus und die heiligen Apostel geehrt haben, so hat uns unser Herr Jesus Christus zu dir gesandt, um dir kundzutun, dass dein Gebet erhört worden ist. Dir und deinen Nachfolgern ist voll und ganz der Schatz der hochheiligen Armut gewährt worden. Auch verkünden wir dir in seinem Namen, dass, wer deinem Beispiel folgen wird und sich dieser Sehnsucht ganz ergibt, der Glückseligkeit des ewigen Lebens gewiss ist. Du und alle, die dir nachfolgen, ihr werdet von Gott gesegnet sein!«

Diesen Satz merkte sich Caritas: »Du und alle, die dir nachfolgen, ihr werdet von Gott gesegnet sein.« Mit diesem Satz zerstreuten sich ihre Zweifel und sie dachte: Ich bin auf dem richtigen Weg, dem der persönlichen Armut und der Demut. Ich muss nur dem Beispiel des Franz und der Klara folgen. Gottes Segen ruht dann auf mir, so haben es die Apostel gesagt. Wenn ich doch auch nur ein Zeichen von Gott bekäme, wie er sie früher noch gegeben hat.

Einmal, las sie nämlich weiter, hatten Klara und Franz zusammen gespeist, da hatte das Kloster, in dem sie sich trafen, ausgesehen, als würde es in Flammen stehen, doch war es nur der Geist Gottes gewesen, der über dem Kloster schwebte.

Solche Gottesbeweise haben die alten Heiligen noch erlebt, dachte Caritas wehmütig. Es muss ja nicht unser Kloster in Flammen stehen, aber wenn sich doch zumindest Jesus wieder mit mir vereinigen würde!

Leider vergingen die Stunden allein in der Bibliothek viel zu schnell. Und der unterschwellige und auch direkte Protest der Mitschwestern war so massiv, dass die Äbtissin schon bald sagte, Caritas möge am normalen Leben wieder teilnehmen. Trotzdem blieb einiges von der Lektüre, was ihr Sicherheit gab und Zuversicht. Sie fühlte doch, dass Gottes Liebe auf ihr ruhte, sie folgte den Heiligen und nahm sich vor, allen, auch denen, die ihr übel wollten, freundlich entgegenzutreten, wie Franziskus und Klara es getan hatten. Aus ihrer Gottesliebe heraus wollte sie die Menschen lieben.

Über die Liebe auch in anderer Hinsicht dachte Caritas in letzter Zeit häufiger nach. Es gab da eine Geschichte in der Legende des heiligen Franziskus, die sie beschäftigte. Eine schöne Frau kam einst zu Franziskus und wollte ihn verführen. »Ich nehme deinen Vorschlag an, wir wollen uns niederlegen«, sagte er. Er nahm sie bei der Hand, führte sie an einen stillen Ort, an dem ein Feuer unter einem Herd brannte, riss sich die Kleider vom Leib, legte sich auf den glühenden Rost und sagte zu der Schönheit: »Folge mir, entkleide auch du dich, komm und erfreue dich der Wonnen dieses herrlichen, federweichen Lagers!«

Die Frau starrte ihn entsetzt an und folgte ihm natürlich nicht. Als Franziskus sich aber nach einiger Zeit fröhlich erhob ohne eine Brandblase, fiel die Frau auf die Knie, betete und trat bald darauf gläubig einem Kloster bei.

Von dieser Geschichte erzählte Caritas auch Margareta und fragte sie: »Kannst du dir vorstellen, was damit gemeint ist, dass sie ihn verführen wollte, und er zieht sich dann aus?«

Margareta kicherte heiter. »Ich weiß es auch nicht genau. Aber es muss irgendetwas mit dem Kinderkriegen zu tun haben. Also, ein Mann küsst wohl eine Frau und sie legen sich zusammen hin, also nackt.« Margareta kicherte wieder.

Caritas sah sie verlegen lächelnd an. »Aber wieso denn nackt?«

»Wir fragen mal die Köchin Ise, ich glaub, die weiß so was«, schlug Margareta vor.

Bei der allernächsten Gelegenheit, als sie Ise dabei antrafen, wie sie Norius und die Hühner fütterte, nahmen sie sich ein Herz und wagten die Frage. Ise war nicht gerade erfreut und schien auch etwas verlegen.

»Eine Schande, dass ihr so in Unwissenheit aufwachst. Na ja, dafür wisst ihr mehr von der Seele als ich, will ich jedenfalls hoffen! Also, das ist so: Habt ihr schon mal gesehen, wie ein Eber auf die Sau steigt?«

Die Mädchen guckten sich an und schüttelten stumm die Köpfe.

»Gut, dann habt ihr vielleicht schon mal gesehen, wie der Stier auf die Kuh steigt?«

Die Mädchen schüttelten wieder den Kopf.

»Aha, na, habt ihr schon mal gesehen, wie Norius pinkelt?« Beide nickten heftig.

»Der pinkelt mit so einem Ding, das ihm zwischen den Beinen hängt, nicht? Und so was haben die Männer auch, alle Männer, auch die heiligen.«

Die Mädchen blickten sie erwartungsvoll an.

»Wie soll ich euch das erklären?«, fuhr Ise fort. »Stellt euch vor, dieses Ding ist so ein bisschen wie ein kleiner Aal. Wenn ein Mann und eine Frau sich zusammenlegen, dann steht der Aal auf und sucht sich eine Bucht, in der er sich wohl fühlt. Die findet er unten in der Frau. Und wenn er sie gefunden hat, dann kann es sein, dass neun Monate später an der gleichen Stelle ein Kindchen rauskommt. So, mehr braucht ihr, glaub ich, nicht zu wissen, und dass ihr das nicht der Oberin erzählt!«

Caritas dachte im Stillen entsetzt: Wie gut, dass ich mich nicht mit einem Mann niederlegen muss. Bei dem Gedanken an einen Aal, der sich ihr näherte, wurde ihr übel. Aber sie konnte doch nicht verhindern, dass sie immer wieder, selbst einmal während der Predigt, an die Erklärung der Köchin denken musste, und sagte sich, das müssten die unkeuschen Gedanken sein, vor denen Pater Fridolin und die Äbtissin sie gelegentlich schon gewarnt hatten. Wie gut, dass die Jungfrau Maria ihren Sohn durch den heiligen Geist auf anderem Weg empfangen hatte. Jetzt war ihr erst klar, was die Reinheit der Jungfrau Maria bedeutete.

»Gegrüßet seist du, Maria, voll der Gnade, der Herr ist mit dir. Du bist gebenedeit unter den Frauen, und gebenedeit ist die Frucht deines Leibes, Jesus.«

Im April 1488 rief Margareta Grundherr Caritas zu sich, bat sie, sich zu setzen und sah sie ernst an.

»Schwester Caritas, ich habe einen sehr traurigen Brief von Eurem Vater bekommen. Eure Mutter ist gestorben. Lest selbst!«

Caritas wurde kalt, ihre Zähne klapperten aufeinander, sie zitterte und las mit Tränen in den Augen die wenigen Zeilen:

Mein liebes Kind,
deine Mutter ist bei der Geburt unseres Sohnes, unseres dreizehnten Kindes, gestorben. Es ist für uns alle schrecklich, aber der Herr wird sich ihrer Seele gnädig annehmen. Wir können nur für sie beten!
Willibald wird zur Ausbildung an den Hof des Bischofs von Eichstätt ziehen, aber ich und deine Schwestern, so sie dem Herrn noch nicht in Klöstern dienen, werden bald zurückkehren nach Nürnberg ins Vaterhaus.
In tiefer Trauer und Liebe
dein Vater

Der Vater hatte mit diesem Brief dem Kloster auch Geld gesandt, damit seiner Frau Vigilien und Seelenmessen gelesen würden. Durch die gemeinsamen Gebete für ihre Mutter fühlte Caritas sich den anderen Nonnen tröstlich verbunden.

Caritas betete außerdem wochenlang jeden Tag die Litanei für die Verstorbenen:

»Wir bitten dich für unsere Toten: gib ihnen die ewige Freude. Reinige sie von ihrer Schuld, ergänze, was ihrem Leben fehlt. Vollende sie im Reich des Vaters. Deinen Tod, o Herr, verkünden wir, und deine Auferstehung preisen wir, bis du kommst in Herrlichkeit ...«

Dann betete sie hinterher gleich die Namen-Jesu-Litanei: »Jesus, Sohn des lebendigen Gottes, erbarme dich unser, Jesus, Bild des Vater, erbarme dich unser ...«

Zwischendurch fiel ihr auf, dass die Mutter genau an ihrem einundzwanzigsten Geburtstag, am 21. März 1488, gestorben war.

Während einer der Gebete für ihre Mutter geschah es endlich, dass sich Jesus ihr wieder zuwandte, dass sich ihr der göttliche Geist noch einmal zeigte. Es war wie bei ihrem ersten Kuss, sie fühlte sich ergriffen, emporgehoben und umfangen von zartester Liebe, die sich ihr ins Innerste ihres Herzens senkte. Danach fühlte sie sich nicht mehr allein und war nicht länger auf der Suche; und sie überwand den Schmerz über den Tod der Mutter.

Wenig später trat die alte Äbtissin Margarete Grundherr zurück. Sie legte ihr Amt nieder, weil ihre Hände schon länger zitterten und ihre Bewegungen immer langsamer wurden.

In einer Versammlung im Kapitelsaal einige Tage darauf wählten alle Nonnen die neue Äbtissin. Es wurde Schwester Helena Meichsner. Als eine der ersten Handlungen wollte sie durchsetzen, dass die heilige Kommunion nicht mehr wie bisher höchstens zweimal im Monat gegeben wurde, sondern jede Woche bei der Beichte am Redegitter. Das bedeutete für die Nonnen auch, dass sie erheblich öfter ins Badehaus kamen, und diese Maßnahme wurde als neue Spiritualität und neue Reinlichkeit allgemein sehr begrüßt. Doch fehlte noch die Zustimmung des Papstes, die man aus Rom einholen musste.

Die Kindmeisterin

Helena Meichsner hatte lange Zeit sanft, dann aber immer drängender auf die alte Kindmeisterin Christina Schilt eingewirkt, von ihrer Aufgabe als Lehrerin an der Klosterschule abzulassen, sich in den Konvent zurückzuziehen und allein dem Gebet zu leben. Davon wollte diese gar nichts hören, und es dauerte lange, bis sie sich von ihrer Arbeit endlich gelöst hatte. So streng und verbittert sie auch nach außen hin als Erzieherin wirkte, war diese Aufgabe ihr doch wichtig. Sie übte sie aus, wie sie es eben verstand und genoss die besondere Stellung, die sie dadurch im Konvent besaß.

»Schwester Christina, wir danken Euch für die Mühe, die Ihr den Kindern habt angedeihen lassen. Ihr habt Generationen von Nürnberger Bürgertöchtern erzogen und auch viele Nonnen, die hier unter uns sitzen«, so hatte die Äbtissin bei der Versammlung im Kapitelsaal die Kindmeisterin lobend verabschiedend gesagt.

Sie überreichte ihr als Geschenk von allen Nonnen einen Rosenkranz, eine Kette aus Holzperlen, nach denen das Rosenkranzgebet gesprochen wurde. Jede Nonne hatte an diesem Kranz mitgewirkt und ein Element geschnitzt. Im Anschluss an diese kleine Feier wurde die neue Kindmeisterin unter den skeptischen Augen Christina Schilts gewählt.

»Ich schlage vor, dass wir diese Aufgabe nun unserer Schwester Caritas Pirckheimer übertragen«, hatte die Äbtissin gesagt. Christina Schilt hatte dabei sehr abweisend geguckt, doch hatte sie nichts dagegen eingewendet, denn es waren tatsächlich fast alle damit einverstanden, bis auf einige Nonnen, die lieber die sanftmütige, heitere Apollonia in dieser Rolle gesehen hätten. So war Caritas mit ihren zweiundzwanzig Jahren nun zuständig für die Schülerinnen des Klaraklosters.

Sie schickte ein Stoßgebet zum Himmel: Dank sei dir,

Herr, mein Weg bist du. Du hast mir meinem Weg gezeigt! Ich folge!

Als sie allein waren, fiel sie jubelnd Margareta um den Hals, die sich ehrlich mit ihr freute, aber blass wirkte. Caritas in ihrem Überschwang bemerkte es nicht. Sie beschäftigte sich in Gedanken schon längst mit ihren Schülerinnen.

Am nächsten Tag erschien Margareta nicht beim Gottesdienst, sie glühte am ganzen Körper. Als Caritas zu ihr lief, sah sie, dass ihre Zähne und die Zunge einen seltsamen weißen Belag hatten, sie hustete zum Gotterbarmen.

»Wird schon wieder«, sagte Margareta und versuchte zu lächeln.

Aber Helena Meichsner wies sie sofort ins Siechenhaus ein. Am dritten Tag hatte sie am ganzen Körper rote Flecken. Von da an durfte keiner mehr zu ihr.

Caritas betete Tag für Tag, flehte auch in den Nächten um den Seelenfrieden und die Genesung ihrer Freundin.

»Suscipe, domine Jesu, animam famulae tue ut vivat et non confundas illam ab expectatione sua, virtutum amator, bone Jesu, converte faciem tuam ad famulam tuam et ab omni dolore libera eam et salva illam ab omni malo.

Maria virgo, dulcissima mater, exultet ancilla tua in tua misericordia, quia tu es suavissima peccatorum advocata. Exultet ergo ancilla tua in te, gloriosa virgo Maria ...

O guter Jesus, wende dein Antlitz zu deiner Dienerin und befreie sie von allem Leid und rette sie vor allem Übel! Jungfrau Maria, süßeste Mutter, es freue sich deine Dienerin in deiner Barmherzigkeit, denn du bist die süßeste Zuflucht der Sünder ...«, so betete Caritas in einem fort. Sie kniete vor dem Kreuz, bis ihre Knie dick wurden. Irgendwann sank sie vornüber und ihr Körper holte sich einen unruhigen Schlaf.

Doch Margareta hatte das Nervenfieber, das man heute Typhus nennt, nach Tagen mit entsetzlichem Durchfall wurde sie bewusstlos, die Flecken an ihrem Körper wurden ganz blau.

Nun auch noch diese beste und einzige Freundin! Caritas lief mit glänzend feuchten Augen umher, schlief kaum noch und murmelte fast unablässig: »O gütiger Jesus, erhör unsere Stimme für die Seele deiner Dienerin, so wir schreien, erbarme dich ihrer, o Herr Jesu Christe ... O Maria, du allergütigste Jungfrau, erbarm dich deiner Dienerin, denn sie ist krank. O du allersüßeste Mutter Maria, mach gesund ihre Seele ...«

Aber Margareta wurde nicht gesund, sie wachte noch nicht einmal wieder auf, sondern starb drei Wochen später. Caritas dachte, der Schmerz würde sie schier umbringen.

Jede freie Minute verbrachte sie nun wieder bei Norius, der inzwischen alt und behäbig geworden war. Sie saß neben ihm, streichelte ihn und dachte an Margareta und an all die anderen Toten. Wo sie jetzt wohl waren, ob sie an sie dachten? Ob es im Himmel irgendwann eng werden könnte?

Doch die Aufgabe rief, Gottes Aufgabe rief gerade

jetzt. Sie lebte und Gott forderte sie. Sie musste vor die Mädchen treten, musste sie unterrichten. Dieser Gedanke gab ihr wieder Kraft. Sie fühlte ihre Berufung.

Dann stand sie zum ersten Mal vor den Schülerinnen in ihrem eigenen alten Schulraum. Und da es eigentlich nur ein Thema gab, das sie im Augenblick beschäftigte, sprach sie über den Tod. Fast alle Mädchen hatten schon Angehörige verloren, Geschwister, Großeltern, Eltern. Es war still, dass man ihre Atemzüge hören konnte, so gebannt lauschten sie Caritas' Worten. Die gab wieder, was sie von Margareta Grundherr gelernt hatte. Alle spürten, wie ernst ihr dabei war.

Und so sollte es in der Folgezeit bleiben. Caritas sprach von dem, was sie selbst bewegte, und das gefiel den Mädchen. Ansonsten ließ die junge Kindmeisterin sie sehr viele lateinische Übungen und Übersetzungen machen, wie die Großtante es ihr beigebracht hatte, denn ihr eigentliches Ziel war es, dass jedes Mädchen, auch die, die später heiraten würden, zumindest in kleinen Teilen die Heilige Schrift verstehen konnte. Dieses sture Lernen gefiel den Mädchen natürlich weit weniger als Caritas' Erzählungen.

Weil sie verhindern wollte, dass ihre Freundin Margareta Volckamer und die Äbtissin Margareta Grundherr vergessen wurden, begann sie eines Tages im Unterricht auch von der Vergangenheit des Klosters zu erzählen. Und sie ging zurück bis zu den Vorfahren ihrer

Freundin Margareta, die am Anfang des Jahrhunderts auch schon Äbtissinnen des Klaraklosters gewesen waren. Dann sprach sie vom heiligen Franziskus und von der heiligen Klara und ihrem Armutsideal. Und ehe sie es sich versehen hatte, verflogen die Stunden. Sie selbst fühlte sich erfüllt und erlöst am Ende eines solchen Tages, denn das Geheimnis der Erlösung ist die Erinnerung.

Als Norius einige Monate nach Margaretas Tod eines Morgens leblos in seiner Hundehütte lag, beerdigte Caritas ihn in einer kleinen Zeremonie gemeinsam mit allen Schülerinnen unter dem Apfelbaum im Klostergarten. Hinterher saßen sie in der Sonne, es gab Klosterküchle, und Caritas erzählte davon, wie sie ihn mit Margareta im Stall ausgesucht und später mit ins Kloster gebracht hatte.

Irgendwann berichtete sie Schwester Apollonia Tucher, die in der Bibliothek arbeitete, dass die Mädchen immer gespannt zuhörten, wenn sie von der Vergangenheit des Klosters erzählte. Apollonia reagierte sehr interessiert.

»Ich habe neulich alte lateinische Chroniken, Urkunden und Gültbücher entdeckt, leider reicht mein Latein nicht, um sie ganz zu verstehen. Vielleicht findest du dort neuen Lehrstoff. Wollen wir sie uns nicht zusammen ansehen?«, fragte sie Caritas.

Und so begannen sie gemeinsam, in den alten Beständen ihrer Bibliothek zu stöbern. Es war schwierig, die

Handschriften zu lesen. Aber erstaunlich, was da alles zum Vorschein kam. Es berührte sie seltsam, diese Schriften in den Händen zu halten, die vor vielen Jahren eine ihrer Vorgängerinnen geschrieben hatte.

Da war ein Kalender von 1316, der lag beinahe schon zweihundert Jahre in der Bibliothek. Er verzeichnete Heiligentage, die das Kloster heute noch feierte, aber auch einige Todestage vergangener Äbtissinnen.

Im Gültbuch waren die Besitzungen des Klosters eingetragen. Es waren Bauernhöfe, Wiesen und Äcker, die dem Klarakloster gehörten, das von den Pächtern, den Bauern, die darauf lebten, jedes Jahr bestimmte Zinsen bekam, meist in Form von Korn, Hafer, Käse und Hühnern.

Dann fanden sie eine Pergamenturkunde, schön bemalt mit Bildern von Klara und Franziskus, auf der sich das Kloster einem gewissen Herrn Konrad Waldstromer im Jahre 1362 verpflichtete, für seine Verdienste um das Kloster für ihn, seine Vorfahren und Nachkommen in alle Ewigkeit am Mittwoch nach Allerseelen einen Jahrtag zu halten. Am vorausgehenden Dienstag soll, während vier Kerzen brennen, nach der Gewohnheit des Klosters die Vigil mit neun Lesungen gehalten und auch ein schöner Teppich ausgebreitet werden. Am Tag darauf soll eine Seelenmesse gesungen werden; dafür hat die Äbtissin der Küsterin ein Licht, gewonnen aus einem Viertelpfund Wachs, und einen Pfennig zu geben …

Deswegen feierten sie dieses Fest immer auf die gleiche Weise, ging ihnen dabei auf.

Dann fanden sie noch zehn eng beschriebene Seiten, auf denen im Jahre 1411 neue, strenge Regeln für das Klarakloster eingeführt wurden. Sie lasen, dass künftig der Zugang von außerhalb des Klosters lebenden Männern und Frauen verboten werde.

Sie sahen sich erstaunt an, es war mal erlaubt, dass fremde Männer und Frauen das Kloster betraten?

Weiter hieß es, dass keine Klosterfrau einen Brief absenden oder empfangen dürfe, den die Äbtissin nicht vorher gelesen habe. Zuwiderhandelnde würden einen Monat lang ihres Schleiers und des Gebrauchs des Redegitters beraubt.

Also kann es im Klarakloster nicht immer so streng und sittsam zugegangen sein, dachten sie.

Interessant war auch eine Pergamenturkunde über die Gebetsverbrüderung von 1430. Die Benediktinermönche versprachen, beim Tod einer Nürnberger Klarisse gemeinsam ein Traueramt mit Vigil abzuhalten und eine Seelmesse lesen zu lassen. Die Laienbrüder sollten fünfzig Paternoster und fünfzig Ave Maria beten. Dagegen wollten die Klarissen beim Tod eines Mönchs gemeinsam eine Vigil lesen und eine Seelmesse singen. Jede Chorschwester sollte eine weitere Vigil lesen, während die Laienschwestern fünfzig Paternoster und fünfzig Ave Maria für den Verstorbenen beten sollten.

Es fand sich ein Beichtbrief Papst Nikolaus' V., Ordnungen für Stundengebete und Messen im Klarakloster und vieles, vieles mehr.

Apollonia und Caritas fanden Lesestoff für Monate. Als sie alles gelesen hatten, meinten sie, man müsse es in eine Ordnung bringen. Vielleicht könnten sie es zu einer Chronik des Klosters zusammenfügen? Das taten sie dann auch. Sie lasen und schrieben auf und ordneten, sprachen über das, was sie gelesen hatten, und kamen sich dabei sehr nahe.

Ganz nebenbei wurde Apollonia eine enge Vertraute und eine neue Freundin. Und als Apollonia auch noch von Helena Meichsner zur Stellvertreterin der Äbtissin, zur Priorin des Klosters, ernannt wurde, wurde Caritas durch ihre Freundschaft indirekt nun auch mit den Aufgaben, die zur Führung des Klosters gehörten, vertraut.

Caritas' Stellung im Konvent wuchs zusehends. Die jungen Nonnen, die dem Konvent beitraten, waren ihre Schülerinnen. Mit der Arbeit an der Klostergeschichte erwarb sie sich ein Ansehen als kluge, belesene Frau und ihre gewissenhaft eingehaltenen Gebetszeiten schufen ihr Anerkennung bei den meisten Nonnen. Außerdem erhielt sie 1492 noch familiäre Verstärkung. Der Vater kehrte mit den vier noch bei ihm lebenden Töchtern, wie er es angekündigt hatte, nach Nürnberg ins Pirckheimerhaus zurück. Die Schwestern von Caritas waren dreizehn, elf, zehn und sechs Jahre alt. Die älteste, Juliana, heiratete schon bald einen wohlhabenden Patrizier.

Die zweite aber, Klara, kam zu ihrer Schwester Caritas in die Schule des Klaraklosters.

Die darauf folgenden Jahre vergingen für Caritas erfüllt und heiter gemeinsam mit Klara und Apollonia. Caritas hatte ihren Platz und ihre Aufgabe mit den jungen Mädchen gefunden, es wurde gescherzt und die Laute und das Hackbrett geschlagen, denn Pater Stephan Fridolin hatte die Nonnen ausdrücklich ermuntert zu musizieren, und da die Mädchen sich gerne bewegten, wurde sogar gelegentlich getanzt, was unter Christina Schilt undenkbar gewesen wäre.

Es änderte nichts, dass die alten Nonnen über den Lärm murrten, der oft aus der Lehrstube drang. Auch fanden sie es nicht recht schicklich, dass alle Mädchen so viel lateinische Vokabeln lernen sollten.

»Wozu brauchen sie die denn?«, tuschelten Christina Schilt und Elisabeth Lochner. »Sie sollen lernen, züchtig zu sein, ihre Männer und Kinder zu lieben. Sittig sein, keusch, häuslich, gütig, ihren Männern untertan, auf dass nicht das Wort Gottes verlästert werde. Aber Latein?«

Caritas ließ sich davon nicht stören und Helena Meichsner bestärkte sie darin.

So glücklich war Caritas das letzte Mal in ihrer Kindheit bei den Eltern gewesen. Morgens stand sie mit einem Dankgebet auf voll Vorfreude auf den Tag, der vor ihr lag. Nachts schlief sie in Gedanken schon bei den nächsten Übungen für die Mädchen ein und schlief den tiefen, ungestörten Schlaf der zufrieden Angekommenen.

1495 tauchte plötzlich auch Willbald wieder auf. So ganz plötzlich kam das natürlich nicht. Klara hatte Caritas erzählt, wie sehr der Vater immer wieder versucht hatte, Willibald nach Nürnberg zu holen. Er hatte geschmeichelt und gelockt, gedroht und gewettert, dass Willibald sich anständig in Nürnberg verheiraten und Arbeit als Ratsherr suchen solle.

Vater Johann hatte nie im Rat arbeiten können, weil er nach seinem Studium noch promoviert hatte, und gelehrte Doctores wollte der Rat nicht haben, deshalb war er zu seinem Freund nach Eichstätt gezogen. Immer hatte Johann Pirckheimer sich jedoch nach Nürnberg gesehnt. Nun wollte er seinem Sohn das Schicksal ersparen, nie in der Heimatstadt arbeiten zu können.

Nur war für Willibald Nürnberg gar nicht Heimatstadt. Acht Jahre lang hatte er in Eichstätt gelebt, zehn Jahre lang in München. Dann hatte er zwei Jahre am Hofe seines Paten, dem Bischof Wilhelm von Reichenau, in Eichstätt gelernt zu fechten, mit der Lanze zu stoßen, zu reiten und zu ringen, fein zu reden und zu tanzen. Anschließend war er zu seinem Studium der Rechte nach Italien gezogen. Und zurückzukehren machte er gar keine Anstalten. Dort lebte er nun schon seit sechs Jahren. Dort fühlte er sich ausgesprochen wohl. Er wohnte mit Freunden und seiner Geliebten Bernandina zusammen. Die feinen Sitten, das milde

Klima und sein junges Leben genoss er in vollen Zügen und hatte bisher wenig Lust gehabt auf die kalte Heimat.

Was auch immer es war, jedenfalls tat der Druck des Vaters 1495 endlich seine Wirkung und Willibald kehrte nach Nürnberg zurück.

Das war ein freudiger Gang zum Redegitter für Caritas, Klara und Apollonia! Caritas hatte ihren Bruder seit bald zwanzig Jahren nicht mehr gesprochen, und für Klara war es auch schon sieben Jahre her, seit sie sich in München voneinander verabschiedet hatten.

Willibalds Worte schossen heraus wie ein sprudelnder Quell, er steckte voller Zukunftspläne. Erst wollte er eine Familie gründen, dann sich in den Rat wählen lassen, dann den Nürnbergern mal beibringen, was wirkliche Bildung war. Der Vater hatte die Idee einer Poetenschule für die Stadt. Das fand er ganz ausgezeichnet.

»Überhaupt ist es doch eine Schande, wie wir Deutschen hinter den Italienern herhinken. Wenn wir nicht unsern Konrad Celtis hätten mit seinen schönen lateinischen Oden und Hymnen, dann hätten wir ja kaum etwas vorzuweisen an wirklichen Dichtern. Wir brauchen bessere Lateinschulen.«

»Ja, das Lateinische ist in der Ausbildung sehr wichtig«, pflichtete Caritas ihm bei, »aber nicht, um weltliche Gedichte oder den Italienern Konkurrenz zu machen, ich bitte dich, es ist wichtig, um die Heilige Schrift studieren zu können. Ich bemühe mich auch, meinen

Mädchen zumindest die Grundlagen des Verständnisses zu vermitteln.«

»Ich hörte schon davon, dass du eine ganz hervorragende Lehrerin geworden sein sollst. Mich freut, dass du, wie unsere Großtante Katharina auch schon, damit beweist, dass ihr Frauen überhaupt gelehrt sein könnt. Wir wissen ja vom heiligen Hieronymus, dass er gelehrte Freundinnen hatte. Doch ist das auch schon tausend Jahre her. Und dass es in unserer Zeit noch kluge Frauen gibt, ist doch eine Zierde für euer Geschlecht und für die ganze Stadt. Man müsste euch bekannt machen, damit jeder davon weiß, dass es gelehrte Jungfrauen gibt«, sagte Willibald.

»Nun übertreib mal nicht. Das tun wir ja zum Lob Gottes. Untersteh dich, irgendetwas über uns zu erzählen. Ein guter Ruf ist leicht zerstört«, versuchte Caritas ihren Bruder zu bremsen.

»Das liegt mir fern«, versicherte Willibald sofort. Aber innerlich dachte er auch: Ei, das hat doch sein Gutes, eine kluge Schwester zu haben. In Italien gibt es auch gelehrte Frauen. Das würde uns Deutschen gut stehen, wenn wir denen etwas entgegenzusetzen hätten.

Willibald vergaß diesen Gedanken keineswegs. Er heiratete die Frau, die der Vater ihm ausgesucht hatte. Sie war nicht gelehrt, aber vermögend: Crescentia Rieter von Kornburg. Er unterdrückte die Sehnsucht nach seiner italienischen Geliebten Bernandina erfolgreich, nach-

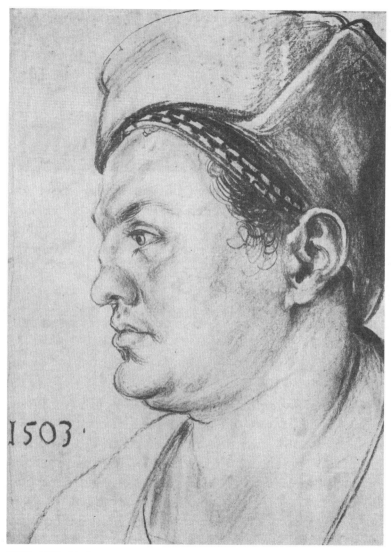

Willibald Pirckheimer, 1503

dem diese ihm einen liebevollen Abschiedsbrief geschrieben hatte, und wurde tatsächlich schon Ostern 1496 in den Nürnberger Rat gewählt und dort gleich zum jüngeren Bürgermeister ernannt. Im gleichen Jahr noch half er dem Vater bei der Gründung der Poetenschule, die im Rat nur gar schwer durchzusetzen gewesen war.

Langsam verbreitete sich die Nachricht, dass Willibald Pirckheimer aus Italien zurückgekehrt war. Freunde aus den Studentenjahren besuchten ihn in seinem neuen Hausstand und lobten die Gastfreundschaft und die gelehrten Gespräche. Willibald schien sehr schnell erreicht zu haben, was er sich vorgenommen hatte. Im Sommer 1496 gebar ihm seine Frau das erste Kind. Wie enttäuschend, dass es nur ein Mädchen war.

Sixtus Tucher

Etwa zur gleichen Zeit, im Sommer 1496, saß Apollonia einmal abends noch mit Caritas im Klosterhof beisammen. Es war ein lauer, schöner Abend, der alle Nonnen, die müßig waren, ins Freie zog. Sie sprachen über die Neubesetzung der Probstei der Lorenzkirche. Der Probst von St. Lorenz war so etwas wie ein geistiger Vater der Klarissen, der ihnen seelischen Beistand bot und auch die Beichte abnehmen konnte.

»Mein Cousin, der Sixt Tucher, wird jetzt diese Stelle übernehmen. Wir sollten ihm ein Geschenk machen«, sagte Apollonia gerade. Sie hatte als Priorin der Äbtissin versprochen, sich darum zu kümmern.

Doch ihre Freundin Caritas war nicht richtig bei der Sache. Sie ärgerte sich über eines der Mädchen, das im Unterricht unablässig versucht hatte, mit seiner Nachbarin zu tuscheln. Überhaupt waren die Mädchen an diesen schönen Sommertagen laut und unaufmerksam, was man ihnen auch nicht richtig verdenken konnte.

Welches Geschenk könnte man einem Probst schon überreichen?

Na ja, dachte sie, mit einem Heiligtum in einer Kapsel eingefasst, vielleicht Knochensplitter und Gewandfetzen von gleich mehreren Heiligen, damit machte man doch nichts falsch. Das sagte sie Apollonia und die fand, dass sie Recht hatte und schickte eine der Laienschwestern aus, sich in der Stadt zu erkundigen, ob irgendjemand ein Heiligtum hätte, das das Klarakloster als Geschenk für den neuen Probst erwerben könne.

Nach einigen Wochen, Caritas hatte dieses Gespräch längst wieder vergessen und saß in der Schreibstube, kam Apollonia zu ihr geeilt.

»Komm schnell mit mir, wir sollen mit der Äbtissin ans Redegitter treten, der Probst von St. Lorenz ist gekommen, um sich für unser Geschenk zu bedanken. Ich will dich ihm gleich vorstellen.«

Caritas eilte hinter Apollonia her, auf halbem Weg trafen sie auf Helena Meichsner. Sie traten in das Besucherzimmer und hörten hinter dem Redegitter und dem Vorhang das Rücken eines Stuhles und dann ein Räuspern. Die Äbtissin wandte sich zum Vorhang.

»Ehrwürdiger Vater, wir demütigen Schwestern von St. Klara danken für Euren Besuch«, sprach sie.

Nun erklang eine männliche Stimme: »Würdige Mutter, ich bin gekommen, um Dank abzustatten für das kostbare Heiligtum, das Ihr mir habt überreichen lassen. Und das mir sehr lieb und wert ist.«

»Es freut uns, dass es Euer Gefallen findet. Wir sind froh, dass ein so frommer und kluger Mann, wie Ihr es seid, Probst von St. Lorenz geworden ist«, antwortete Helena Meichsner höflich.

»Aber ehrwürdige Mutter, Ihr schmeichelt mir, ich bin dieses Lobes ganz unwürdig«, wehrte er ab, »ich, der ich mitten in dem Meer dieser Welt von den Wellen hin und her in mannigfaltige Widerwärtigkeiten geworfen werde, erlange selten einen ruhigen Hafen, in dem ich friedlich und mit Ruhe, wie Ihr es jeden Tag tut, das Wasser des Brunnens unseres Heilmachers schöpfen könnte. Denn im Sturm des täglichen Lebens bleibt mir kaum Zeit für die innere Sammlung, die ich mir wünschen würde.«

Die Stimme des Probstes klang müde und betrübt. Caritas horchte auf. Solch blumige Sprache hatte sie nicht oft von einem der hohen Patrizier der Stadt gehört. So drückten sich nur die allergelehrtesten Humanisten aus. Vielleicht auch waren es weniger die Worte, es war eher der Klang der Stimme, der sie angenehm berührte. Es war eine warme Stimme; sicher und geübt schallte sie herüber, trotzdem wirkte sie weich und eine Spur verhalten, so als ob dort ein nachdenklicher Mensch spräche. Jedenfalls besaß diese Stimme etwas, das Caritas ganz seltsam ergriff.

»Ich habe zwei junge Nonnen mit mir gebracht, die ich Euch vorstellen möchte. Eine wird Euch wohl bekannt sein, es ist Eure Tante Apollonia«, sprach die Äbtissin nun weiter.

Wieder erklang diese weiche, männliche Stimme. »Schwester Apollonia, ich hatte gehofft, Ihr würdet kommen, denn mein Bruder Anton Tucher wusste mir nicht genug von Euch vorzuschwärmen. Und ich war sehr begierig, Euch wieder zu sprechen. Könnt Ihr Euch noch an mich erinnern?«

Apollonia lächelte. »O gewiss, ich erinnere mich an einen Jungen, der dafür bekannt war, sich so zu verstecken, dass ihn nie einer fand, selbst die Erwachsenen oft nicht.«

Sixtus Tucher lachte, als er so schnell den vertrauten Ton ihrer Kindheit wieder fand. »Das scheint sehr lange her zu sein. Jetzt gelingt es mir gar nicht mehr, mich vor den Menschen zu verstecken.«

Apollonia lachte ebenfalls ihr helles Lachen. »Als Probst von St. Lorenz habt Ihr da sicher auch den falschen Ort gewählt.«

»Oh, Apollonia, das klingt so recht nach Euch, Ihr

lacht fröhlich, wie Ihr immer gelacht habt, und nehmt kein Blatt vor den Mund«, sagte Sixtus heiter.

Apollonia lachte noch einmal. »Ja glaubt Ihr denn, wir würden in unserem Kloster immer Trübsal blasen? Du sollst fröhlich sein in deiner Arbeit, sagt die Heilige Schrift. Und nach den göttlichen Worten leben wir schließlich. Aber, lieber Neffe, darf ich Euch meine beste Freundin und liebste geistige Schwester vorstellen, die die Heilige Schrift viel besser kennt als ich, unsere Kindmeisterin Schwester Caritas Pirckheimer.«

Sixtus Tucher schien kurz aufzustehen und eine Bewegung zu machen.

»Oh, ich bin sehr erfreut, die Tochter des ehrenwerten Johann und die Schwester des gelehrten Willibald Pirckheimer kennen zu lernen. Könntet Ihr durch den Vorhang schauen, so hättet Ihr soeben meine tiefe Verbeugung gesehen.« Caritas errötete bei dem Gedanken, dass der Probst von St. Lorenz sich vor ihr verbeugt hatte.

Apollonia ergriff weiter scherzend das Wort: »Wirklich, Sixtus, es ist vielleicht besser, wir haben das nicht gesehen. Ich bin nicht sicher, was unser Beichtvater Pater Fridolin dazu sagen würde.«

»Oh, das war selbstverständlich eine Verbeugung vor der geistigen Größe der Klarissen, der Bräute unseres Herren. Im Übrigen würde ich mich auf ein großes Vorbild berufen: auf den heiligen Hieronymus, der seine geistigen Schwestern Paula, Marcella und Eustochia sehr verehrt hat.«

»Ich denke nicht, dass unser Beichtvater an einer so harmlosen Geste etwas auszusetzen hätte. Ihr müsst uns jetzt jedoch entschuldigen, das Officium Dei, der Gottesdienst, ruft«, wandte die Äbtissin nun ein und drängte zum Aufbruch.

Sixtus Tucher bedauerte, sie aufgehalten zu haben und Helena Meichsner antwortete höflich: »Keineswegs, nur naht die Non und es ist schließlich als Äbtissin meine Pflicht, pünktlich zu den Stundgebeten zu erscheinen, wenn ich es von meinen Nonnen schon erwarte.« Sie erhob sich und auch Sixt Tucher schien aufzustehen.

Und noch einmal erklang jetzt seine Stimme: »Ich werde Euch meine Ausgabe der Hieronymus-Briefe leihen, wenn ich Euch das nächste Mal besuche. Sie sind sehr lesenswert.«

Die Äbtissin bedankte sich und die Nonnen verabschiedeten sich.

Seine Stimme, diese Stimme hallte noch lange in Caritas nach. Den ganzen Tag, wenn sie die Mädchen gerade mit Abschriften oder Lernen beschäftigt hatte, dachte sie immer wieder an diese warme, männliche Stimme. Was musste das für ein Mensch sein? Ob er wirklich die Briefe des Hieronymus bringen würde? Hieronymus war Caritas natürlich ein Begriff. Nicht nur, dass auch Willibald ihn schon erwähnt hatte, eine Statue des heiligen Hieronymus war auch auf dem Altar ihrer Kirche abgebildet mit einem Löwen. Caritas hatte außer diesem Löwenbild noch nie ein wildes Tier gesehen.

Der Löwe lag neben dem Heiligen, um daran zu erinnern, dass Hieronymus sich einmal in eine Wüste zurückgezogen hatte, ganz allein, um zu beten, und da war ein Löwe gekommen, der ihn aber nicht angriff, weil er so großen Respekt vor dem Heiligen hatte. Er kam nur zu Hieronymus, damit der ihm einen Dorn aus der Pranke zog. Später war Hieronymus dann zurückgekehrt nach Rom und hatte dort Freundschaft geschlossen mit einem Frauenkreis. Am Ende seines Lebens hatte er in Bethlehem ein Kloster für Wallfahrer gegründet. Hieronymus hat die biblischen Urtexte aus dem Hebräischen und Griechischen ins Lateinische übersetzt. Sein Bibeltext, Vulgata genannt, war der ihrer Klosterbibel. Das war so in etwa, was Caritas über ihn wusste. Es sollte bald mehr werden.

Erst am übernächsten Tag gelang es Caritas, Apollonia unter vier Augen zu sprechen. Wie nebenbei versuchte sie sie über Sixtus Tucher auszufragen.

»Och, so viel weiß ich auch nicht. Er ist zwei Jahre älter als ich, also müsste er jetzt siebenunddreißig sein. Er hat in Italien studiert, wie fast alle Männer in unserer Familie, dein Bruder ja auch, dann ist er Professor in Ingolstadt geworden und hat die Universität dort auch geleitet. Er ist wohl auch kaiserlicher Rat.« Mehr wusste sie nicht.

In den nächsten Tagen gab es ein anderes Thema, das den ganzen Konvent beschäftigte, denn die Brüder und

Sixtus Tucher, 1507

Onkel fast aller Nonnen waren beteiligt: ein Nürnberger Kontingent zog aus, um gemeinsam mit dem Kaiser und seinen Truppen gegen die Schweizer zu kämpfen, die sich vom Reich abwenden wollten. Und Willibald Pirckheimer sollte der Hauptmann der Nürnberger Truppe werden.

Als Sixtus Tucher wieder zum Kloster kam, war Apollonia gerade beschäftigt mit einem Fürbittgebet, das sie natürlich nicht unterbrechen konnte. Caritas ging also in Begleitung zweier junger Schwestern, die nichts zu tun hatten, ins Besucherzimmer und sprach in deren Anwesenheit. Sie ertappte sich selbst dabei, dass sie aufgeregt war. Ihre Wangen waren leicht gerötet, den Blick aufmerksam auf den Vorhang gerichtet, horchte sie auf die wunderbare Stimme des Probstes. Seine ungewöhnlichen akrobatischen Satzgebilde schienen ihr wie Gesang. Und sie wollte, dass er nur ewig so spräche, bis er irgendwann sagte: »Ihr seid so schweigsam, Schwester Caritas, ist Euch nicht wohl?«

Sie versicherte natürlich sofort, dass es ihr glänzend ginge, und überlegte fieberhaft, was sie weiter mit ihm reden könne. Da fiel ihr etwas ein: der Erzengel Michael, den sie in St. Lorenz so bewundert hatte. Doch schob sich ihr, noch ehe sie zu einigen Worten ansetzen konnte, die Trülle entgegen, eine Schublade, die nach beiden Seiten hin aufziehbar war. Darin befand sich das Buch, die Schriften des heiligen Hieronymus, die er ihr mitgebracht hatte. Sie ergriff es, drückte es an ihr Herz und hielt es fest umklammert. Bald verabschiedeten sie sich voneinander.

Wie besessen las Caritas nun Abend für Abend in ihrer Zelle bei Kerzenschein die Briefe des Hieronymus. Sie hatte immer mal wieder kleine Kerzenstummel gesammelt und daraus neue Kerzen gezogen. Jetzt brauchte sie sie.

Zunächst erzählte sie niemandem von dem Buch, dann aber, als es sie mehr und mehr begeisterte, weihte sie Apollonia ein. Das Buch schien wie für sie beide geschrieben. Denn es war von einem Mann auf Bitten von einigen Frauen und für diese Frauen verfasst. Zwar hatten alle Beteiligten vor weit mehr als tausend Jahren vor Caritas und Apollonia gelebt, also etwa um das Jahr 400, doch waren die Fragen, mit denen sie sich beschäftigt hatten, noch immer die gleichen geblieben: Wie lebte und betete ein guter Christ und wie lebte insbesondere eine Frau gottesfürchtig? Und die dritte Frage, die Caritas besonders bewegte: Konnte eine Frau gebildet und gläubig zugleich sein? Denn schon oft war ihr, nicht nur von der alten Kindmeisterin Christina Schilt, bedeutet worden, dass Lateinkenntnisse für eine Frau eigentlich nicht nötig seien und auch nicht recht schicklich wären.

Dagegen waren die Freundinnen des Hieronymus das beste Beispiel. In den Einleitungen zu seinen Texten bedankte er sich bei Blesilla, Fabiola, bei Paula, Eustochium und Marcella, alles Frauen, die ihn zu seinen

Erörterungen angeregt hatten. Eine dieser Schriften war ein Lob der reinen Jungfrauen.

Obwohl diese Frauen keineswegs alle Jungfrauen gewesen waren, sondern Gattinen von reichen römischen Senatoren und Aristokraten, darunter auch Mütter zahlreicher Kinder, pries Hieronymus sie über alle Maßen. Er rühmte die Schärfe ihres Geistes, ihr Gedächtnis, den Glanz ihrer Sprache, die Tiefe ihres Gebetes. Alle Frauen sprachen Latein und Griechisch, einige lernten sogar Hebräisch. Für ihre Bildung sprach er ihnen offen seine Bewunderung aus. Kein Wort verlor er darüber, dass Frauen in geistigen Dingen etwa von Natur aus benachteiligt sein könnten.

In der Bibel hieß es nur lapidar: »Ein Weib lerne in der Stille, mit aller Untertänigkeit. Einem Weibe aber gestatte ich nicht, dass sie lehre, auch nicht, dass sie des Mannes Herr sei, sondern stille sei. Denn Adam ist am ersten gemacht, darnach Eva.«

Es steht auch in der Bibel, die älteren Weiber sollten gute Lehrerinnen der jüngeren sein, »dass sie die jungen Weiber lehren, züchtig zu sein, ihre Männer lieben, Kinder lieben. Sittig sein, keusch, häuslich, gütig, ihren Männern unterthan, auf dass nicht das Wort Gottes verlästert werde.«

Diese Bibelstellen waren so ausgelegt worden, dass Frauen im Allgemeinen die Bildung verschlossen blieb.

Nun las Caritas bei Hieronymus, dass nichts sie vom Studium der Heiligen Schrift abhalten sollte, im Gegenteil, und dass es keineswegs unsittlich sei, die lateinische Sprache zu beherrschen, noch besser, man verstand auch Griechisch und Hebräisch.

Sixtus Tucher kam nun längere Zeit nicht. Als er sie wieder besuchte, konnten Apollonia und Caritas ziemlich frei reden, denn es begleitete sie eine schwerhörige, alte Nonne. Caritas schob ihm das Buch durch die Trülle wieder zu. Er fragte, ob es ihnen auch so gut gefallen hätte, ihn hätten Caritas und Apollonia gleich an die römischen Freundinnen des Hieronymus erinnert, deswegen hätten sie es unbedingt lesen müssen.

Caritas wehrte verlegen ab und bemühte sich dabei sehr, sein Sprachniveau nachzuahmen.

»Ehrwürdiger Vater, ich kann mein Staunen nicht verbergen, dass Ihr, ein so ausgezeichneter Lehrer und geistlicher Vater, uns ungebildete und einfältige Mädchen würdigt, bei denen weder Wissenschaft noch Beredsamkeit noch irgendetwas des Lobes Würdiges gefunden werden mag.«

»Liebste Schwestern, Ihr, die Ihr der Welt widersagt habt und in der heiligen unbefleckten Reinheit lebt, Ihr übertrefft die anderen Stände des Lebens. So ist es in dem, dass die Jungfrauen Königinnen genannt werden. Und wie der heilige Hieronymus schreibt: ›Es ist ein groß, wunderbarlich Ding, die Funken der Begierlichkeit, die von den Fackeln der Jugend glühen, in Kraft der Vernunft auszulöschen und die eheliche Ergötzlichkeit und Süßigkeit der Kinder zu verschmähen.‹ Und heißt es nicht, dass den Jungfrauen in dem himmlischen Saal kein Ort wird verschlossen bleiben, sondern alle Gemächer der göttlichen Wohnung aufgetan werden.«

Apollonia lächelte erfreut.

»Es überzieht Scheu und Verwirrung unser Gesicht bei Euren Worten«, antwortete Caritas verlegen.

»Ich meine nicht, dass die Jungfrauenschaft für das ewige Leben genug sei, wiewohl sie eine achtbare Tugend und eine große Arbeit ist. Darum sollen sich die Jungfrauen dessen auch nicht rühmen oder weltliche Ehre suchen, sondern allein um der Liebe unseres Seligmachers und des himmlischen Vaterlands Willen die Vollkommenheit der Reinheit auch in der Seele erhalten«, erklärte Sixtus Tucher.

»Jedenfalls können wir uns allein mit unserer Jungfrauenschaft noch keinen Platz im Himmel sichern«, bestätigte Apollonia.

»Aber wir sind doch guten Willens, weiter zu lernen und uns um ein gefälliges Leben zu bemühen«, fiel Caritas ein. »Wollt Ihr uns nicht fürderhin mit erbaulichen Erörterungen erfreuen, wie Hieronymus es für seine Freundinnen getan hat?«

Sixtus schien entzückt. »Liebe Schwestern, wenn Ihr mir Eure Freundschaft schenken wollt, bin ich glücklich. Es wäre mir süß und lieblich, wenn Ihr unsere Freundschaft auch ehren würdet, indem wir uns duzten, wie es viele heilige, gelehrte und ehrbare Vettern, deren Schuhriemen ich nicht würdig wäre aufzulösen, vor uns getan haben?«

Apollonia, die Sixtus so lange schon kannte, duzte ihn, ohne zu zögern. Caritas tat sich aber lange noch etwas zierlich dabei, schließlich aber mahnte er sie, nicht feiner sein zu wollen als andere vor ihr. Und so duzten sie sich.

Der Probst von St. Lorenz ging Caritas gar nicht mehr aus dem Kopf, sie dachte an ihn, wo sie ging und stand. Ob ihm jenes Gebet gefallen würde, was er zu diesem Bild wohl sagen würde, was er bei sich wohl dachte?

Aber auch Sixtus Tucher schien es zum Klarakloster zu ziehen. Schon sehr bald kam er wieder. Caritas stand unglücklicherweise gerade mit Elisabeth Lochner und Christina Schilt beisammen, um Kerzen zu ordnen und neue für die Kirche bereitzulegen, als die Äbtissin sie rufen ließ.

«Wir werden Euch begleiten», sagten Elisabeth Lochner und Christina Schilt wie aus einem Mund.

Caritas dachte: So ein Mist, ausgerechnet die beiden. Unwillkürlich fiel ihr Katharina Schlüsselfelder ein: Wahrscheinlich wird sie vom Himmel schauen und sich ins Fäustchen lachen. Sie lief so schnell vor zum Redegitter, dass die beiden alten Frauen kaum nachkamen.

Das Gespräch verlief ungewöhnlich stockend. Caritas vermied es, Sixtus anzureden, aber einmal rutschte ihr das »Du« heraus, so dass den beiden anderen Frauen die Kinnladen herunterklappten vor Staunen. Schnell fiel sie bei nächster Gelegenheit in das höfliche »Ihr« zurück.

Trotzdem flüsterten die beiden Alten schon miteinander: »Schwester Caritas duzt sich mit dem Probst. Na, wenn das mal nicht zu weit geht. Und dass er sie überhaupt schon wieder besucht, ist doch ein wenig häufig.«

Aufmerksame Ohren und Blicke folgten jedem ihrer Atemzüge und Bewegungen. Und sie konnte sicher sein, dass spätestens am Abend der ganze Konvent wusste, was sie hier sagen würde. Sie fasste sich deshalb sehr kurz. Sixtus schien zu spüren, dass sie nicht frei reden konnte, denn er verabschiedete sich bald.

Nur wenige Tage später brachte ihr die Mutter Oberin schon einen Brief vom Probst, der ausschließlich an sie adressiert war. Er war natürlich geöffnet, denn Helena Meichsner hatte ihn gelesen. Sie hatte das Recht, jeden Brief an ihre Nonnen zu öffnen. Caritas versuchte unbeteiligt zu wirken, als sie ihn entgegennahm. Aber inwendig jubelte sie: Ein Brief von ihm! Ein Brief von ihm! Erst letzte Woche war er da und schon ein Brief von ihm. Er mag mich, es ist ihm ernst mit unserer Freundschaft! Ihr erster Impuls war, zu Apollonia zu rennen, doch den unterdrückte sie und steckte das Papier unter ihre Schürze, um später in Ruhe zu lesen. Am Nachmittag hatte sie Gelegenheit, in den Garten zu schlüpfen, dort unter einem Apfelbaum las sie den Brief: Sixtus Tucher bat sie noch einmal inständig, ihn zu duzen und nicht in das höfliche Ihr zurückzufallen wie im letzten Gespräch. Und nun kam eine große Neuigkeit und der eigentliche Anlass des Briefes. Ihr Bruder Willibald wurde zurückerwartet. Sixtus schrieb:

Wir sind deines Bruders Wiederkunft gewärtig, jedoch wollt ich nicht, dass seine Gegenwart unsere brüderliche Liebe, mit der du mich umfangen hast, austilgt. Ich mag wohl dulden, dass du ihn, wie er wohl würdig ist, sehr liebest; doch dass du mich von unserer Freundschaft mehr des Geistes, denn des Fleisches, deswegen nicht verwerfest ...

Caritas dachte: Wenn du wüsstest, im Augenblick würde ich eher meinen Bruder verwerfen als dich! Sie las weiter:

Ich kann unsere Brüderschaft nicht so leicht oder gering schätzen, dass ich sie zu trennen begehre, die mir so lieb und angenehm ist, dass ich sie gern mit eisernem Reifen binden und viel lieber enger dann weiter gürten wollte.

Diesen Satz wiederholte sie sich gleich noch einmal: Unsere Bruderschaft ist ihm so lieb und angenehm, dass er sie gern mit eisernem Reifen binden und viel lieber enger dann weiter gürten wollte. Es durchströmte sie wohlig und begierig fuhr sie fort:

Nämlich dass unsere Vereinigung in dem Ungewitter dieser Welt angefangen bis in das künftige Leben nicht

*aufhöre, sondern währe ewiglich und mehre unsre
Ergötzung hier in der Widerwärtigkeit des Erdenlebens
und im Vaterland des ewigen Lebens die Ruhe und Glorie.
Wollest mich in deines Konvents Gebet befehlen
und mein in deinem zu gedenken nicht aufhören ...
Hab mich lieb in Christo*

Caritas' Wangen glühten. Sie sah von dem Brief auf und blickte direkt in das Gesicht der Äbtissin, die sich ihr näherte. Helena Meichsner sah etwas verlegen aus, als sie sagte: »Schwester Caritas, selbstverständlich bin ich mir darüber im Klaren, dass Ihr und der Probst von Sankt Lorenz über alle moralischen Bedenken erhaben seid, auch ist er ja unser Beichtvater und kann jederzeit mit Euch sprechen – nur möchte ich, äh, muss ich ... also ...« Sie räusperte sich. »... ist es meine Pflicht als Äbtissin, Euch darauf hinzuweisen, dass Ihr etwas, ähm, zurückhaltender sein müsst im Umgang mit Sixtus Tucher. Es wird schon über Euch geredet, Ihr solltet wissen, dass ich Euch für längere Zeit nicht erlauben werde, den Probst am Redegitter zu empfangen.«

Ohne eine Antwort abzuwarten, ging sie mit raschen Schritten zurück ins Haus. In Caritas kochte die hilflose Wut, das hatte sie doch wohl Elisabeth Lochner zu verdanken!

Der Weg zum Ruhm

Da war Willibald wieder – aufbrausend, mitreißend in seinem Temperament, offen heraus, jähzornig, flapsig und ohne Respekt, es sei denn vor Gott, den römischen und griechischen Philosophen und seinem Kaiser Maximilian.

Mit jugendlichem Schwung ritt er in die Stadt ein. Zwar war der Krieg gegen die abtrünnige Schweiz nicht gerade ein durchschlagender Erfolg gewesen. Wenn man ehrlich war, musste man sogar zugeben, dass er eigentlich eine Niederlage war, denn die Schweiz löste sich nun endgültig vom Deutschen Reich. Aber das Nürnberger Regiment, angeführt von dem Hauptmann Willibald Pirckheimer hatte sich wacker geschlagen und hatte den kaiserlichen Truppen in nichts nachgestanden. Außerdem hatte sich Kaiser Maximilian ausgesprochen interessiert und huldvoll ihm gegenüber gezeigt und eine ganze lange Bootsfahrt über den Bodensee mit ihm geplaudert und ihn an seinen kaiserlichen Notizen und Gedanken teilhaben lassen.

Grund genug für Willibald, wohl gelaunt und fröhlich in Nürnberg wieder einzuziehen. Außerdem erwartete ihn zu Hause seine Frau Crescentia, die mit dem dritten Kind niedergekommen sein dürfte. Vielleicht war es ja diesmal der ersehnte Sohn.

Nein, es war wieder ein Mädchen, die dritte Tochter. Und da die Geburt schwierig gewesen war, gab sie ihr den eigenen Namen. Sie nannte sie Crescentia. So hatte Willibald nun drei Töchter: Felicitas, Katharina und Crescentia.

Einige Monate später kam sein alter Freund Konrad Celtis in die Stadt und wohnte bei ihm und seiner Frau im Pirckheimerhaus. Konrad Celtis war sehr bekannt und von den Nürnbergern und Kaiser Friedrich, dem Vater vom jetzigen Kaiser Maximilian, mit höchsten Ehren ausgezeichnet worden. Der Kaiser hatte ihm nämlich als einzigem deutschen Dichter überhaupt zum Zeichen für seine Anerkennung eine Krone aus Lorbeerblättern auf den Kopf gesetzt. Er hatte ihn sozusagen zum Dichterfürsten gekrönt, wie das in Italien schon längere Zeit üblich war. Und was die Italiener taten, das war nun einmal kultiviert, gut und richtig, und dem eiferten die Deutschen damals nach.

Als Caritas in dieser Zeit mit Willibald sprach, war er voll des Lobes über seinen Freund, ein tiefgründiger Mensch, der ihn so ganz verstand. Und was er immer für Ideen hatte! Jetzt hatte der Celtis doch tatsächlich in irgendeiner Klosterbibliothek religiöse Dramen gefunden, die vor fünfhundert Jahren eine Nonne geschrieben hatte. Ihr Name war Roswitha von Gandersheim.

Caritas horchte interessiert auf. »Worum geht's denn da?«, fragte sie.

»Roswitha von Gandersheim hat in ihrem Kloster mit den Nonnen das Leben der Jungfrau Maria nachgespielt und diese Stücke dann aufgeschrieben. Vor allem begeistert mich, dass schon vor fünfhundert Jahren, also im zehnten Jahrhundert hier in Deutschland eine Frau gelebt hat, die so etwas schreiben konnte. Darum geht es Konrad auch, dass er den Italienern mal zeigen kann, dass wir hier früher auch Schriftsteller hatten. Und sogar eine Frau. Deswegen wird er die Dramen jetzt veröffentlichen.«

»Das ist ja interessant, das möchte ich unbedingt einmal lesen«, bat Caritas. Und Willibald versicherte, er werde es Konrad Celtis berichten.

Als Willibald gehen wollte, schob Caritas ihm schnell, ohne dass es sonst jemand sehen konnte, durch die Trülle ein Brieflein zu.

»Gib das bitte dem Probst von St. Lorenz. Unsere Mutter hat verboten, dass ich ihn empfange, es ist nur ein Gruß«, flüsterte sie.

Abends beim Wein vor dem Kamin fing Willibald leicht beschwipst an, Konrad Celtis von seiner Schwester zu erzählen, die Roswitha von Gandersheim kaum nachstehe und eine ganz außergewöhnliche Frau sei, wie ja überhaupt die Familie Pirckheimer, auch die Frauen, sich immer sehr gelehrt gezeigt hätten. Willibald schwärmte so lange von den Vorzügen seiner Schwester –, die im Übrigen auch der Probst von St. Lorenz, Sixtus Tucher, bestätigen könne, mit dem sie einen höchst gelehrten Briefwechsel pflege –, bis er Konrad Celtis nahe gelegt hatte, diese »gelehrteste Jungfrau der

Gegenwart«, Caritas Pirckheimer, in seiner Widmungsschrift zu erwähnen, die dem Buch von Roswitha von Gandersheim vorangestellt war.

Celtis tat seinem Freund gerne den Gefallen und setzte gleich noch eines drauf, indem er Caritas in seiner Widmungsrede in eine Reihe stellte mit den Freundinnen des Hieronymus, mit der dichtenden Griechin Sappho und den gelehrten Frauen der Bibel Ruth und Esther, obwohl er noch nicht ein Wort mit Caritas persönlich gewechselt hatte. Wenn er Caritas gelehrt nannte, dann meinte er einfach, dass sie lateinisch lesen und schreiben konnte, denn er kannte keine anderen deutschen Frauen, die das taten und außerdem auch noch klug, demütig und eifrig in einem Kloster wirkten und alte Schriften studierten.

Caritas war nicht wenig überrascht, als er ihr das Buch sandte. Mit ihren Schülerinnen spielte sie die Dramen der Roswitha von Gandersheim nach. Es ließ sich gar nicht verhindern, dass innerhalb weniger Tage jede im Konvent die Widmungsschrift an die Kindmeisterin des Klaraklosters gelesen hatte. Das zeitigte eine seltsame Wirkung.

Caritas war bisher angesehen und beliebt gewesen, aber jetzt mischte sich so etwas wie Ehrfurcht und Bewunderung in das Verhalten ihrer Schülerinnen, was sich aber auch sehr schnell auf ihre Mitschwestern übertrug. Wenn der berühmteste Dichter der Gegenwart Caritas Pirckheimer verehrte, musste ja etwas daran sein.

Caritas nahm diese Veränderung zunächst kaum wahr. Sie war in Gedanken jetzt sehr mit einem Antwort- und Dankesbrief an Konrad Celtis beschäftigt, der in besonders elegantem Latein gehalten sein sollte. Sie begann schließlich mit folgenden Worten, die den schwierigen Konstruktionen eines Sixtus Tucher kaum nachstanden:

Ich erhielt voriger Tage von Eurer Herrlichkeit die lieblichen Schriften der hochgelehrten Jungfrau Roswitha, die ihr mir, der unbedeutenden Frau, ohne irgendein Verdienst von meiner Seite, gewidmet habt. Ich sage und bewahre auch dafür ewigen Dank. Denn ich freue mich, dass der, der den Verstand verleiht, nicht nur Gesetzeskundigen und Gelehrten tiefe Weisheit mitzuteilen pflegt, sondern auch dem schwachen Geschlecht und Geringgeachteten einige Brosamen nicht versagt, die vom Tische reicher Gelehrter fallen.

An dieser Stelle zitierte sie ein Bibelwort. Sie schrieb:

An jener höchst klugen Jungfrau hat sich bewahrheitet, was der Apostel sagt: »Was schwach ist vor der Welt, hat Gott erwählt, um das Starke zu beschämen.«

So weit las sie den Brief Apollonia vor.

»Ja, ganz gut, jetzt solltest du ihn aber wirklich auch noch einmal loben, dass er sich nicht zu schade war, Texte einer Frau zu veröffentlichen«, meinte Apollonia.

»Stimmt, da hast du Recht, und zwar werde ich seinen Eifer dem Hochmut der meisten Gelehrten gegenüberstellen«, nickte Caritas und schrieb weiter:

Alles Lobes und Preises wert ist auch Euer demütiger Eifer, mit dem Ihr die Schriften und Gedichte einer schwachen Frau studiert, ans Licht brachtet und drucken ließet. Ihr verachtet also nicht das schwache Geschlecht noch den niederen Stand einer armen Nonne.

Und dann verriet sie, wie sehr ihr durchaus die fehlende Anerkennung von männlicher Seite bewusst war:

Ich kann es nicht verschweigen: Ihr habt hier gegen die Gewohnheit vieler Gelehrter, vielmehr Hochmütiger, gehandelt, die sich fälschlich erheben und alle Worte, Handlungen und Darstellungen der Frauen so sehr gering schätzen, als hätten nicht beide Geschlechter einen Schöpfer, Erlöser und Seligmacher, und die nicht wahrnehmen, dass die Hand des höchsten Künstlers bisher noch nicht verkürzt ist. Er hat den Schlüssel der Wissenschaft, teilt den Einzelnen mit, wie Er will, denn Er sieht nicht auf die Person. Oh, wie weise habt Ihr den weisesten heiligen Hieronymus nachgeahmt, der auch unser Geschlecht keineswegs verachtete und sich nicht scheute, gottgeweihten Jungfrauen auf ihre Bitten heilige Schriften auszulegen, was unfähige und träge Männer ganz vernachlässigt hatten ...

Dieser Brief, der natürlich lateinisch gehalten war und noch viermal so lang, machte auf Konrad Celtis größten Eindruck, jedenfalls antwortete er ihr mit einer lateinischen Ode, in der er von ihr schwärmte:

Jungfrau, wohlgeübt in der Sprache der Römer,
Aller Frauen seltener Stern und Krone ...
Jungfrau, größte Zierde der deutschen Erde,
Caritas, mir immer von Herzen teure, herrliche Jungfrau.

Diese Ode, die bald zusammen mit ihrem Briefwechsel veröffentlicht wurde, machte Caritas Pirckheimer von einem Tag zum anderen berühmt.

Die Franziskaner waren entsetzt. So hatten sie sich das nicht vorgestellt, dass eine ihrer geistigen Töchter, und hieß sie zehnmal Pirckheimer, von weltlichen Dichtern besungen wurde. Was zu weit ging, ging zu weit. Außerdem: Mussten sie nicht durchaus einige von Caritas' Formulierungen, wie etwa die von den »Hochmütigen« oder die von den »trägen, unfähigen Männern« auch auf sich bezogen verstehen? Denn natürlich hatten auch sie den Brief an Konrad Celtis gelesen.

Ab sofort untersagten sie der Nonne Caritas das Schreiben lateinischer Briefe. Der Zeitpunkt dafür war denkbar ungünstig.

Helena Meichsner, die nun schon recht alt war, fühlte sich nach einer heftigen Grippe so geschwächt, dass sie das Amt der Äbtissin nicht weiter ausüben wollte. Im Kapitelsaal wählten alle Nonnen die solchermaßen verehrte, berühmte Caritas einstimmig zur neuen Mutter des Konvents. Caritas erster Gedanke war: Jetzt bestimme ich, wie oft ich Sixtus sprechen kann!

Würdige Mutter, gelehrte Jungfrau
(1503–1522)

Erste Bewährung

»Sie haben mir verboten, lateinische Briefe zu schreiben! Kannst du mir erklären, warum?«

Caritas starrte so wütend auf den schwarzen Vorhang des Redegitters, als säße dort nicht Sixtus, sondern ein Franziskanerbruder.

Sixtus räusperte sich. »Caritas, wie oft hast du mir gesagt: ›Häng dein Herz nicht an Äußerlichkeiten.‹ Nun tu es selbst nicht und ärger dich nicht über das Verbot. Komm, ehrwürdige Mutter, liebe Frau, gib deine Wut auf. Du weißt viel besser als ich, dass es nicht auf die Form ankommt, der Inhalt deiner Briefe zählt. Wie leicht gerät man vom rechten Wege ab und verirrt sich in den Niederungen des weltlichen Lebens. Die Franziskaner wollen verhindern, dass du dir weiterhin von diesem weltlichen Dichter Konrad Celtis schmeicheln lässt.«

Caritas senkte ihre Stimme, damit die anderen Nonnen sie nicht verstanden, und zischte: »Aber die Franziskaner schreiben doch selbst ihre Briefe lateinisch, warum sollte ich das nicht dürfen? Bin ich nicht vorsichtig genug und sorge und quäle mich in allem, was ich tue, Gott zu gefallen? War es wirklich nötig, mich an meine Pflicht zu erinnern? Ausgerechnet jetzt! Seit Jahren schreibe ich lateinische Briefe, ausgerechnet in diesem Moment, in dem der Konvent mich gerade zur Äbtissin gewählt hat, soll ich damit aufhören. Wie soll ich denn dem Papst schreiben? Es wirkt doch völlig stümperhaft und ungebildet, wenn er in Rom einen deutschen Brief bekommt von einer Frau, deren Lateinkenntnisse bekannt sind.«

Sixtus senkte auch seine Stimme zu einem beruhigenden tiefen Murmeln: »Das ist es ja, was dir die Franziskaner durch ihr Verbot vermitteln wollen: Häng dein Herz nicht an deinen Ruhm, überwinde das Bedürfnis, deine Bildung aller Welt zu zeigen. Wirke im Stillen und halte dich bescheiden zurück.«

Nun wurde Caritas aber doch lauter: »Halte dich bescheiden zurück! Als ob ich jemals übermütig gewesen wäre! Und es war sicher nicht so, dass ich mich der Welt aufgedrängt habe, nein, die Welt drängte in dieses Kloster hinein. Soll ich dir sagen, was mein Bruder zu dem Verbot gesagt hat: Es sei ein Zeichen der Engstirnigkeit unserer Klosterbrüder, und er werde alle seine Freunde auffordern, nun erst recht Briefe an mich zu senden.«

»Nun ja, dein Bruder ist mit dem Vorwurf der Engstirnigkeit immer schnell dabei«, anwortete Sixtus hinter dem Vorhang etwas schärfer. »Allerdings gebe ich zu, dass das Verbot nicht gerade ein Zeichen von Großmut ist. Aber du sagst selbst, dass mit den Briefen der Humanisten die Welt in dein Kloster hereindrängte. Da hat sie ja nun einmal nichts zu suchen, daran wollen dich die Franziskaner erinnern, an nichts anderes.«

»Aber Sixtus«, unterbrach ihn Caritas erregt, »es waren in erster Linie religiöse Fragen, zu denen ich mich geäußert habe. Ich wüsste nicht, was daran verwerflich wäre.«

Er seufzte, langsam war er das Thema leid und reagierte ungeduldig.: »Caritas, bitte, so war das nicht gemeint, beantworte die Briefe in nächster Zeit eben nicht lateinisch, sondern deutsch. Und nun lass uns nicht mehr darüber streiten. Im Übrigen hast du doch viel Wichtigeres zu tun, als dich darüber zu erregen. Ich freue mich so für dich und den Konvent, dass du Äbtissin geworden bist, vor allem, dass du einstimmig gewählt wurdest, bestätigt die Liebe und Zuneigung, die du von deinen Nonnen erfährst. Du warst deinen Nonnen immer ein steter Quell der Liebe. Und ich finde auch, dass sie keine bessere Wahl hätten treffen können. Nun bist du die Mutter und eine liebe und würdige dazu.«

Caritas ließ sich endlich von dem Thema ablenken und flüsterte mit dem Mund am Redegitter: »Ja, danke. Aber weißt du, das Schönste ist doch, dass wir uns häufiger sprechen können. Ich habe die Gespräche mit dir vermisst.«

Auch Sixtus flüsterte nahe an ihrem Ohr: »Caritas, liebe Frau, ich hab oft für dich gebetet; mein ganzes Sein hat sich nach dir gesehnt und immer wollten meine Schritte sich zu dir lenken. Ich danke dem Herrn, dass er dir diese Aufgabe gegeben hat.«

Caritas atmete schwer. »Um dir gegenüber ganz offen zu sein, ich fürchte mich vor der Aufgabe. Ich habe meine Schule ungern aufgegeben. Als Kindmeisterin war ich glücklich, als Äbtissin fühle ich mich belastet. Die Aufgabe der Äbtissin ist so schwer, man ist ständig in Bewegung, ständig gefragt. Es bleibt kaum Zeit, sich zu sammeln. Das kennst du ja auch gut. Gott mag diese Unruhe nicht, er spricht nicht mit mir in Eile und Hetze. Mein Gemüt ist spröde, mein Geist ausschweifig und zerfasert. Ich bin nicht so glücklich darüber.«

»Caritas, Gott hat dir diese Aufgabe gegeben«, wandte Sixtus ein, »er wird dir auch nachsehen, dass deine Gebete im Augenblick nicht so tief, deine Gedanken weltlich sind, ganz bestimmt! Er hat dir die Aufgabe gegeben, er wird dir auch helfen, sie zu meistern!«

Caritas nickte nachdenklich. »Ja, Er ist bei mir, ich spüre das, aber es ist trotzdem so viel. Alle Angelegenheiten des Klosters müssen organisiert werden, endlos Briefe geschrieben, sechzig Nonnen in Frieden gehalten, das ist fast das Schwierigste. Die eine will dies, die andere will das. Bei einigen unserer Fronbauern müssen die Pfarrstellen neu besetzt werden. Die Zinseinkünfte aus Erfurt sind schon wieder ausgeblieben. Das Kloster ist in einem entsetzlichen Zustand. Wenn du sehen würdest, wie feucht einige Räume sind und wie dringend vieles umgebaut werden müsste. Noch bevor ich ins Kloster kam, hatte Margareta Grundherr das letzte Mal gründlich renoviert. Das muss jetzt schon über fünfundzwanzig Jahre her sein. Schau dir allein die verschimmelte Holztäfelung hier im Besucherzimmer an, die müsste dringend ausgewechselt werden, das Badehaus braucht einen neuen Ofen, die Küche einen neuen Herd, um dir nur die allerwichtigsten Neuerungen zu nennen. Dabei fehlt uns das Geld an allen Ecken und Enden. Wenn die Zehnt- und Zinszahlungen der Bauern ausbleiben, leben wir von dem, was unsere jungen Nonnen bei der Profess mitbringen, aber davon kannst du nichts im Kloster erneuern, das zerrinnt alles für das tägliche Leben von sechzig Nonnen. Obwohl wir doch so viel anbauen und Vieh halten. Sixtus, du glaubst nicht, was es alles zu bedenken gibt. Etwas Reserve braucht das Kloster außerdem für schwere Zeiten.«

»Hm. Ja. Das ist sehr wichtig, da hast du Recht«, brummte Sixtus zustimmend, »was deine Ängste angeht, kann ich nur sagen: Du musst Geduld haben und Vertrauen in Gottes Kraft, wie du sie immer hattest. Er wird seine auserwählte Braut nicht allein lassen! Du wirst eine gute, würdige Mutter werden, des bin ich gewiss. Und nun lass mich mal überlegen, mir fällt da was ein!« Ein kurzes Schweigen entstand. Dann fuhr er fort: »Eine Idee hätte ich. In der Stadt wurde gerade wieder Heiltumsweisung gefeiert, wo die Leute sich Ablässe kaufen konnten, das hat die Stadtkasse erheblich gefüllt. Was hältst du davon, wenn ihr einen vollkommenen Ablass ausschreibt? Du müsstest den Papst bitten, ob das möglich wäre etwa am Tag der heiligen Maria Magdalena, die ist doch eure Schutzheilige. Das ist gut für deine Gemeinde, für die Seelen deiner geistigen Töchter, es ist eine Gelegenheit für alle, in sich zu gehen, Sünden zu bereuen und Vergebung zu erlangen. Da euer Kloster einen sehr guten Ruf genießt, werden sicherlich viele kommen. Und es scheint mir der einzige Weg zu sein, möglichst schnell das Geld zu beschaffen, damit ihr renovieren könnt. Im Übrigen glaube ich, dass du dich des Lateinischen bedienen darfst, wenn du an den Papst schreibst, dagegen werden die Franziskaner sicher nichts einwenden. Ich werde sonst auch noch einmal mit ihnen reden.«

Caritas reagierte sofort begeistert auf diese Idee. »Sixtus, meinst du, das können wir, einen Ablass ausrufen? Wir unwürdigen Schwestern von St. Klara? Das glaubst du? Wenn das klappen würde, wäre es wunderbar. Ja, das ist vielleicht wirklich eine gute Idee und ein Ausweg aus unserer Not. Ich werde darüber nachdenken. Jetzt muss ich gehen. Ach Sixtus, was hat Gott mir für ein Glück beschieden, als er dich zu mir geführt hat. Mir ist schon um einiges wohler, bete für mich wie auch ich für dich bete. Wir wollen Gott danken, dass wir einander haben.«

Abends saß Caritas trotz der winterlichen Kälte in ihrer neuen Klosterzelle – dem Raum der Äbtissin – am Schreibpult. Hier hatten vor ihr schon Margareta Grundherr und Helena Meichsner ihre Briefe geschrieben und die Geschicke des Klosters bestimmt. Caritas saß ganz still, nur ihre Hand strich ehrfürchtig und stolz über das gemaserte Holz, als wäre es Samt und Seide. Ihre Gedanken drehten sich um den Tag der heiligen Maria Magdalena. Und immer besser gefiel ihr die Vorstellung, dass alle Patrizier der Stadt zum Klarakloster kommen würden, um bei den Klarissen Buße zu tun und Absolution zu erlangen. Mein Kloster, dachte sie erfüllt, ein geistiger Mittelpunkt der Stadt Nürnberg! Das muss Gott gefallen.

Wie sie es abends immer tat, wollte sie auf den Knien beten, ihre Seele von allem Ballast reinigen, Heilige und Engel einladen zu musizieren und darauf warten, dass Jesus in ihr Herz herabstieg. Aber er kam nicht. Ihr Herz war zu aufgeregt, es schlug schnell und ihr Kopf war nicht frei. Es schob sich das Bild eines Mannes vor alle Heiligen und Engel, eines Mannes mit einer warmen, beruhigenden Stimme. Und sie stellte ihn sich stattlich vor mit einem feinen, durchgeistigten Gesicht und dem Ausdruck des Heilands.

Einige Tage später kam Elisabeth Lochner nicht zur Morgenandacht. Caritas schickte die Apothekerin, nach ihr zu schauen. Die kam bleich im Gesicht zurück, ging direkt zur Äbtissin und flüsterte ihr ins Ohr: »Ich glaube, sie hat die Pest.«

Caritas hielt in der Bewegung inne, der Schreck fuhr ihr in die Glieder und sie dachte: O Gott, hilf mir, was soll ich tun? Und dann: Die anderen dürfen es nicht wissen, sie werden sofort in Panik ausbrechen. Sie versuchte sich nichts anmerken zu lassen und führte die Apothekerin an einen ruhigen Ort, wo niemand sie hören konnte.

»Seid Ihr sicher?«

Die Apothekerin wiegte den Kopf. »Ich habe die Pest als Kind kennen gelernt. Meine Eltern sind daran gestorben. Von unserer Familie habe nur ich überlebt. Ich kann mich genau an diesen Geruch erinnern. Außerdem sind die Symptome ganz typisch: Schwester Elisabeth leidet unter sehr starken Kopfschmerzen, muss sich fortwährend übergeben, hat hohes Fieber und gleichzeitig Schüttelfrost und einige Beulen beginnen sich schon zu bilden.«

Caritas biss sich auf die Lippe und das Entsetzen stand ihr ins Gesicht geschrieben. Die Pest war die furchtbarste Krankheit, die sie kannte. Ganze Dörfer waren von ihr ausgerottet worden, ganze Klöster verwaist. In Nürnberg hatte sie schon oft gewütet. Aber ins Kloster war sie, so lange Caritas da war, noch nicht eingedrungen. Caritas atmete schwer.

»Wir dürfen den anderen erst mal nichts sagen. Was sollen wir jetzt tun, damit sich nicht alle anstecken?«, fragte sie erregt.

Die Apothekerin versuchte zuversichtlich auszusehen. »Man kann an der Pest wohl nicht zweimal erkranken. Ich werde die Pflege übernehmen. Macht Euch nicht zu viel Sorgen.« Sie nickte bestärkend. »Ich werde Schwester Elisabeth pflegen. Aber wir müssen schnell handeln. Wir werden sie in die kleine isolierte Krankenkammer legen. Lasst niemanden außer mir zu ihr, ihr Bettzeug und alles Stroh in ihrer Zelle werde ich verbrennen und das Zimmer ausräuchern. Keiner darf mit ihr in Berührung kommen und auch mit mir nicht, bis sie gestorben ist. Vielleicht gelingt es uns, Schlimmeres zu verhindern.«

Heimlich taten sie wie besprochen. Die Apothekerin bekam eine Laienschwester zur Hilfe, die zwar nicht an das Krankenlager treten durfte, aber der Apothekerin Zuträgerdienste leistete.

Später saß Caritas in ihrer Klosterzelle und wollte beten, aber die einzigen, verzweifelten Worte, die ihr kamen, waren: Warum das jetzt, warum? Herr und Gebieter hilf mir, was tust du uns an! Hilf meinen armen Schäflein, hilf deinen Bräuten, wir sind dir die treuesten Dienerinnen, warum schickst du uns diese Plage. Was soll ich machen? Gott, ich habe versagt, alles habe ich der Apothekerin überlassen und mich nicht um Schwester Elisabeth gekümmert. Sie dachte an die vielen Jahre, die sie mit ihr nun schon in diesem Kloster zusammenlebte, an die Schimpftiraden von Katharina Schlüsselfelder, an diesen albernen Morgen im Latrinenhäuschen, als Ursula Wickerstetter ihre Vision geschildert hatte und sie so hatten lachen müssen. Nein, Elisabeth Lochner war ihr nie besonders lieb gewesen, aber zählte das jetzt noch? Gott hilf mir, stark zu sein und das Richtige zu tun. Ratlos saß sie in ihrer Zelle und fühlte sich schwach und hilflos. Da kam ihr der Gedanke, die alte Mutter Helena Meichsner zu fragen. Sie stand mühsam auf und ging langsam zu der alten, erfahrenen Frau, die sie im Kreuzgang traf.

Helena Meichsner blieb bei der Nachricht erstaunlich ruhig. »Der Herr gibt, der Herr nimmt. Gelobt sei der Name des Herrn«, war ihr einziger Kommentar, dann fragte sie: »Habt Ihr Grund zu büßen? Er fordert Euch heraus.«

Caritas errötete und dachte an ihre Briefwechsel, an Sixtus, dem sie vielleicht näher war, als sie sein durfte, an den Ablass und die Träume, die sie sich von der Blüte ihres Klosters gemacht hatte. Ob Gott sie dafür strafen wollte? Das konnte doch nicht sein.

Helena Meichsner sah sie ernst an und fuhr fort: »Nun, das müsst Ihr mit Gott ausmachen. Habt Ihr die Franziskaner um unterstützendes Gebet angesucht?«

Caritas schüttelte den Kopf. »Ich wollte nicht, dass sie es erfahren.«

»Ihr könnt es nicht verbergen, unserem Beichtvater müsst Ihr Bescheid geben, er wird alles Weitere veranlassen. Wir haben viele Gebetsverbrüderungen. Zumindest die Franziskaner und die Benediktiner vom Kloster

St. Egidien in der Stadt müssen wir benachrichtigen, dass sie für uns beten, wie auch wir für sie immer mitgebetet haben. Denn, wie es geschrieben steht: Wenn zwei von euch auf Erden um irgendetwas einmütig bitten, so wird es ihnen von meinem himmlischen Vater zuteil werden. Denn wo zwei oder drei in meinem Namen versammelt sind, da bin ich mitten unter ihnen.«

Caritas nickte, sie wusste das alles, aber sie war so zögerlich und unsicher. Schuldbewusst dachte sie: Gott, wie konnte ich zaudern und zagen statt Zuversicht zu haben. Wenn du mich strafen willst, so tue es, aber verschone meinen Konvent. Weise mir deinen Weg! Entschlossen erhob sie sich und dankte der alten Mutter.

Zuerst schickte sie eine Laienschwester zum Beichtvater, dann rief sie einige jüngere Nonnen herbei, erzählte ihnen, worum es ging, und ordnete an, dass sie jetzt beginnen sollten, den Rosenkranz zu beten, und damit die Nacht über fortfahren, um Elisabeth Lochners Seele zu helfen und weiteres Übel vom Kloster abzuwenden. Die Nonnen liefen völlig verstört und verängstigt sogleich in die Kapelle.

Caritas selbst aber straffte sich und verbot sich weitere lähmende Angstgefühle. Die Klosterregel kam ihr in den Sinn; darin stand, dass die Äbtissin Vorbild sein solle, dem ganzen Konvent: »Si trost oh die trurigen un si ein zuflucht der betrubeten un kranken …« Zuflucht der Betrübten und Kranken sollte sie sein, stattdessen flüchtete sie vor der Kranken, die ihr nun anvertraut war. So ging das nicht! Ich muss sie besuchen! Ich muss ihr Trost spenden, das ist meine Aufgabe. Ich darf sie nicht allein lassen. Gott beschütze mich!

Schweren Herzens ging sie nach der Non – als die übrigen Nonnen, die nicht zum Beten bestellt waren, mit offenen Augen auf ihren Pritschen lagen und sich ängstigten, statt wie sonst zu ruhen – ins Siechenhaus und dort zu dem kleinen isolierten Raum, in dem Elisabeth Lochner lag.

Als sie die Tür öffnete, schlug ihr ein fauliger Geruch entgegen. Elisabeth Lochner lag bleich und abgezehrt in mehrere Decken gehüllt auf der Pritsche. Sie hatte die eingesunkenen Augen geschlossen und schien zu schlafen.

Neben ihr auf einem Schemel saß die Apothekerin. Die stand erstaunt auf und rief: »Mutter, Ihr dürft hier nicht herein. Ihr werdet Euch den Tod holen, verlasst sofort den Raum.«

«Ihr werdet mich nicht hindern, es ist meine Aufgabe als Äbtissin, auch den Kranken Mut zu machen«, wehrte Caritas ab, »ich bin gekommen, um mit Schwester Elisabeth zu beten.«

Noch einmal hob die Apothekerin an, aber Caritas wischte die Einwände hinweg, trat an das Bett und sprach die alte, sterbende Frau an. Elisabeth Lochner bewegte ihre Augen, ohne sie zu öffnen, als sie Caritas hörte.

»Schwester Elisabeth, ich bin gekommen, mit Euch zu beten in dieser schweren Stunde, da Ihr so krank seid, dass der Herr Euch zu sich nehmen wird. Betet mit mir das Gebet der Sterbenden.«

Sie faltete ihre Hände und auch die der Schwester Elisabeth bewegten sich kraftlos aufeinander zu.

»Heilmacher der Welt, mach uns heil, der du uns hast erlöst durch dein Kreuz und dein heiliges Blut, dich bitten wir, unser Gott, dass du uns heilst. Pater noster. O Herr Jesu Christe, durch deinen tödlichen Kampf und dein allerheiligstes Gebet, das du hast gebetet für uns an dem Ölberg, da dein Schweiß zu Blutstropfen wurde, die auf das Erdreich liefen, ich bitt dich ... erlös mich in der Zeit meines Todes von aller Pein und Ängsten, die ich fürchte, dass ich's verdient hab mit meinen Sünden, der du mit Gott dem Vater und dem heiligen Geist lebst und regierst im Himmel. Pater noster ...«

Das Gebet der Sterbenden war lang und Elisabeth Lochner bewegte leicht die Lippen dazu.

Am Ende machte Caritas das Zeichen des Kreuzes über ihr. Von Schwester Elisabeth hörte sie nichts, sie hatte die Augen geschlossen, ihr Atem ging flach. Und auch als Caritas den Raum verließ, bewegte sie sich nicht. Sie starb am nächsten Tag, als die Nonnen von der Glocke zur Terz gerufen waren. Die Apothekerin übernahm noch die Totenwache, dann hievte sie die Leiche in einen Sarg, den sie anschließend fest verschloss, um eine Ansteckung zu vermeiden. Und schließlich verbrannte sie Stroh und Bettzeug im Krankenzimmer, auch ihre eigene Kleidung, und hieß die Laienschwester, den Kessel im Badehaus einzuheizen. Erst nachdem sie sich gereinigt hatte, ging sie zu den anderen zurück, warf sich in ihrer Zelle auf das Lager und schlief einen Tag und eine Nacht ohne Unterlass. Alle anderen waren frisch und munter.

Caritas jubelte innerlich: O Herr, ich danke dir, dass du uns verschont hast. Sie hielt mit allen Nonnen eine festliche, lange Messe zum Dank und hoffte inständig, dass sie um die große Epidemie herumgekommen wären.

Doch drei Tage später spürte Caritas selbst stechende Kopfschmerzen und fieberte, ihr war hundeelend und übel. Wie ein Lauffeuer verbreitete sich im Kloster die Nachricht, die Mutter sei krank. Und alle dachten sofort: Sie hat sich angesteckt. Sie hat die Pest.

Die Apothekerin eilte herbei, vertrieb alle anderen, die vor der Tür zur Zelle standen. Sie untersuchte Caritas und war erst beruhigt, als sie am ganzen Körper nicht eine Beule fand. Caritas zitterte und fror und wurde jetzt in Decken eingepackt. Es war nicht die Pest, sondern eine heftiges Fieber, dessen Ursachen sie sich nicht erklären konnte.

Caritas lag zwei Wochen im Siechenhaus. Sixtus schrieb ihr besorgt, er habe gehört, dass sie die kranke Nonne besucht habe, das sei viel zu gefährlich gewesen.

Darum bitte ich dich abermals durch die innerliche Barmherzigkeit Gottes, gehe nicht mehr zu kranken Schwestern und siehe jetzt ganz auf deine Gesundheit. Sicherlich ist deine Krankheit auch ein Zeichen, dass die göttliche Gnade auf dir ruht, denn die Gott liebt, die straft er.

Und dann bat er sie dringend, Fleisch zu essen zur Stärkung ihres Körpers!

Caritas blieb nicht die Einzige, die krank wurde, immer mehr Nonnen kamen ins Siechenhaus. Der Beichtvater riet ausdrücklich, wie Sixtus Tucher, zur Stärkung trotz der Fastenzeit Fleisch zu essen, und die Laienschwestern versuchten den kranken Nonnen wenigstens Fleischbrühe einzuflößen. Trotzdem war Caritas sehr glücklich in diesen Tagen, denn wie durch ein Wunder war das Seltene, kaum Dagewesene eingetreten, keine der Nonnen hatte sich bei Elisabeth Lochner angesteckt.

Endlich waren alle wieder auf den Beinen, wenn auch noch etwas wackelig, und der Klosterbetrieb konnte seinen normalen Gang gehen, da erreichte Caritas die Nachricht vom Tod ihrer Schwägerin Crescentia. Krankheit und Tod waren Alltag und trotzdem immer wieder schwer zu tragen.

Wie alle Männer hatte Willibald das Haus verlassen müssen, als die Wehen bei seiner Frau einsetzten, denn ein Mann im Hause während der Geburt brachte schließlich Unglück. Trotzdem war Crescentia gestorben. Ein kleiner Junge wäre es gewesen, der falsch herum gelegen hatte, mit dem Steiß nach unten statt mit dem Kopf. Willibald war erstarrt und verzweifelt. Als er nach endlosen Stunden in sein Haus zurückkehren konnte, war Crescentia bereits qualvoll gestorben. Man musste immer damit rechnen, dass die Frau bei einer Geburt sterben konnte, aber doch nicht ausgerechnet seine eigene Frau! Sie hatte doch schon fünf Kinder glücklich bekommen! Sein bester Freund, Albrecht Dürer versuchte ihn zu trösten, indem er ihn am Bett der toten Crescentia malte, was auch den fünf Mädchen eine Erinnerung an ihre Mutter war. Aber es war nur ein geringer Trost. Willibald ließ überall Vigilien sprechen, wo es möglich war. Bei seiner Schwester im Klarakloster, bei den Augustinern und Benediktinern in St. Egidien, den Franziskanern, in St. Lorenz und St. Sebald. Er kaufte ihr Ablässe, die ihre Seele von allen Sünden rein sprachen. Das machte seine Frau auch nicht wieder lebendig, aber ihm das Herz etwas leichter, wenn er daran dachte, dass er wirklich alles getan hatte, ihre arme Seele zu stärken.

Wie so oft verstand Sixtus Tucher am ehesten, Caritas zu trösten. Es gäbe doch eigentlich keinen Anlass zu trauern. Er schrieb ihr:

Deine Schwägerin ist nun in der ewigen Ruhe, was doch heißt, vom zeitlichen Weg zum Vaterland zu kommen, von der Arbeit zur Ruhe, von der Unbeständigkeit zu der Stetigkeit. Denn ihre Tugend, Keuschheit, Holdseligkeit und Andacht, dadurch sie von der Welt zurückgezogen allein

*dem Dienst Gottes und der ehrlichen Erziehung ihrer
Kinder fleißiglich ergeben war, lassen anderes vermuten!«*

Der Ablass

Erst als die Fürbitten für die Toten alle gelesen waren, dachte Caritas wieder an die Idee, die sie vor Wochen mit Sixtus erörtert hatte: den Ablass. Sie wollte einen Brief an den Papst schreiben, um ihn davon zu überzeugen, dass ein Ablass für das Kloster in dieser Situation lebensnotwendig sei.

An einem ruhigen Vormittag diktierte sie ihrer Schwester Klara folgenden Brief – selbstverständlich benutzte sie entgegen des Verbotes das Lateinische:

»Es bitten ... daher Eure Heiligkeit ergebenst Eure Bittstellerinnen ..., dass ihr Beichtvater und drei oder vier geeignete Beichtväter, die durch ihren Visitator vorgeschlagen werden sollen, Vollmacht erhalten, alle Christgläubigen beiderlei Geschlechts, sowohl geistlichen als auch weltlichen Standes, ... die am Feste der heiligen Maria Magdalena, der Patronin des genannten Klosters, oder an einem der folgenden acht Tage aus Andacht zu dem Kloster kommen und irgendetwas von ihrem Vermögen für die Wiederherstellung des Klosters spenden, von allen ihren Sünden, Vergehen und Übertretungen, wie groß und bedeutend sie auch sein

mögen ... in der in der Kirche üblichen Form zu absolvieren und ihnen eine heilsame Buße aufzuerlegen und einen vollkommenen Ablass aller ihrer Sünden zu gewähren.

Einige Monate später kam die Antwort: Der Papst gewährte dem Kloster tatsächlich die Kraft, den vollkommenen Ablass zu erteilen.

Sofort setzte große Geschäftigkeit ein: Die Nonnen webten und stickten ein prächtiges Altartuch extra zu diesem Anlass, besonders große Kerzen wurden gezogen, die Kirche gesäubert und geschmückt und zur Bewirtung viele Schüsseln trockener Küchlein gebacken und natürlich so viel wie möglich in der Stadt für den kommenden Ablass geworben.

Es war herrlich. Durch die Vorbereitungen auf den Ablass sprachen Caritas und Sixtus noch häufiger, ohne dass es irgendwie aufgefallen wäre oder dass getuschelt wurde.

Sixtus predigte in St. Lorenz vor den gedrängt sitzenden Nürnberger Patriziern, wie wichtig der vollkommene Ablass für jeden Gläubigen sei:

»Wer den vollkommenen Ablass erlangt, ist ein glücklicher Mensch, denn sollte er unmittelbar darauf sterben, kann er sofort, ohne die Flammen des Fegefeuers zu berühren, in den Himmel eingehen. Aber auch für alle, die weiter leben und also weiter sündigen, ist der Ablass ein gutes Mittel zur Tilgung ihrer zeitlichen Sündenstrafen. Die anderen Mittel kennt ihr alle: Dass ihr betet und fastet und den Armen und Kranken der Stadt von euren Gütern abgebt, wie es jeder christliche Mensch tun soll, von diesen Pflichten befreit euch natürlich kein Ablass. Werke der Genugtuung sind auch alle von der Vorsehung über uns verhängten Züchtigungen, als da sind Krankheiten und zeitliche Unglücksfälle, wofern wir sie mit Geduld und Ergebung ertragen. Diese sind die Mittel, mit denen wir den Qualen des Fegefeuers entkommen können und unsere zeitlichen Strafen schon in diesem Leben tilgen. Erstens müssen wir uns in den Werken der Genugtuung üben und zweitens Ablässe gewinnen. Und nun will ich euch nicht verschweigen, dass die ehrenwerten Klarissen einen vollkommenen Ablass gewähren für jeden, der am Tag der heiligen Maria Magdalena und in den Tagen danach ins Klarakloster kommt, seine Sünden beichtet, Reue übt und aus seinem Vermögen spendet zur Erhaltung des Klosters.«

Diese Predigt verfehlte ihre Wirkung nicht. Als es so weit war, machte sich die halbe Stadt auf die Beine zum Klarakloster. Die Familien Volckamer, Imhoff, Holzschuher, Geuder, Grundherr, Ebner, Tucher und viele mehr erschienen und erwarben nicht nur Ablassbriefe für die lebenden Familienmitglieder, sondern auch für ihre Toten, von denen sie annahmen, dass sie wegen ihrer Sünden noch immer im Fegefeuer schmorten. Auch Willibald spendete dem Kloster seiner Schwester Geld. Fast alle Patrizier kamen, und wer am Tag der heiligen

Maria Magdalena noch nicht gekommen war, auf den wurde meist von den eigenen Verwandten ein solcher Druck ausgeübt, dass er in den darauf folgenden Tagen seine Schritte zum Klarakloster lenkte und Buße tat.

Fast war es wie ein Volksfest, die Nonnen unternahmen zur Feier des Tages eine Prozession durchs ganze Kloster mit der Statue der Heiligen. Sie wurde vorangetragen und alle Nonnen liefen, Kerzen in den Händen tragend, hinterdrein. Bis weit auf die Straßen hörte man ihre Gesänge, die wiederum die Gläubigen anlockten.

Es war ein voller Erfolg, und die Klosterkasse war, trotz der Steuern, die Caritas gleich für die Stadt abzweigen musste, am Ende gut gefüllt.

Caritas und Sixtus waren sehr zufrieden. Caritas sah mit verstecktem Stolz ihr Kloster im Mittelpunkt der Aufmerksamkeit Nürnbergs, wie sie es sich immer erträumt hatte. Sie bedankte sich später bei ihm. »Ohne deine Unterstützung hätte ich es wohl nicht gewagt. Du hast uns Klarissen wirklich sehr geholfen.«

Bald danach saß Caritas in ihrer Zelle mit Apollonia zusammen, sie hatten gerade besprochen, welche Umbauten und Renovierungen im Kloster nun unmittelbar nötig und möglich waren. Zur Feier des Tages ließ Caritas einen großen Krug Wein aus dem Keller holen. Heiter vom Erfolg und beschwingt vom Alkohol plauderten sie leicht dahin.

Caritas sagte: »Sixtus ist uns wirklich ein guter Freund, er unterstützt uns wie kein anderer.«

Apollonia sah sie prüfend an, zog die Augenbrauen an und sagte betont bedeutungsschwer: »Dir ist er allerdings ein guter Freund.«

Caritas war fast erleichtert über alle Andeutungen, die in dem Wort »gut« mitschwangen, sie wollte so gerne über Sixtus reden, ja, sie war voll von ihm und wollte viel, viel mehr über ihn, alles über ihn wissen.

»Bitte, Apollonia, erzähl doch einmal, wie er früher gewesen ist, als ihr Kinder wart und zusammen gespielt habt.«

Apollonia lachte: »Als wir Kinder waren, habe ich sehr für ihn geschwärmt. Er ist ja etwas älter und wirkte immer reifer und verschlossener als wir alle zusammen. Natürlich haben wir auch gespielt, wie alle Kinder, Verstecken und Fangen und Werfen. Ich seh uns im Stall bei den Eltern albern, aber trotzdem hatte Sixtus etwas Versponnenes, Verträumtes, Ernstes. Ich glaube, er war schon damals besonders beseelt von der Kraft des Heiligen Geistes.«

Caritas seufzte. »Wie hat er ausgesehen, als ihr Kinder wart?«, fragte sie.

Apollonia dachte nach, zuckte dann aber die Schultern. »Puh, das ist jetzt dreißig Jahre her. So genau weiß ich es nicht mehr. Ich glaube, er war groß für sein Alter und schmal, er hatte ein ganz zartes Gesicht, gar kein Jungengesicht; dazu dunkelbraune Locken, an die ich mich gut erinnere, weil ich auch solche Locken haben wollte.«

Caritas seufzte wieder. »Was gäb ich drum, wenn ich ihn nur einmal sehen könnte!«, flüsterte sie.

Apollonia sah sie mitleidig an.

Caritas lächelte verschämt. »Tut mir Leid, ist mir so rausgerutscht. Aber einmal möchte ich doch den Vorhang einfach beiseite schieben und das Redegitter öffnen. Neulich träumte ich, ich stand im Klostergarten unter den Obstbäumen, die Tür zur Fischbachgasse ging auf und Sixtus kam herein. Doch er war so weit weg, dass ich sein Gesicht nicht erkennen konnte. Ich wollte zu ihm laufen, aber da schloss sich die Tür wieder und er war weg.«

Apollonia herrschte sie erschrocken an: »Schweig bloß. Da ist dir der leibhaftige Teufel erschienen. Du hast dein Gelübde abgelegt. Gott hat keinen Gefallen an den Narren. Was du gelobest, das halte! Denk nicht weiter daran, dass du Sixtus sehen könntest. Wenn du ihn erst siehst, so wirst du ihn bald schon treffen wollen, und wenn du ihn erst triffst, so wirst du ihn bald schon umarmen wollen. Und vergiss nie, Caritas, du als Äbtissin, dass der Stand der Jungfrauen ein heiliger ist und dass du die Braut des Herrn bist. Und nun lass uns davon schweigen!«

Caritas reagierte verdrossen und bestürzt zugleich, auch weil Apollonia so heftig hatte werden müssen. Es gruselte ihr, dass es der Teufel gewesen sein könnte, der ihr diesen Traum eingegeben hatte. Sie fing sich nicht so schnell wieder und Apollonia ging bald. Caritas versuchte sich in ein langes Gebet zu versenken. Sie murmelte ein Ave Maria, dann fünf Vaterunser, so sehr sie sich Mühe gab, nun zum Rosenkranz überzugehen, schweiften ihre sehnsüchtigen Gedanken dabei ab: zu Sixtus.

Aber nicht nur sie fühlte sich zu ihm hingezogen, auch er sandte ihr immer wieder Zeichen seiner Zuneigung. Zum Jahreswechsel 1506 schickte er ihr einen kostbar geschliffenen Weinhumpen aus Glas mit den Worten, ihre Liebe sei wie dieses Gefäß. Denn so wie das Getränk den dürren, ausgetrockneten Leib erquicke, damit er nicht ohne Feuchtigkeit verderbe, so erquicke auch ihre Liebe seine Seele, auf dass die Seele nicht dürr und nachlässig von dem rechten Weg des Lebens abfalle. Der Brief endete mit dem gleichen Wunsch, der Caritas auch erfüllte:

Gehab dich wohl und hör nicht auf, mich in dein Gebet einzuflechten, damit ich dich, die ich in dieser Welt nicht sehen kann, einmal im Himmel sehen mag, aber gehab dich wohl.

Sehr zärtlich streichelte Caritas über diesen Humpen, er wog schwer in ihren Händen, und so oft sie daraus trank, dachte sie heimlich an Sixtus.

Einige Wochen später fing Sixtus an zu kränkeln und wurde zusehends schwächer, ganze Tage lag er auf seinem Bett und ruhte. Bald schon ging es ihm so schlecht, dass er Caritas ankündigte, er werde sein Amt aufgeben.

Unter vielen Ehrungen und Feiern nahm er dann Abschied als Probst und Prediger von Sankt Lorenz.

In einem ernsten Gespräch kurz darauf vertraute er Caritas an: »Ich bin so müde und schwach. Gott hat mir einen kränklichen Leib gegeben, der sich danach sehnt, in die ewige Ruhe zu gehen.«

»Gott straft, wen er liebt, hast du neulich zu mir gesagt. Sixtus, er wird dich auch wieder stärken, ich brauche dich doch noch. Er kann dich noch nicht zu sich nehmen!«, antwortete Caritas beunruhigt.

»Würdige Mutter, du brauchst meinen Rat nicht, du weißt längst mehr als ich, du wirst auch ohne mich durch diese Welt kommen. Dein Bruder wird dir helfen, viele Freunde bleiben dir in der Stadt und im Himmel warte ich auf dich.«

Caritas kamen Tränen, die ihr leise über das Gesicht liefen. Sie rückte ganz nahe an das Gitter heran und lehnte die Stirn an den schwarzen Stoff. Seine Stimme klang weich und zärtlich fast neben ihrem Ohr.

»Caritas, wir werden uns irgendwann sehen, ich geh doch nur schon vor. Du bist jünger, dein Konvent braucht dich, du hast noch deine Aufgabe auf der Erde, meine ist erfüllt. Caritas, liebe Frau, weine nicht, sondern freu dich für mich, dass ich, von der Mühsal und Arbeit, von Schmerzen und Leiden befreit, bald in Frieden leben kann, wo auch du einst sein wirst.«

Als Antwort kam nur ein unterdrücktes Schluchzen.

Sixtus kaufte ein kleines Häuschen ganz in der Nähe des Klaraklosters. Obwohl er Caritas nun räumlich näher war, sprachen sie sich kaum noch, denn er wurde immer schwächer, die Ärzte waren ratlos, seine Briefe hallten wider von Todesahnungen und Jenseitshoffnung. Im Klarakloster wurde er siebenmal am Tag in die Gebete aller Nonnen mit eingeschlossen.

Caritas träumte oft von Sixtus. Einmal war ihr Traum so intensiv, dass sie während des Traums dachte, sie müsse gerade gestorben sein. Sie sah sich neben Sixtus in der Klarakirche unter dem gekreuzigten Herrn, um sie her war alles Licht. Sixtus kam auf sie zu, nahe, ganz nahe, sie nahm sein Gesicht zärtlich in die Hände und beide vereinigten sich untrennbar zu einem Kuss, der so süß war, so erfüllend. Sie umfingen sich, schmolzen ineinander, einer ging in dem anderen auf, und gelöst von ihren Körpern, die umschlungen zur Erde sanken, stiegen sie, zwei verwobene Seelen, in den Himmel. Das Dach der Klarakirche öffnete sich. Bald sahen sie unten die Kirche. Über ihnen aber in der unendlich blauen Weite des Himmels erwartete sie die Jungfrau Maria, den Jesusknaben im Arm. Das Erwachen nach diesem Traum war schmerzhaft, aber er blieb Caritas wie ein Vorgeschmack zukünftiger Wonnen im Gedächtnis.

Im Frühjahr 1507 starb Sixtus Tucher. Eines Nachts sei er eingeschlafen und nicht wieder erwacht, erzählte seine alte Magd. Er war gerade 47 Jahre alt.

Wieder sangen und beteten die Nonnen für einen To-

Das Innere der Kapelle St. Clara, 1445

ten und Caritas tat es mit besonderer Hingabe und Trauer. Doch die Verbindung zu Sixtus brach durch den Tod nicht ab. Im Gegenteil: Die Sehnsucht, ihn zu sehen, wich einer innigen Verbundenheit über den Tod hinaus. Oft sprach Caritas mit ihm, träumte von ihm und blieb gewiss und zuversichtlich, dass es ihm gut gehe, da wo er jetzt auf sie warte, und dass sie ihn auf jeden Fall wieder sehen werde, wenn sie nur erst selbst gestorben wäre.

Männliche Schwärmereien

Das Verbot, Lateinisch zu schreiben, das die Franziskanerbrüder Caritas auferlegt hatten, kaum war sie zur Äbtissin gewählt, hatte nicht den gewünschten Effekt. Nach wie vor erreichten sie viele Briefe, die sie nun zwar meist nicht mehr lateinisch, aber durchaus deutsch beantwortete. Es wurde in den Jahren von 1510 bis 1520 ein Zeichen besonderer Aufgeschlossenheit und Fortschrittlichkeit, mit einer Frau wie der Äbtissin von St. Klara in Kontakt zu stehen. Man konnte sich damit schmücken. Da sie die lateinische Sprache verstand, zeigte sie, dass Frauen gebildet sein konnten, und da sie hinter Klostermauern saß, konnte sie angeschwärmt werden, ohne dass Leiblichkeit und direkter Kontakt das Ideal entwerteten. Niemand sah sie und alle schwärmten für sie.

Wer in geistigen Kreisen auf sich hielt und Nürnberg besuchte, bemühte sich auch um ein Gespräch mit Caritas Pirckheimer. Einige widmeten ihr ihre Bücher, wie Konrad Celtis es getan hatte. Wieder andere, die nicht selber schrieben, sandten ihr Schriften, die sie interessierten.

Der beste Freund ihres Bruders, Albrecht Dürer, der Crescentia nach ihrem Tod gemalt und auch ein Porträt von Sixtus angefertigt hatte, war der begabteste Zeichner und Maler in ganz Nürnberg, wohl auch in ganz Deutschland in dieser Zeit. Er war ein lustiger Kerl, mit dem man gut scherzen konnte. Caritas kannte ihn schon lange und mochte ihn sehr. Albrecht Dürer hatte in seiner Werkstatt, als Sixtus noch lebte, wunderbare Bilder vom Leben der Jungfrau Maria, der Mutter des Jesus Christus gezeichnet und in Kupfer gestochen. Dann wurden alle Bilder zu einem Band zusammengefasst, den Dürer das »Marienleben« nannte.

Die lateinischen Verse dazu machte nicht er selbst, sondern ein Freund, ein Benediktinermönch aus dem Kloster St. Egidien. Das waren die Gebetsbrüder des Klaraklosters, die in der Pestzeit für die Klarissen gebetet hatten. Dieser Mönch, der die Verse im »Marienleben« dichtete, nannte sich Benedictus Chelidonius. Er schrieb am Ende des Marienbuches:

Caritas Pirckheimer, o wackere Vorsteherin der wachsamen Jungfrauen ... dich machen die lateinischen Briefe, die du eifrig liest, teuer und berühmt. Also, o Jungfrau Caritas, widme ich dir dieses Werk der Muse, das mit leichtem Lied die Jungfrau Maria, die Herrin der Jungfrauen besingt ...

Kurze Zeit später veröffentlichte der Buchdrucker, bei dem ihr Bruder immer seine Bücher machen ließ, Friedrich Peybus, einige Briefe von Caritas, die irgendjemand ihm gegeben hatte, ohne lange zu fragen, weil diese Frau »eine Zierde ihres Geschlechtes und unserer Stadt ist, der unser Erlöser mehr an Bildung verliehen hat als vielen anderen Frauen unserer Zeit ... und man sich an dieser Frau ein Beispiel nehme, dass es das Nutzbringendste sei, den schönen Wissenschaften zu obliegen und Gott zu dienen ...«

Und wieder ein anderer, der die alten Texte eines vergangenen Kirchenmannes neu drucken ließ, schrieb ihr folgende Widmung hinein:

Der ehrwürdigen Mutter und Frau Caritas Pirckheimer, Äbtissin der Jungfrauen von St. Klara in Nürnberg, seiner mit allen Ehren zu rühmenden Herrin ... Nimm daher, ehrwürdige Mutter, dieses Werk an ... Damit unter deinem Namen, der für die meisten Gelehrten schon längst berühmt und ehrwürdig ist, allen Guten ... die Werke ... bekannt gemacht werden ... Lebe wohl, sehr gelehrte Mutter, mit der Schar deiner lernbegierigen Jungfrauen.

So könnte Caritas Pirckheimer während ihrer Zeit als Äbtissin ausgesehen haben.

Solche Sätze lasen wieder andere Humanisten, wie etwa Erasmus von Rotterdam, und so wurde die Äbtissin von St. Klara mit der Zeit eine recht bekannte Frau.

Die Schar der »lernbegierigen Jungfrauen«, also der Nonnen des Klosters, nahm stetig zu, so dass sie bald siebzig statt der gewohnten sechzig Nonnen waren und sie darüber hinaus Spenden und Hilfsbereitschaft von allen Seiten erreichten.

Der Höhepunkt dieser guten Zeit war zweifelsohne, dass 1517 Anton Tucher, der Bruder von Sixtus, dem Kloster eine Orgel spendete. Bisher hatten sie überhaupt keine Instrumente in der Kirche gespielt. Eigentlich war das auch nicht gestattet. Die Ordensregel sah vor, dass der Gottesdienst möglichst schlicht gestaltet werde. Deswegen wehrte Caritas auch bescheiden ab, als Anton Tucher ihr von seinem Vorhaben erzählte, dem Kloster eine Orgel zu schenken, obwohl sie zu gerne Ja gesagt hätte. Doch Anton Tucher hatte vorsorglich schon dem Papst geschrieben und um Erlaubnis für die Benutzung einer Orgel im Gottesdienst der Klarakirche gebeten. Der Papst stammte aus einer sehr bildungsbeflissenen, kunstliebenden und mächtigen Familie in Florenz, der Familie Medici, und bemühte sich – seit er Papst in Rom war und Leo X. hieß – darum, dass auch die Kirche die Künste förderte. Dazu gehörte die Musik. Und er schrieb begeistert von dieser Idee:

Geliebte Töchter in Christo! ... Wie wir erfahren, müsst ihr beim Singen des Stundengebetes und anderer Gottesdienste in der Kirche eures Klosters große Mühen ertragen und hättet nicht geringe Erleichterung, wenn in der Kirche des Klosters eine Orgel aufgestellt und ... gespielt würde. Wir gestatten kraft unserer apostolischen Autorität ... aus bloßer Güte unsererseits, euch, die Orgel zu besitzen und zu gebrauchen ...

Das zerstreute Caritas' Einwände und Bedenken sofort und der Bau der Orgel im Klarakloster begann.

Die Gottesdienste sollten nun für einige Jahre, kaum war die Orgel fertig, ein Anziehungspunkt für die ganze Stadt werden, so schön sangen die Nonnen, so groß und erhaben war der Klang der Orgel in der kleinen Kirche.

Das Klarakloster stand auf dem Höhepunkt seines geistigen und klösterlichen Lebens, die Konventgebäude renoviert, die Gebete bereichert durch die Orgel, die Äbtissin anerkannt und geschätzt weit über das Kloster hinaus. Kein Wunder, dass Willibald guten Gewissens zwei seiner Töchter dem Klarakloster anvertraute. So dass neben Caritas und ihrer Schwester Klara nun zwei weitere Pirckheimerfrauen im Konvent lebten: Crescentia und Katharina Pirckheimer.

Anna Schwarz

Wollte der Rat der Stadt mit der Äbtissin von St. Klara etwas besprechen, sandte er einen Ratsherrn, der sich in den Angelegenheiten des Klosters besonders gut auskannte, den so genannten Klosterpfleger. Und der hieß damals Kaspar Nützel.

Die Nützels waren genau wie die Pirckheimer oder die Tucher ein altes Patriziergeschlecht und die Aufgabe des Klosterpflegers hatte in der Familie Nützel eine lange Tradition. Schon der Vater war Pfleger des Klaraklosters gewesen.

Kaspar Nützel hatte wie Willibald in Italien studiert, er war also auch humanistisch gebildet, sprach Latein und fertigte Übersetzungen aus dem Lateinischen ins Deutsche an. Es ließ sich gut mit ihm plaudern, was Caritas weidlich nutzte, zumal er gesprächig war. Allerdings hatte er die lästige Angewohnheit, nicht richtig zuzuhören, und unterbrach sie für gewöhnlich schon bald mit den Worten: »Aber verehrte würdige Mutter, wenn ich da kurz einwenden darf«, um dann umständlich und weitschweifig selbst zu reden. Dennoch war sein Besuch immer eine willkommene Abwechslung im Klosteralltag.

So auch diesmal. Als Kaspar Nützel ihr gemeldet wurde, unterbrach Caritas erleichtert die ungeliebten Berechnungen über die Ein- und Ausgaben des Klosters und ging ins Beichthaus.

«Herr Kaspar, was bringt Ihr mir? Was gibt es in der Stadt, lasst hören!«

»Würdige Mutter, ich komme mit einem besonderen Anliegen. Der Rat der Stadt lässt Euch einen Brief überreichen, dessen Inhalt ich hier vorwegnehmen möchte.«

»Aber bitte, fangt an!«

»Es handelt sich um eine Familie, die in Nürnberg zugezogen ist. Ihr Name ist Schwarz, recht wohlhabende Fischhändler. Die Sache ist etwas delikat. Die Tochter, Anna Schwarz, ist bereits zwanzig Jahre alt und war längere Zeit mit einem jungen Kaufmann aus Köln verlobt. Dieser ist aber nun schon seit über einem Jahr auf dem Weg in seine Heimatstadt verschollen. Die Eltern von Anna Schwarz bitten darum, dass ihre Tochter im Klarakloster Aufnahme findet, obwohl sie noch nicht so lange in Nürnberg lebt, und haben dem Rat der Stadt dafür eine beträchtliche Summe angeboten. Würdige Mutter, hättet Ihr noch Platz für eine arme Seele?«

»Ja, Herr Kaspar, wenn es allein um die Seele ginge, die wollten wir schon unterbringen. Aber ein ganzer Mensch braucht seine Zelle und sein Bett, und damit wird es bei uns langsam eng, wir müssten einen Raum schaffen. Und schließlich bin ich auch nicht glücklich darüber, eine junge Frau aufzunehmen, die in Nürnberg eigentlich fremd ist. Sehr lange herrschte das Gesetz, dass in das Klarakloster nur eintritt, wer aus alter Nürnberger Familie stammt. Seht, Herr Kaspar, das führte zu einem harmonischen Zusammenleben, da alle sich ähnlich verhielten und sich lange schon kannten. Das Gesetz ist zwar aufgehoben, aber trotzdem bringt jede Fremde eine enorme Unruhe ins Kloster. Dieses Mädchen ist außerdem schon so alt, dass es nicht mehr in die Klosterschule gehen kann, um sich langsam einzugewöhnen, sondern gleich als Novizin aufgenommen werden müsste.«

»Das stimmt schon. Aber der Rat der Stadt bittet Euch, Anna Schwarz trotzdem aufzunehmen, er würde Geldmittel für einen Ausbau zur Verfügung stellen, er würde auch die Kosten für einige neue Fenster übernehmen und dem Kloster zudem eine nicht unerhebliche Spende zukommen lassen.«

»Ich werde darüber im Kapitel abstimmen und Euch das Ergebnis mitteilen«, beendete Caritas das Gespräch und schwenkte um zu allgemeineren Themen wie dem werten Befinden der Hausfrau, den Kindern. Am Ende schob ihr Kaspar Nützel durch die Trülle den Brief zu.

Als Caritas das Thema in der Versammlung allen Nonnen darlegte, waren zu ihrem Erstaunen die meisten für eine Aufnahme der jungen Frau, vor allem weil die Nonnen sich Geld erhofften für einen Ausbau ihrer eigenen Zellen. Der Gedanke an frisch geweißte Wände und eventuell sogar Fenstergläser war sehr verführerisch.

Und so trat Anna Schwarz eines Tages durch die Pforte ins Klarakloster, wo der Konvent bereitstand, sie zu empfangen. Es war ein kalter Tag und Anna Schwarz war ganz eingehüllt in eine dunkle Schaube. Wie die leibhaftige Mutter Gottes trat sie in dem wallenden

Mantel durch die niedrige Pforte. Die Klarissen starrten sie an, als wäre sie eine Erscheinung. Sie war hoch gewachsen und schlank, das Gesicht ebenmäßig wie das einer Marienstatue, die großen, blauen Augen von dichten schwarzen Wimpern umgeben, die Haut durchscheinend, rein und frisch wie die eines Kindes, und ihre Lippen von der Farbe reifer, dunkler Kirschen. Als sie die Schaube abnahm, lugten unter einer kleinen Kappe dicke Zöpfe hervor wie gebundene Ähren im Sommer. Ein Raunen ging durch die Reihen der Nonnen.

Auch Caritas stockte einen Moment, hieß die junge Frau dann willkommen, führte sie zur Gewandmeisterin und ließ sie in die weißen Gewänder der Novizinnen einkleiden und mit einem Schleier vor allem die üppigen Haare verdecken. Am nächsten Tag erst würde sie durch die Fußwaschung im Kapitelsaal feierlich in die Klostergemeinschaft aufgenommen werden.

Als sie gemeinsam wieder in den Kreuzgang hinaustraten, sah Caritas in allen Ecken ihre Nonnen beieinander stehen und tuscheln. Sie stoben auseinander, als sie die Mutter sahen. Caritas warf ihnen strafende, strenge Blicke zu und rief: »An die Arbeit, nur die Novizenmeisterin und Anna Schwarz zu mir.«

Zu dritt zogen sie sich in den Kapitelsaal zurück, der im Augenblick leer war. Caritas schaute die Neue freundlich prüfend an und dachte: Bei Gott, das ist der schönste Mensch, den ich je gesehen habe. Dann sagte sie laut: »So, Anna, sagt einmal, was Ihr könnt, dann sehen wir, was die Novizenmeisterin Euch noch beibringen wird.«

Anna Schwarz schwieg, ein zartes flüchtiges Rot legte sich auf ihre Wangen, sie blickte auf ihre langen Finger, die ineinander verknotet in ihrem Schoß lagen.

»Könnt Ihr schreiben?«, fragte Caritas.

Anna schüttelte den Kopf.

»Lesen wohl dann auch nicht?«

Anna schüttelte wieder den Kopf.

»Das könnt Ihr lernen, das macht nichts. Könnt Ihr singen?«

Da schaute Anna zum ersten Mal halbwegs auf und nickte.

»Singt Ihr gern?«

Anna nickte wieder. »Ja, sehr gern«, klang es leise.

»Könnt Ihr die Psalmen auswendig?«, fragte Caritas.

Anna schüttelte den Kopf.

Caritas lächelte ihr aufmunternd zu. »Gut. Dann fangt an zu lernen.« Sie gab der Novizenmeisterin einen Wink, mit Anna in die Schreibstube zu gehen, und sagte noch: »Ich stelle sie zunächst von den Stundgebeten frei. Sie soll die Texte lernen. Betet mit ihr und bringt ihr die Buchstaben bei.«

Nach der Fußwaschung am nächsten Morgen sah Caritas die junge Frau in den folgenden zwei Wochen nur von weitem beim Essen und bei den Messen. Zwischendurch begegnete sie ihr einmal im Kreuzgang, wo sie fragte: »Habt Ihr Euch bei uns etwas eingelebt?«

Anna Schwarz nickte nur wieder.

Dann kam eines Tages die Novizenmeisterin zur Äbtissin, um sie in Ruhe zu sprechen und sagte: »Es ist erstaunlich: Anna Schwarz lernt mit einer enormen Schnelligkeit. Es ist, als hätte sie nie etwas anderes getan, als Buchstaben zu lesen und Psalmen zu lernen. Aber, weswegen ich komme, sie singt wunderbar. Würdige Mutter, Ihr solltet sie einmal singen hören.«

Caritas nickte. »Ich werde es mir anhören, heute nach der Terz komme ich vorbei.«

Nach der Terz ging sie mit den beiden in die kleine Kapelle, wo sie allein waren. Anna Schwarz sang den 100. Psalm: »Jauchzt vor dem Herrn, alle Länder der Erde ... Denn der Herr ist gütig, ewig währt seine Huld, von Geschlecht zu Geschlecht seine Treue.« Sie vergaß ihre Schüchternheit in dem Moment, in dem ihre Stimme erklang. Völlig frei und gelöst stand sie in der Mitte des Raumes vor dem Altar. Ihre Stimme war hoch und voll, sie schien nicht aus ihrem Körper zu kommen, sondern über ihr zu schweben und füllte in einer Helligkeit und Stärke die kleine Kapelle, dass Caritas vor andächtigem Staunen der Mund offen stehen blieb. Sie hörte die Melodie, die sie kannte, aber Anna blieb nicht dabei, sondern perlte um die Melodie herum immer neue Sequenzen, jubilierte höher und höher ohne jede Mühe, als hätte sich eine Nachtigall in ihr verirrt, und endete schließlich in einem tiefen vollen Ton.

Caritas guckte das Mädchen tief gerührt an und sagte leise: »Das ist eine Gnade Gottes. Bitte singt von nun an mit uns in den Stundgebeten.«

Die Sache hatte nur einen Haken. Die Stundgebete sangen zwar in großen Teilen alle gemeinsam, aber einige wenige Nonnen durften Passagen daraus allein singen. Darauf waren sie sehr stolz. Dieses Privileg musste man sich eigentlich hart erarbeiten. Erst wer alle Stimmen konnte und zu den besten Sängerinnen gehörte, durfte vorsingen. Das war bisher noch nie einer Novizin gelungen.

Ohne die Folgen zu bedenken, noch ganz im Bann des gerade Gehörten, setzte sich Caritas über diese Tradition hinweg. Nach dem Mittagessen kündigte sie der Vorsängerin, einer älteren Nonne, an, dass die Non heute nicht von ihr, sondern von Anna Schwarz gesungen werde. Die dachte, sie höre nicht richtig.

»Doch, doch, Anna Schwarz singt heute zur Non vor.«

Gekränkt sah die ältere Nonne die Äbtissin an. »Aber, Mutter, sie ist doch eine Novizin.«

»Wartet ab, Ihr werdet den Grund selber hören.«

Lange nicht mehr waren alle Nonnen so frühzeitig in der Kapelle versammelt wie zu diesem Stundgebet. Nur Anna Schwarz hatte noch mit der Novizenmeisterin geübt und betrat später den Raum. Wieder hielt sie den Blick schüchtern gesenkt, sonst hätte sie gesehen, dass nicht alle Blicke, die auf ihr ruhten, freundlich waren.

Wieder fiel alle Angespanntheit von ihr ab, als sie sang. Ihre Töne wirbelten leicht dahin wie Schneeflocken in kalter Winterluft. Doch seltsamerweise war die Reaktion vieler älterer Nonnen eisig.

Was maßte sich diese junge Frau an mit ihrem Engelsgesicht. Die hat uns hier noch lange nichts vorzusingen, dachten sie heimlich, kalt und neidisch.

Caritas merkte wohl, dass sie da einen Fehler gemacht hatte, und sprach hinterher zu Anna Schwarz: »Anna, es ist nicht üblich, dass ein Neuankömmling bereits vorsingen darf, das müsst Ihr verstehen.«

Anna senkte den Kopf und nickte. Sie schlug die Augen hoch, sah Caritas an, dass es ihr bis ins Herz fuhr, und fragte ernst: »Darf ich mit den Kindern in der Schule singen?«

Caritas wusste nicht, was dagegen spräche, dachte an ihre eigene Freude, die sie mit den Kindern gehabt hatte, und stimmte zu. Doch nur wenige Tage später kam die Kindmeisterin aufgebracht zu ihr und beschwerte sich: »Würdige Mutter, die Neue, die Anna Schwarz, singt mit den Kindern weltliche Lieder!«

Caritas sah sie müde an und erwiderte: »Ja, die geistlichen kann sie ja noch nicht alle.«

»Aber sie singt Lieder von Liebe und Treue zu Männern, das kann für die Kinder nicht richtig sein«, brauste die Kindmeisterin auf.

»Ich rede mit ihr. Schickt sie zu mir«, war die unwillige Antwort der Äbtissin.

Anna kam und starrte wieder auf ihre Hände.

»Anna, schaut. Ihr seid hier in einem Kloster, wir sind die Bräute des Herrn, wir haben ihm unser Leben geweiht. Ihr könnt hier nicht von weltlicher Liebe, Ihr solltet von geistlicher Liebe singen. Jesus, unser Vielgeliebter ist Euer Verlobter. Bald, wenn wir Eure Profess feiern, werdet Ihr ihn heiraten. Es gibt keine süßere Liebe als Jesu Liebe!«

Unter Annas dunklen Wimpern lösten sich Tränen, als sie sagte: »Aber ich war doch schon einmal verlobt.«

Caritas dachte an Sixtus und erinnerte sich an ihre eigene Sehnsucht. Das Mädchen dauerte sie.

»Es hilft nichts«, antwortete sie daher leise, »Ihr werdet Euren Freund auf Erden nicht mehr sehen. Aber wenn Ihr ein gottesfürchtiges Leben führt, dann werdet Ihr ihm im Himmel begegnen. Jesus wird Euch als seine Braut mehr und süßere Liebe schenken, als Ihr jemals von einem Mann empfangen könnt. Jesu Liebe wärt ewig.«

Wieder lösten sich Tränen aus den schwarzen Wimpern.

Caritas dachte, es sei wohl besser, das Gespräch zu beenden, und sagte sanft: »Geht jetzt zur Novizenmeisterin.« Und bei sich meinte sie: Die Zeit und Gottes Liebe werden ihr schon helfen.

Im ganzen Konvent hob nun ein großes Gemurmel an: »Sie trauert um ihren Freund!« – »Sie war schon einmal verlobt!« Es ging zu wie im Bienenstock, überall summte es in den Ecken. Im Latrinenhäuschen standen sie und tuschelten mal wieder, im Kreuzgang beim Vorübergehen: »Sie hat wieder geweint.« – »Sie hat schon wieder ein Liebeslied gesungen.« Nur wenn Anna Schwarz irgendwo auftauchte, wurde es eigenartig still. Man ging ihr aus dem Weg. Da kam aus irgendeiner dunklen Ecke plötzlich das Gerücht auf, Anna Schwarz sei ja eigentlich gar keine Jungfrau, als die sie sich ausgebe, schließlich hätte sie mit Männern schon Kontakt gehabt. Als das Gerücht gar zu laut wurde, nahm die alte Apothekerin sich ein Herz und sprach mit der Äbtissin und der Priorin Apollonia.

»So ein Blödsinn, Herr im Himmel, warum lassen sie das arme Mädchen nicht in Ruhe.« Caritas war wütend.

»Es ist mir auch schon aufgefallen, dass der ganze Konvent durcheinander ist, wir sollten Anna Schwarz eine Aufgabe zuweisen, die sie von den anderen etwas trennt und alle beruhigt«, sagte Apollonia und sah Caritas ernst an.

»Aber das wird dieses Gerücht nicht zum Schweigen bringen«, meinte die Apothekerin.

»Kann man das untersuchen, ob sie noch Jungfrau ist?«, fragte Caritas.

Die Apothekerin nickte. »Sicher, das kann man, aber es ist entwürdigend.«

»Die Tuscheleien sind auch entwürdigend, wir müssen ihnen ein Ende machen. Ihr müsst die Untersuchung ja nicht wirklich durchführen. Wir sagen, Ihr hättet es getan, sie sei wirklich Jungfrau und dann ist Ruhe.«

Apollonia stimmte zu. Und die Apothekerin sagte noch: »Das wäre das Beste und hinterher lasst sie doch gleich bei mir, sie kann mir helfen, Kräuter zu trocknen und die Kranken im Siechenhaus zu pflegen, dann ist sie den meisten anderen aus den Augen. Diese Arbeit machen nur wenige gerne.«

Anna Schwarz half von da an der Apothekerin, die wie besprochen verkündete, dass sie nach eingehender Untersuchung die Jungfrauenschaft der Anna Schwarz festgestellt hätte, nun habe alles seine Ordnung. Dankbar schloss sich daraufhin die junge Frau der Apothekerin an und ging nur noch zu Schreibübungen zur Novizenmeisterin. Die Arbeit mit Kranken und Kräutern machte ihr Freude. Von den anderen Nonnen hielt sie sich möglichst fern, denn die wurden nicht herzlicher zu ihr. Wie von ungefähr, wenn die Äbtissin es nicht sah, war ihr Suppenteller weniger gefüllt als der ihrer Nachbarin oder ihr Gebetbuch fehlte und fand sich lange nicht.

Um Anna stärker in die Klostergemeinschaft einzubeziehen, hielt Caritas es für eine gute Idee, gelegentlich die jüngsten Nonnen, die Novizinnen des Konvents, in ihrer Zelle zusammenzurufen. Dazu gehörten: die Tochter des Klosterpflegers Kaspar Nützel, Klara; zwei Mädchen aus sehr alter Nürnberger Patrizierfamilie, die Katharina Ebner und Margarethe Tetzel hießen, und eben Anna Schwarz. Diese verirrte Seele, die der Herr ihr hier ins Kloster gespült hatte, galt es zu gewinnen und aufzufangen. Deswegen wählte Caritas zum Thema solcher Stunden die Liebe, die Liebe zu Gottes Sohn.

Angeregt von der Hoheliedpredigt des Bernhard von Clairvaux und anderen seiner Schriften, die sie für sich immer wieder las, erklärte sie den Mädchen, welche Wonnen der Liebe die Bräute des Herrn erwarteten. Früher schon hatten die Schriften des heiligen Bernhard sie ergriffen, weil dieser Zisterziensermönch mit einer ihr bis dahin völlig unbekannten Kraft Gottes Liebe beschrieben hat, ganz wie sie selber sie empfand.

Meist trafen sie sich in den Abendstunden. Zwei Kerzen brannten auf dem Pult, damit Caritas lesen konnte. Bewusst hatte sie diese Treffen so spät gelegt, weil sie annahm, dass die undurchdringliche Dunkelheit der Zelle die Mädchen daran hindern würde, mit ihren Gedanken abzuschweifen. Sie sprach mit schöner Stimme von ihren Empfindungen, von dem, was sie in ihrem Leben im Kloster gesucht und gefunden hatte.

»Seht: Es gibt einen Raum, wo man Gottes in seiner Stille und Ruhe gewahr wird. Das ist nicht der Raum, wo Gott als Richter oder als Lehrer, sondern wo er uns als Bräutigam begegnet. Wir leben hier, um Gottes Bräute zu sein. Es steht in der Bibel geschrieben: Strebet eifrig nach den vollkommensten Gaben, aber ich will euch einen noch vorzüglicheren Weg zeigen. Und der Apostel erklärt, wie die vollkommensten Gaben nichts sind ohne die Liebe. Dass die Liebe der vortreffliche Weg ist, der mit Sicherheit zu Gott führt. Diesen Weg wollen wir erstreben, dass unser Geist, trunken von göttlicher Liebe, sich selbst vergisst, ganz in Gott eingeht, Gott umarmt und ein Geist mit ihm wird. Dass er sagt: Mein Fleisch und mein Herz vergehen. Gott ist der Gott meines Herzens, und mein Anteil ist Gott in Ewigkeit.

Selig nenne ich den, dem geschenkt wird, etwas derartiges in diesem sterblichen Leben zu erfahren, selten zwar, aber doch zuweilen; oder auch nur einmal und dies ganz plötzlich, im Zeitraum eines einzigen winzigen Augenblicks: dich sozusagen zu verlieren, gleichsam als wärest du nicht mehr; dich selbst überhaupt nicht mehr zu spüren, deiner selbst entledigt und nahezu zu Nichts geworden zu sein.

Wie ein klarer Wassertropfen, der in eine Menge Wein fällt, sich scheinbar ganz auflöst, indem er den Geschmack und die Farbe des Weines annimmt; und wie die Luft, durch die ein Sonnenstrahl fährt, in die gleiche lichtvolle Klarheit verwandelt wird, so dass sie nicht nur erleuchtet, sondern selbst Licht zu werden scheint: So muss in den Heiligen alle menschliche Liebeskraft auf eine unaussprechliche Weise sich selbst ganz verflüssigen und sich ganz und gar in das Wollen Gottes ergießen. So ist es unseren Heiligen, Klara und Franziskus, gelungen und dem streben wir nach in unserem Sein.«

Caritas schwieg kurz. Sie suchte im Schummerlicht

die Gesichter der Mädchen. Klara Nützel, Katharina Ebner und Margarethe Tetzel hatten sich ihr wie offene Gefäße zugeneigt, ganz empfänglich für den religiösen Moment; Anna Schwarz wirkte unbeteiligt und verschlossen. Caritas seufzte innerlich. Dann fuhr sie fort: »Nun gebt mir Eure Hände, wir wollen uns in der Liebe zu unserem Herrn vereinigen und daran denken, wenn wir morgen die heilige Kommunion empfangen: Jesus selber schenkt sich uns in Wein und Brot. Wir dürfen hier im Klarakloster im Schatten dessen ruhen, nach dem wir verlangen. Unser Lohn wird süß sein.«

Sie fasste Klara und Anna an den Händen, die anderen schlossen sich zu einem Kreis, und fuhr fort: »Eine so ergriffene und mit Liebe beschenkte Seele erfährt den besonderen Gnadenerweis, den vom Himmel her sich ins Innerste ihres Herzens senkenden Gott in zartester Liebe aufnehmen und ihn, nach dem sie verlangt, bei sich haben zu dürfen, nicht bildhaft, sondern ins Innerste eingesenkt, nicht den Sinnen wahrnehmbar, sondern im Innersten ergreifend. Sehet, das möchte ich Euch vermitteln, dieses Gefühl der Liebe zu unserem Bräutigam.«

Erreichte sie mit diesen Worten Anna Schwarz und die anderen Mädchen? Alle vier schwiegen. Aber natürlich taten diese Worte ihre Wirkung; und war es auch nur selten, dass Caritas Zeit fand für solch abendliche Ausführungen und Andachten, es pflanzte doch in jedes Mädchen einen zarten Keim, der ihrer Natur gemäß unterschiedlich beschaffen war.

Klara, Margarethe und Katharina, von ihren Eltern schon tief religiös erzogen, hatten, noch ehe sie überhaupt ins Kloster eintraten, von der überaus weisen Äbtissin Caritas Pirckheimer reden hören. Nun waren sie bereits seit drei Jahren in der Klosterschule und himmelten in schwärmerischer Bewunderung ihre liebe, würdige Mutter an. An den Abenden in ihrer Zelle sitzen zu dürfen und solch klugen, seelenvollen Worten zu lauschen war mehr, als sie an Zuwendung jemals erhofft hatten. In ihren Augen musste Caritas sehr nah an die Heiligkeit einer Klara oder eines Franziskus heranreichen, da sie die göttliche Wahrheit erkannt hatte. Und ihr tiefstes Bedürfnis war es, Caritas nachzueifern, auch einmal diesen Hauch der göttlichen Liebe zu spüren und ihrer lieben Mutter so ganz zu gefallen.

Anders verhielt es sich mit Anna Schwarz. Fünf Jahre älter, wie sie war, ursprünglich für ein weltliches Leben als Ehefrau und Mutter erzogen, erweckten Caritas' Worte und Bemühungen eine innere Abneigung in ihr. Es war, als wären alle anderen Mädchen Blumen der verschiedenen Arten, nur Anna Schwarz war eine Nutzpflanze. Als wäre Blumenkohl in eine Alpenwiese geraten. Anna wollte nicht ein duftendes Blümlein sein, das allein für die Liebe Gottes wuchs; sie wäre so gern die nährende Mutter vieler Kinder geworden.

Es war nicht so, dass sie nicht gläubig war. Sie las inzwischen religiöse Schriften, nur deutsch mussten sie sein, sie betete und fühlte sich auch erhört; aber warum konnte sie nicht gleichzeitig Jesus lieben und sich weltlich verheiraten? Diese Frage blieb ihr ungelöst.

Trotzdem spürte sie gerade an solchen Abenden den guten Willen der Äbtissin, und sie bemühte sich danach tatsächlich, in den Konvent hineinzuwachsen, denn eine andere Möglichkeit schien es nicht zu geben. Die Eltern hatten sie gedrängt, in das Kloster zu gehen. Sie unterdrückte ihren inneren Widerstand und das Gefühl, nicht hierher zu gehören. Und so wurde es zeitweilig ruhiger in Anna Schwarz.

Nach einem Jahr feierte sie Profess, ihre Hochzeitsfeier mit dem Herrn. Dabei war ihr nicht ganz wohl, aber sie ließ es geschehen. Als Caritas ihr feierlich mit einem scharfen Messer die langen dicken Haare abschnitt, tat es beiden in der Seele weh, aber bei vielen im Konvent stellte sich auch etwas wie Erleichterung ein, als die blonde Pracht zu Boden fiel. Und dann nahm Anna Schwarz als Klarisse den Schleier und gelobte, Gott zu dienen.

Luthers Thesen

Im Frühjahr 1518 war die Stimmung im Kloster endlich gelöster und heiterer, die Spannungen und Frösteleien waren mit der wärmenden Frühlingssonne für kurze Zeit verflogen, und keine kam, um sich zu beschweren, etwa weil Anna Schwarz eines ihrer alten Lieder beim Sammeln sprießender Kräuter gesummt hatte.

Die junge Linde im Klosterhof blühte zum ersten Mal sehr üppig. Die alte Linde hatten sie vor einigen Jahren fällen müssen, weil sie auf die Klostergebäude zu fallen drohte. In der gleichen Woche noch hatte Caritas einen neuen Baum gepflanzt, dessen Blüten Anna Schwarz gerade gemeinsam mit zwei Laienschwestern abnahm. Die jungen Frauen scherzten dabei, setzten sich gegenseitig Blüten auf Hauben und Schleier und lachten viel.

»Gebt mir doch einmal etwas, worin ich die Blüten sammeln kann, mein Korb ist voll«, rief Anna Schwarz gerade. Sie blickten sich um, keine hatte Lust, ins Haus zu gehen.

Da zog eine der beiden Laienschwestern aus ihrer Rocktasche ein Papier.

»Leg sie doch hier drauf, wir bringen sie nachher hinein. Es sind ja nicht mehr viele.«

Anna Schwarz nahm achtlos das Blatt, betrachtete es dann aber genauer.

»Woher hast du das?«, fragte sie die Laienschwester.

»Ich war heute Morgen auf dem Markt, da lag es auf der Erde, ich hab's mitgenommen.«

Auf dem Papier sah man einen Holzschnitt, das Bild eines jungen Mönches mit Tonsur, darunter der Name: Doctor Martinus Lutherus. Sie versuchte einige Reihen zu entziffern und las laut:

»Aus Liebe zur Wahrheit und im Bestreben, sie ans Licht zu bringen, wird in Wittenberg unter dem Vorsitz des ehrwürdigen Vaters, Martin Luther ... das Folgende disputiert werden:
1 Indem unser Herr und Meister Jesus Christus sagte: ›Tut Buße‹«(Matth.4,17), wollte er, dass das ganze Leben der Glaubenden eine Buße sei.«

So weit war sie, als Caritas plötzlich zu ihnen trat. Sie hatte von weitem die Blütenpflückerinnen beobachtet und wollte noch einmal den herrlichen Duft der Linde einatmen, ehe alles abgesammelt und getrocknet war. Anna Schwarz reichte ihr das Blatt und sagte: »Das soll heute Morgen auf dem Marktplatz gelegen haben.« Caritas griff interessiert zu, überflog das Gedruckte, wendete um und las auf der Rückseite den Namen Kaspar Nützel. Nanu, was wusste der zu schreiben? Sie lehnte sich an den Baum und las den deutschen Text nun genauer.

32 In Ewigkeit werden diejenigen mit ihren Lehrern verdammt werden, die glauben, dass ihnen aufgrund der Ablassbriefe ihr Heil sicher ist ...

Erstaunt dachte sie: Natürlich nicht nur aufgrund der Ablassbriefe, sondern gemeinsam mit den Werken der Genugtuung, das hat Sixtus doch immer gepredigt!

36 Jeder Christ, der wahre Reue empfindet, hat vollständige Vergebung von Strafen und Schuld, die ihm auch ohne Ablassbriefe gehört ...

Was? Dann hätten wir ja niemals unseren vollkommenen Ablass ausschreiben dürfen! Wovon sonst hätten wir renovieren sollen? Das ist aber nicht die Meinung des Papstes, denn sonst hätte er uns den Ablass doch nicht genehmigt. Wie kommt dieser Mensch dazu, so etwas zu schreiben?

38 Dennoch sind die Vergebung und die Beteiligung des Papstes keineswegs zu verachten, weil seine Vergebung eine Bestätigung der göttlichen Vergebung ist ...

Die päpstliche Vergebung ist nur eine Bestätigung der göttlichen Vergebung. Na ja, das kommt schon hin, aber sie ist natürlich einziger sichtbarer Ausdruck der göttlichen Vergebung auf Erden und allein deswegen schon wichtig.

Man muss die Christen lehren: Der Papst sei bereit – selbst wenn er den St.-Peters-Dom verkaufen müsste –, von seinem Geld vielen von denjenigen zu geben, aus denen die Ablassprediger das Geld herauslocken ...

Na, der würde sich schön bedanken, seinen Petersdom zu verkaufen ...

*62 Der wahre Schatz der Kirche ist das allerheiligste Evangelium von der Herrlichkeit und Gnade Gottes.
63 Dieser ist aber natürlich sehr verhasst, weil er aus den Ersten die Letzten macht. (Matth. 19,30; 20,16)
64 Der Schatz der Ablässe aber ist natürlich sehr beliebt, weil er aus den Letzten die Ersten macht.*

Das ist ja unverschämt und eine reine Beleidigung, uns als die Letzten zu bezeichnen. So las und dachte Caritas, während sie an der Linde lehnte. 95 Thesen in dieser Art waren hier zueinander gefügt und griffen mit allen nur möglichen Argumenten den Ablasshandel an, äußerten sich über die Rolle des Papstes und das heilige Evangelium.

Am Ende stand darunter, das Ganze sei übersetzt von Kaspar Nützel, damit das deutschsprachige Volk es auch lesen könne.

»Das ist ja frech, Kaspar Nützel hat diese dreisten Thesen übersetzt? Jeder Christ soll der Vergebung seiner Sünden auch ohne Ablassbriefe sicher sein? Das stellt uns dar, als wären wir nicht um das Seelenheil besorgt gewesen, sondern nur um unseren Geldbeutel, als wir unseren Ablass am Tag der heiligen Maria Magdalena ausschrieben. Das ist doch eine infame Unterstellung, wer ist denn bloß dieser Luther, ich muss sofort nach Kaspar Nützel schicken«, murmelte Caritas empört vor sich hin.

Anna Schwarz, die neben ihr stand und das Gemurmel

mit anhörte, begriff nicht ganz, worum es eigentlich ging, aber sie begriff, dass etwas Interessantes in diesem Papier stehen musste, was die würdige Mutter beunruhigte. Ihre Neugierde war geweckt. Sie wollte herausfinden, was es war. Der Name Martin Luther prägte sich ihr unauslöschlich ein. Sie dachte: Wenn es mir nur gelingen könnte, beim Gespräch Kaspar Nützels mit der Äbtissin dabei zu sein. Ich muss herausbekommen, wann es sein soll.

So schwierig ihr Verhältnis zu den meisten Nonnen war, Anna Schwarz hatte einen guten Kontakt zu den Laienschwestern. Durch ihre Arbeit in der Apotheke, wo sie das Elixier Vitae anrührte, das später in der Stadt verkauft wurde, oder andere Kräuterschnäpse brannte, die die Laienschwestern in die Stadt brachten, sprach sie oft mit ihnen und besaß ihr Vertrauen.

Als die Äbtissin jetzt eine der beiden Laienschwestern, die beim Pflücken der Blüten geholfen hatte, in die Stadt schickte und sich dann umwandte, um gedankenverloren mit dem Flugblatt ins Haus zurückzukehren, lief Anna schnell hinter der Botin her und bat sie, ihr zu sagen, wann Kaspar Nützel kommen werde.

Am Abend nach der Komplet schlich Anna sich in das Beichthaus. Neben dem Redegitter gab es ein Beichtzimmer, in dem man mit dem Beichtvater allein sein konnte. Ihr war schon bei einer der letzten Beichten aufgefallen, dass man durch ein Astloch, wenn man sich bückte, direkt ins Nebenzimmer gucken konnte. Wenn sie sich hier verstecken würde, könnte sie wahrscheinlich jedes Wort verstehen! So müsste es gehen!

Zuverlässig berichtete ihr die Laienschwester, dass Kaspar Nützel am nächsten Nachmittag erwartet werde. Kurz vorher schlüpfte Anna ungesehen ins Beichtzimmer, schloss leise die Tür hinter sich und schlich an das Astloch. Noch war alles still. Sie wagte kaum, Luft zu holen. Wenn sie hier jemand erwischte, gab es wenigstens fünfzig Rosenkränze, Redegitterverbot und drei Tage Buße.

Da hörte sie, wie jemand sich näherte, ihr Herz hämmerte gewaltig. Die Tür zum Redezimmer ging auf, es musste die Mutter sein. Durch das Astloch sah sie den grauen Stoff der Kutte. Auch von der anderen Seite öffnete sich jetzt die Tür. Kaspar Nützel trat ein. Bei der Begrüßung merkte Anna, dass sie hervorragend hören konnte, so wie sie es sich erhofft hatte. Die Mutter kam gleich zur Sache und fragte nach der Übersetzung, unter der sie Kaspar Nützels Namen gelesen hätte.

Kaspar Nützel schien etwas verlegen, jedenfalls erwiderte er umständlich: »Verehrte, würdige Mutter, wenn ich erklären darf: Also, der Luther ist ein Augustinermönch und Prediger an der Schlosskirche zu Wittenberg, ein junger Kerl. Was er sagt, ist nicht unbedingt neu.«

Anna horchte auf, da es gleich um Martin Luther ging, dann verstand sie allerdings nicht mehr sehr viel, denn Kaspar Nützel fuhr kompliziert und weitschweifig fort: »Seit Jahren schon hörten wir im Augustinerkloster hier in Nürnberg gelegentlich den ehrwürdigen Johann von Staupitz. Ihr wisst schon, das ist der Visitator der Augustiner, der ab und zu vorbeischaut, ob alles im Konvent in Ordnung ist. Er sagte immer wieder, es sei doch ein Unbill unserer Zeit, dass die Menschen sich freikaufen und meinen, wenn der Gulden klingt, den sie in der Kirche in die Geldkiste werfen, seien sie dem Himmel schon näher. Nur durch wahre Reue, predigte er, die aus dem Schmerz fließt, dass wir Gott und Christus unseren Seligmacher beleidigt haben, können wir dem Fegefeuer entfliehen. So sagte Johann von Staupitz. Das hören wir also schon länger. Die Thesen von Martin Luther sind sozusagen nur eine Zusammenfassung und Zuspitzung dieser Überlegungen.«

Caritas hob an, ihm zuzustimmen. »Wahre Reue ist zweifelsohne sehr wichtig, aber das spricht doch nicht gegen den Ablass. Viele Menschen erwerben eben aus dieser Reue heraus einen Ablass. Seht, die Kirche hält es wie ein Vater, der seinen verirrten Sohn, wenn er in sich geht, nicht nach Gebühr straft, sondern ihm großmütig verzeiht.«

Weiter kam sie nicht. Kaspar Nützel unterbrach sie.

»Aber verehrte würdige Mutter, wenn ich da kurz einwerfen darf, dass die Vertreter der Kirche sich nicht immer so vorbildlich verhalten wie Ihr und Eure Schäflein es tun. Johann von Staupitz sagte selbst: ›Zwar haben die Mönche Kutten an, deswegen vermutet man, dass sie Jesus Christus näher wären, aber oft steckt unter einem samtenen Umhang der Bürger mehr Tugend, Beständigkeit und Demut als unter der Mönchskutte.‹ Seht Ihr, das hat er gesagt, und ob es einem solchen Menschen zusteht, Ablassbriefe zu verteilen, das wage ich zu bezweifeln. Und dagegen hat der Luther sich auch gewendet wie Johann von Staupitz. Ich fand seine Thesen so klar und treffend, dass ich sie ins Deutsche übersetzt habe. Ganz Deutschland redet von diesen Thesen, da muss man als interessierter Christ doch wissen, worum es geht.«

Anna Schwarz in ihrer knienden Position am Astloch fing an zu schwitzen, es war heiß und das Gespräch zog sich in die Länge. Konnten die nicht mal etwas mehr von Luther sprechen, fragte sie sich.

»Der Mann ist doch selber ein Mönch, warum erhebt er sich über seinen eigenen Stand?«, fragte Caritas gerade unwirsch. »Natürlich gibt es in der Kirche Missstände wie anderswo auch. Doch damit sollte man nicht an die Öffentlichkeit treten. Denn eines muss immer deutlich bleiben, dass die Kirche in ihrer Gesamtheit nicht fehlbar ist!«

»Aber verehrte würdige Mutter, wenn ich da kurz unterbrechen darf, das Bedürfnis, über die Schwächen der Kirche zu reden und darüber, wie man sie beheben kann, ist unter den Bürgern sehr groß. Es liegt daran, dass jeder sein Heil sucht. Im Übrigen wird der Papst nun mit Martin Luther reden, nicht direkt natürlich. Aber er schickt seinen Legaten Cajetan im Oktober nach Augsburg, wo es zu einer Aussprache kommen wird. Luther will den Papst durch seine Reden ja nur auf die Missstände aufmerksam machen. Auch der römische Kaiser Maximilian wird nach Augsburg kommen, und ich hoffe sehr, dass auch ich dabei sein kann.«

Anna horchte auf, das war interessant, Martin Luther musste vor Kaiser und Legaten aussagen. Jetzt hörte sie Caritas seufzen und antworten: «Nun, ich sehe den Nutzen daran nicht. Die Kirche bietet doch alle Möglichkeiten der Reue und Bußübungen für einen jeden. Aber bitte, versäumt nicht, mir zu berichten.«

Kaspar Nützel antwortete ablenkend: »Verehrte würdige Mutter, seid froh, dass Ihr Euch nicht im Weltlichen bewegen müsst, sondern Euch ganz der Liebe Gottes hingeben dürft! Deswegen habe ich auch für meine Tochter Klara bestimmt, dass sie in Euer Kloster eintreten soll und an diesem glücklichen Ort leben darf.«

Anna dachte: Wenn der wüsste, glücklicher Ort, das kommt ja wohl sehr darauf an – na, vielleicht, wenn man Klara Nützel heißt, kann man hier glücklich werden. Die würdige Mutter hörte sie antworten: »Ja, Herr Kaspar, wir bemühen uns darum, einen glücklichen, gottgefälligen Ort daraus zu machen. Es ist schwer genug. Eure Tochter Klara entwickelt sich in der Schule, wie ich hörte, ganz hervorragend, sie lernt schnell und freudig. Ich bin sicher, dass sie im nächsten Jahr den Schleier wird nehmen können.«

Kaspar Nützel stimmte freudig zu und sagte abschließend: »Nun, das wird ein großes Hochzeitsfest mit dem Herrn!«

Anna hörte, wie beide sich voneinander verabschiedeten und entfernten. Sie blieb noch einen Moment sitzen, um sicher zu sein, dass sie nicht entdeckt würde, wenn sie das Beichthaus verließ. Ihr ging im Kopf herum, was Johann von Staupitz gesagt haben sollte, dass unter der Kutte manchmal weniger Demut herrsche als unter der samtenen Schaube der Bürger. Das ist wohl wahr, soll sich doch einer mal diesen Konvent hier angucken, dachte Anna Schwarz und war innerlich aufgewühlt. Gut, die Äbtissin ist sehr ernsthaft und bemüht, ist warmherzig und gut, aber diese geifernden Frauen, als ich vorgesungen habe, dieser Neid und die kleinen Gemeinheiten, das hat doch mit frommem, nonnischem Lebenswandel nicht viel zu tun.

Von nun an interessierte sie alles, was mit Martin Luther zu tun hatte. Viel war es nicht, es vergingen Wochen und Monate, ohne dass die Laienschwestern Neuigkeiten brachten oder sonst ein Besucher ihr etwas zutrug.

Ihre Neugierde steigerte sich mit ihrer Isolation. Da alle Nonnen sowieso viel schwiegen, fiel es nicht so auf, aber kaum eine richtete je das Wort an Anna Schwarz, abgesehen von der ehrwürdigen Mutter und der Apothekerin, die ihr gewogen zu sein schienen. Und so gewöhnte Anna sich das Horchen an und kroch, wann immer die Gefahr, ertappt zu werden, gering war, ins Beichtzimmer, um den Gesprächen zu lauschen.

Noch ehe Kaspar Nützel im Oktober Caritas vom Augsburger Reichstag berichten konnte, besuchte sie mal wieder ihr Bruder, den sie lange nicht gesprochen hatte. Sie schrieben sich oft, aber die Gicht setzte ihm so zu, dass er sich kaum noch aus dem Haus bewegte. Und so beschwerte Willibald sich auch erst einmal ausgiebig über die Schmerzen, die ihn plagten wie einst den Großvater, als sie beide nach Nürnberg gekommen waren. Dann erzählte er von Luther.

»Er hat bei mir gegessen, zusammen mit Johann von Staupitz und Eurem Klosterpfleger Kaspar Nützel, als sie alle aus Augsburg zurück waren. Der Luther ist eine imposante Gestalt; äußerlich ist er eher untersetzt, im Gespräch wirkt er stark und anziehend, ja mitreißend in seiner Rede. Und mutig ist er, Herr im Himmel, das hätte ich nicht gewagt. Cajetan, der Legat des Papstes, hat ihn beschworen, seine Thesen zu widerrufen. Er könne Bischof werden, oder alles, was er wolle, hat er ihm angeboten, wenn er nur nicht weiter gegen Papst und Ablass predige. Luther aber hat geantwortet, er suche nichts weiter als einen Streit über seine Thesen, wenn er mit Argumenten widerlegt sei, werde er für immer schweigen. Darauf wollte nun wieder Cajetan nicht eingehen. Luther musste dann in der Nacht aus Augsburg flüchten und kam völlig abgehetzt hier an. Was daraus wohl noch werden wird? Es droht ihm der Kirchenbann. Sie behandeln ihn jetzt schon wie einen Feind der Kirche, der verfolgt werden muss, viele wollen ihn einfach verbrennen, wenn sie seiner Herr werden, wie einen Ketzer.«

Caritas hatte still zugehört, jetzt antwortete sie nur: »Was er vielleicht ja auch ist. Er ist eben ein Mann, der gegen die Lehre der heiligen christlichen Kirche predigt, andere sind schon für viel geringere Anklagen verbrannt worden. Hoffentlich kehrt endlich Ruhe um ihn ein, wenn er sich jetzt verstecken muss. Ich verstehe nicht, dass du einen solchen Mann empfangen kannst. Es ist nicht gut für die Gläubigen, wenn die Kirche so zerstritten ist.«

»Ich lasse mir von niemandem sagen, mit wem ich zu sprechen habe, auch vom Papst nicht«, erwiderte Willibald gereizt. »Mich beunruhigt viel mehr, dass unser Kaiser Maximilian so alt und schwach wirkt, dass er kaum der Richtige ist, sich mit neuen Ideen zu beschäftigen.«

Auch bei diesem Gespräch saß der heimliche Gast im Nebenzimmer. In Annas Phantasie spielte sich wieder und wieder die Szene ab, wie Luther vor Cajetan gestanden hat und sein Angebot ausschlug. Ihre ganze Bewunderung galt diesem Mann, der Kaiser und Legaten die Stirn bot und standhielt. Sie stellte sich vor, wie er jetzt in irgendeinem Versteck saß und sich ängstigte.

Als drei Monate später wieder einmal der Klosterpfleger ans Redegitter kam, eigentlich, um die Professfeier seiner Tochter mit der Äbtissin durchzusprechen, brachte er die Nachricht mit, dass Kaiser Maximilian gestorben sei.

»Man weiß ja nun nicht, was weiter mit Luther geschehen wird und wer der neue Kaiser wird«, sagte er, »da ist es gut, in diesen unsicheren Zeiten, dass man sein Kind unterm sicheren Dach hat. Klara wird bei Euch glücklich werden.«

Für das Fest wurde der 3. Mai 1519 ausgewählt. Es war der Tag des Heiligen Kreuzes, der Tag Inventionis Sanctae Crucis, der damit begann, dass in der Kirche alle Nonnen zunächst das silberne Kreuz, das auf dem Altar stand, in die Hände nahmen und es ehrfürchtig küssten.

Anschließend feierten sie eine doppelte Profess, denn nicht nur Klara Nützel trat heute ins Kloster ein, sondern auch die Tochter des Vordersten Losungers, der die Gelder der Stadt verwaltete. Katharina Ebner nahm den Schleier der Klarissen.

Es wurde eine ganz besonders festliche und üppige Hochzeitsfeier mit dem Herrn, denn die beiden Mädchen stammten aus Familien, die für das Kloster sehr wichtig waren. Die Ebner hatten vor zweihundert Jahren das Klarakloster gestiftet und überhaupt ins Leben gerufen, ja, und Kaspar Nützel war nun einmal sowieso eine höchst wichtige Person als Pfleger des Klosters.

Caritas war sehr stolz, dass ausgerechnet Kaspar Nützel, der Luthers Thesen übersetzt hatte und darin offensichtlich auch seiner kritischen Meinung war, ihr seine Tochter anvertraute.

Bei der Feier selbst war er leider nicht anwesend, denn er stattete Martin Luther in Wittenberg gerade einen Besuch ab. Doch hatte er so gewaltige Hechte geschickt, dass nicht nur alle Nonnen aufs Köstlichste speisten. Die Fische waren so riesig, dass sie auch noch für die Ratsherren reichten, die als Gäste der Äbtissin im Beichthaus tafelten, und für die Hausfrauen der Ratsherren, die zur gleichen Zeit in ihren Häusern für Verwandte und befreundete Frauen ein Festessen ausrichteten.

Das Gespräch der Männer im Beichthaus drehte sich fast unablässig um die Frage, wer nun wohl der neue Kaiser würde, da Maximilian doch tot war.

Kurz darauf, am 28. Juni 1519, wurde Karl, der 19-jährige Enkel des Kaisers Maximilian, von den Kurfürsten zum deutschen König und zukünftigen Kaiser gewählt. Als die Nachricht durch einen reitenden Boten nach Nürnberg kam, feierte die Stadt. Und es war eine ehrliche Freude, denn man hatte doch gefürchtet, dass Franz I., der französische König, gewählt würde. Nun hoffte der Rat, dass mit diesem jungen Mann Karl, der ja fast noch ein Kind war, ein leichter Umgang werde und dass er sich vielleicht auch den neuen religiösen Ideen des Martin Luther aufgeschlossener zeigen würde, denen die meisten Ratsherren inzwischen anhingen.

Auf vielen Plätzen Nürnbergs brannten Freudenfeuer, die Glocken aller Kirchen läuteten, in ihnen klangen die Orgeln und auf den Straßen tanzte das Volk nach den Fideln der Musikanten.

Auch in der Klarakirche läuteten die Glocken, dann wurde die neue Orgel gespielt und die Klarissen hielten eine Messe zu Ehren des kommenden Kaisers.

Zu dieser Messe durfte Anna Schwarz singen, denn zwei der Vorsängerinnen waren heiser. Sie hatte gar keine Schwierigkeit sich gegen den vollen Klang der Orgel durchzusetzen, sie stand auf der Empore, und die Menschen, die laut schwätzend von der lärmenden Straße in die Klarakirche traten, schwiegen abrupt und ergriffen, als sie ihren Gesang hörten. Caritas war erstaunt, der Klang schien ihr noch voller, durchdringender. Sie trat hinterher lobend zu Anna und dankte ihr. In der Stadt aber verbreitete sich das Gerücht, im Klarakloster lebe eine Nonne, die habe eine göttliche Stimme. Man hielt es für ein gutes Omen für Karls Regierung.

Karl selbst war gar nicht in Deutschland, sondern erwartete die Nachricht seiner Wahl an seinem Hof in Barcelona. Erst im Oktober 1520, also beinahe zwei Jahre nach dem Tod des letzten Kaisers Maximilian, sollte Karl das erste Mal selbst nach Deutschland kommen, weil er im Dom zu Aachen die Krone des Heiligen Römischen Reiches deutscher Nation aufsetzen würde. Es war dieselbe Krone, die Caritas mit ihrem Großvater bei der Heiltumsweisung vor 42 Jahren bewundert hatte und die Karl nun zu dem machen sollte, als der er einst bekannt werden würde, zum Kaiser Karl V.

Anfang September 1520 bewegte sich ein hochbewachtes Packpferd auf das Klarakloster zu. Fünfzig Söldner liefen nebenher, die wiederum von fünf Ratsherren, hoch zu Ross und schwer bewaffnet, bewacht wurden.

Am Kloster angekommen, wurde eine große Truhe vom Pferd genommen und in die Klosterpforte hineingereicht. Vier Laienschwestern trugen sie zur Gewandschneiderin Anna Neuper, sie allein durfte öffnen und den großen, reich bestickten Krönungsmantel herausnehmen. Alle Nonnen waren zusammengelaufen, um die feinen Goldstickereien zu betrachten. Der Mantel war an einigen Stellen zerrissen und aufgeschabt, Anna Neuper sollte ihn reparieren.

Wochenlang saß sie über die rote Seide des alten Krönungsmantels aus dem 12. Jahrhundert gebeugt und besserte Goldborten aus. Es hat niemanden gegeben, der das besser konnte. Erst zwei Jahre zuvor hatte die Neuperin ihr Goldbortenmodellbuch abgeschlossen, in dem sie sechsundachtzig Mustervorlagen für Goldborten aufgemalt und beschrieben hatte. Sie machte die zierlichsten Stiche und keine andere durfte sich am Krönungsmantel versuchen. Im Futter fügte sie italienischen Damast hinzu. Beim Unterkleid, der Alba, musste die ganze weiße Seide erneuert werden.

Zum Glück wurde Anna Neuper rechtzeitig fertig und die Delegation aus Nürnberg erreichte mit Reichsinsignien und Krönungsornat den König und zukünftigen Kaiser Karl in Aachen.

Dieser Krönungsmantel spielte in der Phantasie von Anna Schwarz eine große Rolle. Sie hatte ihn auch bei Anna Neuper bewundern dürfen, ihre Hände hatten über den roten Samt und die weiße Seide gestrichen und vor dem Einschlafen träumte sie von der Krönung des Kaisers und sich selbst in einem wunderschönen Kleid in seiner Nähe.

Als sie ein Jahr später hörte, dass es wieder einen Reichstag geben würde, auf dem Luther erneut eingeladen war, über seine Thesen zu diskutieren, da stellte sie sich vor, dass sie sich in Worms so gegenüberständen: der Kaiser in seinem Krönungsmantel und Luther mit Mönchskutte und Tonsur.

So war es natürlich nicht. Ihr Bruder, der in der Stadt verheiratet war und sie ganz selten einmal besuchte, erzählte ihr, was in Worms auf dem Reichstag tatsächlich passiert war: Luther war wieder nicht von seinen Thesen abgegangen. Er habe vor dem tobenden Kaiser gestanden, der ihn zum Widerruf drängte, und stattdessen gesagt: »So lange ich nicht durch die Heilige Schrift oder klare Vernunft widerlegt werde, kann und will ich nicht widerrufen ... Gott helfe mir. Amen.«

Ganz Nürnberg sei in Aufregung über diesen Mut, diese waghalsige Standhaftigkeit.

»Und stell dir vor, es heißt, dass der Martin Luther,

nachdem er den Reichstag verlassen hatte, entführt wurde. Keiner weiß, wo er sich aufhält und ob er noch am Leben ist. Vielleicht haben die Kaiserlichen ihn einfach umgebracht.«

»O mein Gott, das wäre ja schrecklich«, entfuhr es Anna.

Der Bruder schob ihr durch die Trülle ein zusammengefaltetes Blatt zu.

»Hier, das hab ich dir mitgebracht, damit ihr auch wisst, was man so über euch in der Stadt redet und denkt. Nichts Gutes denkt man über euch Nonnen jetzt, glaub mir. Viele machen sich auch über eure Äbtissin Caritas lustig. Lies nur selbst, ich muss jetzt wieder.«

Anna griff nach dem Brief und schob ihn sich heimlich in die Rocktasche, denn die Schwester, die sie begleitet hatte, schaute schon interessiert herüber.

Später las sie ihn. Es war ein Brief, den die würdige Mutter Caritas Pirckheimer vor einigen Wochen an Hieronymus Emser geschrieben hatte, an einen Mann, der viele Schriften gegen Martin Luther verfasste. Dafür dankte die Äbtissin ihm in diesem Brief, denn sie halte nichts von der neuen martinischen Irrlehre, die in Nürnberg so viele Anhänger fände.

Diesen Brief hatte irgendjemand auf ein Flugblatt gedruckt und dazu üble Bemerkungen geschrieben. Da hieß es einmal: »Würdige Mutter« – »Sie ist freilich eine selige Mutter, die so viele Kinder hat ohne einen Mann und doch nicht in Christo, darum sie vor Gott nichts gelten.« Und an einer anderen Stelle, als Caritas von den »himmlischen Büchlein« schreibt, lautete die Anmerkung: »Himmlische: Ja, des Himmels, den die Gaukler haben und wo sich die Engel mit Keulen schlagen.« Weiter unten schrieb Caritas, die Schriften des Emser wären ihr ein Trost. Dazu lautete die Anmerkung: »Trost: Emser ist ein Jungfrauentröster; wiewohl er sonst hässlich genug ist.« Oder: Das, was Caritas »geistliche Übung« nennt, schmähen die Anmerkungen mit den Worten: »Welche besteht in orgeln, singen, läuten, Kapitel halten, fressen und saufen.« Besonders erschrocken war Anna jedoch darüber, was der Schmierfink, wie sie ihn für sich nannte, über die Nonnen im Allgemeinen schrieb: Vetteln seien Vetteln; seien Geschwürms und Gewürms und betrügen die ehrbaren Bürger. Diese Beschimpfungen des geistlichen Standes waren Anna neu, bisher hatte sie nur über die Ablässe schimpfen hören.

Nun war Anna ja nicht gerade glücklich in ihrem Konvent, aber so hatte selbst sie nie über ihre Mitschwestern gedacht, das war bösartig. Sie nahm sich vor, den Brief zu verbrennen.

Dazu kam sie leider nicht. Denn die Nonne, die sie zu ihrem Gespräch mit dem Bruder begleitet hatte, war direkt zur Äbtissin gelaufen und hatte ihr erzählt, dass die Anna von ihrem Bruder einen Brief bekommen habe, der für die würdige Mutter interessant sein könne. Caritas wollte dem eigentlich nicht nachgehen, folgte dann aber doch ihrer Neugierde und ließ Anna rufen und sich den Brief aushändigen.

Anna wurde rot und sagte: »Ihr solltet ihn besser nicht lesen.«

Aber Caritas hielt ihn schon in den Händen und winkte Anna, die Zelle zu verlassen.

Was war das für eine Enttäuschung. Sie, die von den bekanntesten Humanisten angehimmelt worden war, die ihr Widmungen geschrieben und sie besucht hatten, wurde nun so schmählich beschimpft. Es wurde Caritas fast schlecht und sie musste sich setzen. Gut, dass sie allein war und keine ihrer geistigen Töchter sie in diesem Zustand sah. Dabei beschwor sie sich selbst: Das hat nichts für mich zu bedeuten. Herr, du allein weißt, dass ich nie großen Wert auf meinen weltlichen Ruhm gelegt habe. Was mir allein zählte, ist deine Liebe. Sixtus hat immer gesagt, wie nichtig meine weltlichen Briefe sind, und er hatte Recht. Herr, verzeih mir, vielleicht habe ich doch mehr Trachten hineingelegt, als ich hätte tun dürfen, nun willst du mich demütigen. Nun weist du meine Eigenliebe an den Platz, an den sie gehört: Unter meine Füße! Du tust recht, ich erwarte deine Strafe, aber gib mir die Kraft, sie in Demut zu erleiden. So ging es ihr im ersten Schreck durch den Kopf, als sie ihren verunglimpften Brief in den Händen hielt. Dann aber überkam sie doch der blanke Zorn und sie zischte: »Die Lutherischen sind des Teufels; ungezogene, ungebildete Geschöpfe!«

Später zeigte sie den Brief empört Apollonia, die aber nur gelassen mit den Schultern zuckte und sagte: »Bösartige, törichte Menschen wird es immer geben.«

Kämpferin wider den Zeitgeist
(1522–1532)

Gerüchte und Veränderungen

Dann geschah an einem klammen Novembermorgen des Jahres 1522, an dem es den Nonnen wie allen anderen Menschen schwer fiel aufzustehen, Folgendes: Erst beteten sie im Kapitelsaal die Gebete der Laudes. Das Schönste daran war, dass der Kapitelsaal einen Kamin besaß, in dem ein Feuer loderte. Etwas aufgewärmt gingen sie dann durch den Kreuzgang zur Seitentür der Klarakirche, um an der Messe teilzunehmen. Es war schon ziemlich kalt in der Kirche, zumal so früh am Morgen, sie standen daher eng aneinander gedrängt. Gerade hatten sie das Kyrie Eleison gesungen, da hörten sie auf einmal eine Stimme. Die Nonnen, die in ihrem Teil der Kirche durch ein Gitter von der Gemeinde getrennt waren, stellten sich auf die Zehenspitzen, konnten jedoch nichts erkennen. Sie hörten nur, wie die schweren Kirchentüren knarrten und in die lateinischen Worte des Predigers hinein jemand mit sich überschlagender Stimme schrie: »Was singt ihr da; ihr, ihr faulen Nönnekes,

Dildapen, ihr überflüssiges Gekröps, Hundsfotten, die ihr seid, arbeiten sollt ihr für euer Brot.«

In den Reihen bei der Tür saß ein Schmied namens Brandis mit seiner Frau und seinen Gesellen. Sie sprangen kurzerhand auf, fassten den Schreihals und drängten ihn aus der Kirche heraus, wo er, weiter laut vor sich hin schimpfend, weggeführt wurde.

Wer war das? Die Nonnen sahen sich erstaunt an. Was meinte er?

Der Mann war, wie der Rat, dem er vorgeführt wurde, später feststellte, ein Hintersasse aus einem der Dörfer, die zur Stadt Nürnberg gehörten. Er hatte Gemüse von den Feldern in die Stadt gebracht, in einem der Gasthäuser des Nachts zu viel getrunken und war in diesem Zustand an dem Kloster vorbeigekommen, wo er sich der Reden seines neuen Dorfbürgermeisters erinnerte. Der hatte doch gesagt, die Klöster seien ein fauler stinkiger Ort und seien es wert, dass man sie auflöse, es täte den fetten Mönchen und ihren Nonnen ganz recht, wenn sie einmal mit eigener Hand arbeiten müssten, das hatte der doch gesagt. So war er in die Kirche getaumelt und hatte ein wenig gegrölt.

Die Nonnen konnten sich nicht entsinnen, dass es so etwas schon einmal gegeben hätte, in der ganzen Geschichte des Klosters nicht in dieser Form. Meist war ihnen Ehrfurcht entgegengebracht worden, schließlich waren sie die Bräute des Herrn.

Doch dieser Hintersasse blieb nicht der einzige Unruhestifter. Gerüchteweise hörten die Klarissen, was in der Stadt geschah. Wenige Tage später erzählte Katharina Ebner bei den Latrinen, als sie sich unbeobachtet glaubte, eine ungeheure Geschichte, die ihr eine Laienschwester zugetragen hatte.

»Stellt euch vor, ein Bettelmönch ist wie immer gestern durch die Häuser gegangen, um mit seiner Sammelbüchse Geldmünzen zu erbetteln. Denn deswegen heißen die Bettelmönche ja so, da sie eben von den Almosen der Mitbürger leben.«

Klara Nützel sah sie ungeduldig an. »Das wissen wir doch, erzähl weiter.«

»Nun trat er an diesem Tag in die Schmiede vom Brandis, um ein Almosen zu erflehen«, fuhr Katharina Ebner aufgeregt fort, »aber Brandis, der gerade eine Zange mit einem glühenden Eisen ins Feuer hielt, hat nur spöttisch gesagt: ›Wenn du Gott so bittest wie du mich gerade anflehst, wird er dir schon genug zu essen geben.‹ Der Mönch soll nun rot geworden sein und sich geschämt haben.«

Katharina Ebner beugte sich vor. »Und? Was glaubt ihr, hat er getan?«

Die anderen zuckten mit den Schultern.

»Er ist in sein Kloster gegangen, hat die Sammelbüchse abgegeben, hat sich umgedreht und ist wieder gegangen. Und nie mehr zurückgekehrt!«

Wie ein Aufschrei ging es durch das Latrinenhäuschen: »Was?« – »Nie mehr zurückgekehrt?« – »Aber wohin ist er denn gegangen?« – »Wovon lebt er jetzt?«

Katharina weidete sich sichtlich an dem Interesse. »Er bekommt Geld vom Rat für eine Ausbildung zum Schmied.«

»Das kann er doch nicht tun, er hat doch Gott gelobt, als Mönch zu leben«, entsetzte sich Klara Nützel.

Auch Margarethe Tetzel fiel empört ein: »Man darf doch sein Gelübde nicht brechen. Dafür wird er in der Hölle schmoren. Mein Gelübde würde ich niemals brechen.«

Doch Anna Schwarz, die zufällig bei ihnen stand und bisher geschwiegen hatte, sagte in die Empörung hinein: »Was ereifert ihr euch so? Mein Bruder hat mir neulich erzählt, dass Martin Luther wieder in Wittenberg ist, er hatte sich nur versteckt. Seitdem, sagt er, haben schon viele Nonnen und Mönche in Deutschland ihre Klöster verlassen. Wenn ich Gott auch an einem anderen Ort dienen kann, vielleicht sogar besser dienen kann als mit den ewigen Gebeten, dann ist es keine Sünde, wenn man sein Kloster verlässt, finde ich.«

Doch mit dieser Meinung stand sie ziemlich allein da, die anderen sahen sie vorwurfsvoll und feindlich an.

»Schon gut«, lenkte Anna Schwarz ein, »war ja nur ein Gedanke.«

Immer mehr Geschichten dieser Art kursierten, und wenn eine der Laienschwestern in die Stadt ging, um Briefe zu überbringen oder auf dem Markt einzukaufen, so wurde sie gerade von den jüngeren Nonnen schon immer mit Spannung erwartet und musste ganz genau erzählen, welche Gerüchte sie gehört, wen sie gesehen, wen gesprochen, ja selbst welche Stimmung geherrscht hatte.

Diese Erzählungen waren farbenfroh, die Laienschwestern freuten sich über ihre wichtige Rolle und erzählten gern und nicht immer ganz der Wahrheit getreu, sie übertrieben hier und unterschlugen dort etwas, es ging ein großes Gemurmel um, wer für die neuen Ideen, wer dagegen sei, was der Kaiser gesagt oder dieser und jener Ratsherr gesprochen. All diese Tuscheleien geschahen natürlich weiterhin in versteckten Ecken des Klosters oder bei den beliebten Latrinen hinter dem Rücken der Äbtissin Caritas, die ausdrücklich verboten hatte, dass über die Ereignisse geschwätzt werde.

Trotzdem erfuhren die Nonnen in den folgenden zwei Jahren davon, wie die Söhne der Patrizier in der Fasnacht beim Schembartlaufen sich ungehörig als Papst verkleideten und ihn verspotteten, indem sie laut johlend Ablässe verteilten; sie hörten auch, dass ein ganzes Kloster, das der Augustiner vom Johann von Staupitz, aufgegeben hatte, seinen gesamten Besitz der Stadt schenkte und alle Mönche entließ; sie erfuhren natürlich, dass Ferdinand, der Bruder des Kaisers, und der Legat des Papstes auf zwei Reichstagen in Nürnberg ratlos waren, wie sie auf die Unruhe reagieren sollten. Dann hatte der lutherfreundliche Nürnberger Rat gehandelt und die ersten evangelischen Prediger in die Stadt geholt. Sogar an der Lorenzkirche, wo vor nun bald zwanzig Jahren noch Sixtus Tucher Probst gewesen war, sollte ein Evangelischer predigen, er heiße Andreas Osiander, erzählte man sich. Alles das erfuhren die Nonnen durch die Laienschwestern. Und Caritas erfuhr es in etwas anderer Form durch Kaspar Nützel.

Im Februar 1525 klopfte Ursula Tetzel, die Mutter von Margarethe erregt an die Klosterpforte des Klarissenkonvents und verlangte, ihre Tochter zu sprechen. Das war nicht ungewöhnlich. Ungewöhnlich war ihre Heftigkeit.

Erst am Sonntag hatte sie wieder Andreas Osiander, den lutherischen Prediger, in St. Lorenz vom Papst predigen hören. Er hatte ihn den Antichristen genannt, den Menschen, der am wenigsten christlich sei, weil er von sich vermessen behaupte, er sei der Stellvertreter Gottes, und doch eigentlich sich eher wie der Teufel benähme. Außerdem hatte Osiander das Leben der Nonnen und Mönche verdammt als ein unsinniges und eben nicht, wie der Papst meine, von Gott gewolltes Leben. Statt ehrbare Arbeit zu tun, würde in den Klöstern Götzendienst geübt. So hatte er von der Kanzel getönt.

Nach der Predigt hatte Ursula Tetzel vor der Kirche die anderen Frauen der Patrizier getroffen, die Mutter von Katharina Ebner und die Mutter von Klara Nützel. Sie standen im Schnee in der blassen Wintersonne. Es schien ihnen auf einmal so sinnlos, dass ihre Töchter nur hundert Meter entfernt hinter Klostermauern saßen. Da beschloss Ursula Tetzel, wenigstens mit ihrer Tochter Margarethe zu reden, ihr von den eigenen Zweifeln und den Worten Osianders zu erzählen.

Nun stand sie vor ihr am Redegitter. Beschwörend sprach sie: »Margarethe, du weißt, dass Vater und ich dich dem Klarakloster nur übergeben haben als lebendiges Opfer zur Abwaschung der Sünden und zum Heil unserer Seelen. Da ich nun erfahre, dass das Kloster menschliche Erfindung ist und man auf diese Weise gar nicht die Sünden von sich abwaschen kann, möchte ich dich wieder zu mir nehmen. Wenn du erst im Wort Gottes richtig unterrichtet bist und trotzdem in einem Kloster leben möchtest, dann kannst du ja zurückkehren. Ich glaube nur, eure Äbtissin unterrichtet euch nicht richtig, es ist falsch, was sie sagt. Christus fragt beim Jüngsten Gericht nicht nach klösterlichen Geboten, sondern allein nach Glauben und Nächstenliebe.«

»Mutter, schweigt doch, pscht, man hört uns.« Margarethe war entsetzt und versuchte immer wieder den Redefluss der Mutter zu unterbrechen. Es gelang ihr nicht. Als die Mutter endlich fertig war, flüsterte sie: »Mutter, was Ihr da sagt, ist Sünde, wir werden noch ins Fegefeuer gestoßen werden, Ihr und ich, wenn Ihr so weiter redet. Ich kann nicht mein Kloster verlassen, ich habe mein Gelübde gegeben, immer zu bleiben und Gott zu dienen. Ich kann mein Gelübde nicht brechen.«

»Aber du bist und bleibst mein Kind«, sprach die Mutter wütend und noch lauter, «in der Bibel steht geschrieben, ihr sollt eure Eltern ehren. Du bist mir Gehorsam schuldig. Ich werde wiederkommen, ich hole dich hier heraus!«

Das klang in den Ohren der Tochter wie eine Drohung. Zutiefst aufgewühlt und den Tränen nahe wandten sich Mutter und Tochter voneinander ab.

Margarethe eilte den Kreuzgang entlang – und lief geradewegs der Mutter Caritas in die Arme. Die sah das verstörte Mädchen an und fragte, was passiert sei. Margarethe erzählte von den Worten ihrer Mutter und ihren eigenen Ängsten. Caritas sprach ernst, aber beruhigend auf sie ein.

»Margarethe, Gott in seiner ewigen Weisheit kann das Klosterleben nicht unbekannt sein. Von seiner Gnade sind wir Schwestern zum Christenglauben berufen. Ob Menschen diese Haltung verurteilen, ist gleichgültig, da es auf Gottes Urteil ankommt. Du bist inzwischen herangewachsen und kannst Gut und Böse unterscheiden, wider dein Gewissen brauchst du deiner Mutter nicht zu gehorchen.«

»Könnt Ihr mich das nächste Mal begleiten, wenn meine Mutter mich wieder am Redegitter sprechen möchte?«, schluchzte Margarethe.

Caritas nickte ihr aufmunternd zu, aber im Innern

wurde ihr heiß und kalt. Was waren das für Zeiten, in denen die Mütter ihre Kinder zurückforderten?

Wenn die Mutter nun zu Besuch kam, trat Margarethe ihr gemeinsam mit Caritas entschlossen entgegen. Doch blieb die Tetzelin nicht die einzige Mutter, die ihre Tochter zu bereden suchte. Auch die anderen beiden Mütter der jüngeren Nonnen, die Ebnerin und tatsächlich auch die Frau von Kaspar Nützel, die die Hochzeitsfeier ihrer Töchter noch so fröhlich begangen hatten, waren nun ganz anderer Meinung über das Leben ihrer Töchter.

Anna Schwarz beobachtete das alles mit einer gehörigen Portion Neid. Warum kommt meine Mutter nicht und bittet mich, das Kloster zu verlassen?, fragte sie sich nach jedem Besuch der anderen Mütter, denen sie manchmal, noch der alten Gewohnheit folgend, im Beichtzimmer lauschte. Aber ihre Mutter kam nicht. In Briefen hatte Anna sie schon angefleht, auch einmal ans Redegitter zu kommen und um ihre Entlassung zu bitten. Da schrieb die Mutter nur zurück:

»Mein liebes Kind, dein Bruder wohnt mit seiner Familie im Haus, es ist sehr eng, bitte bleib, wo du bist. Du bist an einem guten Ort.«

Wütend hatte Anna den Brief zerrissen und in der Apotheke ins Herdfeuer geworfen.

Caritas litt unter den ständigen ermüdenden Wortwechseln mit den zeternden Müttern. Als Kaspar Nützel bald darauf kam, machte sie keinen Hehl daraus.

»Was ist es, Herr Kaspar, dass Euer Weib hier fast täglich ankommt und Eure arme Tochter Klara unruhig macht. Ihr habt mir Eure Tochter anvertraut, wie Ihr damals sagtet, weil Ihr sie hier bei uns an einem glücklichen Ort wisst. Was ist geschehen, dass Ihr das heute nicht mehr denkt? Beten wir nicht nach wie vor gewissenhaft unsere Stundgebete und verrichten unsere Arbeit? Warum wendet Ihr Euch von uns ab?«

»Aber verehrte würdige Mutter, so ist es nun auch nicht. Ich vertraue Euch weiter und weiß, wie redlich Ihr seid. Nur haben wir erkannt, dass es für ein Mädchen in unserer Zeit auch andere Wege geben kann, um glücklich und gottesfürchtig zu leben. Sie ist nun einmal unsere einzige Tochter, und meine Frau träumt von Enkeln, die sie noch erleben möchte.«

»Aber Herr Kaspar, das habt Ihr doch vorher gewusst. Ist es dieser Luther, der Euch den Floh ins Ohr gesetzt hat?«

»Verehrte würdige Mutter, der Luther spricht doch nur aus, was wir alle seit längerem denken. Seht, ich bin heute gekommen, um Euch eine Nachricht des Rates der Stadt zu überbringen: Ihr sollt nun selbst urteilen, hat sich der weise Rat überlegt. Zu diesem Zweck werden Euch evangelische Prediger die Messe lesen und nicht mehr die Franziskanerpadres. Auch sollen Euch evangelische Prediger die Beichte abnehmen. Seht, würdige Mutter, es muss ein jeder die neuen Ideen vernehmen, damit er sich ein Urteil erlauben kann.«

»Da irrt Ihr aber, Herr Kaspar«, und Caritas kochte innerlich, »ich habe die neuen Ideen durchaus wahrgenommen. Und habe gefunden, dass sie uns nicht zum Besseren gereichen. Aber natürlich kann ich mich nicht dagegen wehren, wenn der Rat der Stadt uns unsere gewohnten Prediger verweigert.«

»Aber verehrte würdige Mutter«, versuchte Kaspar Nützel sie zu beruhigen, »ich bitte Euch, seid nicht so bitter, hört sie doch erst einmal an!«

Aber Caritas fühlte sich ohnmächtig und hilflos bei der Vorstellung, dass die Klarissen nun seit zweihundert Jahren zum ersten Mal gezwungen waren, die Messe ganz ohne die Franziskaner zu feiern.

Ihre Stimme klang gepresst vor unterdrückter Wut, als sie antwortete: »Was bleibt uns anderes übrig. Wir werden wohl zuhören müssen!«

Prediger der Evangelischen

Der erste Prediger der Evangelischen besuchte sie am folgenden Sonntag. Der Mann, der vorn auf der Kanzel in der Klarakirche stand, trug einen schwarzen Umhang, darunter ein weißes Hemd. Äußerlich sah er also nicht viel anders aus als jeder andere Prediger, der schon vor den Klarissen gesprochen hatte. Doch die Worte, die er sprach, hatte hier noch keiner gesagt. Wirklich keiner, denn er sprach die ganze Zeit deutsch. Noch nie hatte ein Prediger in der Klarakirche ausschließlich deutsch gesprochen. Und was für eines! Es entlud sich über ihnen wie dreckiges Waschwasser: Ein mannigfaltiger, gräulicher und schädlicher Irrsal habe sich bei der christlichen Versammlung zugetragen, fing er an. Die Nonnen schüttelten die Köpfe. Sie standen hinter dem Gitter zum Chor und lauschten.

Er reckte sich und schrie mit glänzenden Augen: »Das christliche Häuflein ist von dem einzigen rechten Wege der Seligkeit abgeführt. Die Pfaffen haben es beredet, wenn sie auch nach ihrem Mutwillen und Begierden leben, sie trotzdem ihre Sünden bezahlen könnten, indem sie danach Kloster-, Mess- und Seelgerät und dergleichen stiften, damit sie der Seligkeit gewiss wären. Dahin haben die Klöster und Pfaffen es beredet.«

Worüber ereiferte er sich? Zielte das etwa auf ihren eigenen Ablass?

Er fuhr mit hektischer, sich überschlagender Stimme fort: »Schon ist die ganze Welt voller Klöster und Pfaffen und doch ist das menschliche Gewissen nie zur Ruhe gekommen.«

Einige Nonnen standen auf und wollten zurück ins Kloster gehen. Caritas bat sie, sich wieder zu setzen, sie hatte Kaspar Nützel versprochen, dass sie mit ihren Nonnen bis zum Ende die Predigt anhören werde. Doch das, was sie nun hörten, war allerdings weniger eine Predigt als eine Beschimpfung ihres gesamten Standes. Er schimpfte die Geistlichen ein zynisches Pack, das den Menschen nur das Geld aus der Tasche zerre. Und schrie: »Zwischen Christo und euch ist kein anderer Unterschied, als dass Christus solches umsonst und ihr um Geld gebt. Und die allergrößten unter den Tyrannen, Teufeln und Antichristen sind der Papst und der Kaiser, denn sie sind nicht von Gott.«

Dort, wo die Nonnen standen, hörte man einen erstickten Aufschrei, und im Kirchenschiff, wo viel Volk saß, wurde gejohlt: »Richtig so!« – »Zeig's ihnen!«

Nachdem der Prediger sich ausgewettert hatte, kam er am Ende dahin, auf sich selbst zu deuten und glücklich zu verkünden, dass sie, die Evangelischen, nun die Wahrheit mit Hilfe göttlicher Gnade gefunden hätten: »Da aber nun aus göttlicher Gnade die Wahrheit des heiligen Evangeliums erschienen und dieser gottlose schädliche Irrtum offenbar geworden, haben wir zu Herzen geführt unserem verderblichen Stand, dass wir auch unabgesondert zu der christlichen Gemeinde zählen und ein jeder unter uns, wozu er geschickt und tauglich ist, gebraucht werden soll.«

Das hieß nichts anderes, als dass er den Nonnen vorbildhaft darstellte, wie seine Klostergemeinde, die Augustiner nämlich, ihr Kloster aufgelöst hätten, ihr Eigentum, das sich sowieso aus den Spenden der Stadt zusammensetzte, der Stadt zurückgegeben und nun wie andere Bürger auch ein jeder nach seinem Geschick als Handwerker in der Stadt eingesetzt und gebraucht werde. Im Kirchenschiff fingen nach diesen Worten einige an zu klatschen und zu jubeln. Den Nonnen wurde angst und bange vor der Unruhe und Aufgebrachtheit des Pöbels, der da in ihrer Kirche saß.

Der Prediger schrie nun völlig außer sich.

»Euch gottloses Volk muss man austilgen! Euer Kloster zerstören! Ihr seid in einem verdammten Stand, Ketzerinnen, der Abgötterei verfallen, Gotteslästerinnen, und müsst ewig dem Teufel gehören!«

Wieder johlte und klatschte es daraufhin in der Kirche.

Als der selbst ernannte Verkünder christlicher Wahrheit nach diesen Drohungen nun mitteilte, er werde den Nonnen ihre Beichte abnehmen und ihnen persönlich ordentlich ins Gewissen reden, da verließen die Schwestern überstürzt den Chor der Kirche, und Caritas Pirckheimer weigerte sich im Namen all ihrer Nonnen, von solchen »uneidigen, ausgelaufenen Brüdern die Sakramente zu empfangen«. Sie wollten fortan allein Gott ihre Sünden beichten und im Glauben ihrer Kirche und bei ihren löblichen Gewohnheiten bleiben, bis die Änderungen vielleicht einmal von der heiligen gemeinen christlichen Kirche angenommen würden. Hastig eilten die Nonnen ins Refektorium. Sie suchten bei ihrer Äbtissin Schutz wie Tiere im prasselnden Regen, die sich um einen Baum drängen. Sie hatten große Angst und redeten durcheinander: »Können die Leute zu uns ins Kloster eindringen?« – »Was machen wir, wenn sie unsere Tore aufbrechen?« – »Müssen wir jetzt immer diesen grässlichen Menschen zuhören?«

»Lasst uns den allmächtigen Gott loben, der uns so väterlich behütet, dass wir nicht auf ihre List und Falschheit hereinfallen«, versuchte Caritas sie zu beruhigen. »Der Teufel versucht uns in diesen Menschen. Und das will ich euch versprechen: Um keines Menschen Gunst oder Furcht werde ich anders handeln, als was mein Gewissen sagt. Ich werde von euch, meinen Schwestern, nie etwas verlangen, was gegen euer Gewissen ist. Gott wird uns helfen, Gott wird uns beistehen. Wir werden weiter bei unseren Gebeten bleiben.«

Anna war bei dieser Messe gar nicht wohl gewesen. Diese verächtliche Gewalt des Menschen auf der Kanzel und das aufgebrachte Volk in der Kirche hatten auch ihr Angst gemacht. Trotzdem freute sie der Gedanke, dass Nonnen und Mönche in der Stadt ihre Klöster verließen. Die Augustiner waren ja schon aufgelöst, sie hatte gehört, dass auch die Karmeliter aufgeben wollten. Dann folgten sicher bald die Benediktiner und die Kartäuser. Am Ende gäbe es nur noch die Franziskaner und die Klarissen. Und Anna Schwarz hoffte inständig, dass auch diese bald aufgeben würden, denn dann wäre sie endlich frei.

Dafür tat sie das ihre: Sie sprach mit den Mägden und Laienschwestern! Immer mal wieder ließ sie wie nebenher ein Wort darüber fallen, wie gefährlich es heutzutage sei, in einem Kloster zu leben und zu arbeiten. Wenn das Volk das Kloster erst stürme, dann mache es sicher keinen Unterschied zwischen Magd, Laienschwester und Chorschwester. Da werde es um Leben und Tod gehen! Wie um ihre Worte zu untermalen, wurde nachts vor dem Kloster häufig gegrölt, einmal fiel ein Stein in eines der Kirchenfenster, das dabei zerbrach, und drohende Stimmen kamen näher. Die Nonnen zitterten auf ihren Pritschen und flüchteten sich zu ihrem Rosenkranz. War das Leiden nicht auch eine Gnade Christi? Indem der Herr sie leiden ließ, dieses Kreuz für sie bereithielt, ließ er sie auch an seinen Leiden teilhaben. Freude sollten sie nur durch ihn empfinden. In diesem Kreuz des Lebens begegnete ihnen Gott.

Das sichtbare Ergebnis der allgemeinen Unruhe aber war, dass erst die eine Magd nach einem Gang in die Stadt nicht wieder auftauchte, dann blieb die nächste weg, bald eine andere, und am Ende waren nur noch die Köchin und eine alte Magd da, die der Äbtissin treu ergeben waren.

Zur gleichen Zeit blieben die Zinszahlungen der Bauern aus, die das Kloster aushungern wollten. Und es hieß, eine Truppe von fünfzigtausend Bauern hätte sich vor den Toren der Stadt zusammengerottet und wolle die letzten Klöster plündern.

Die schmale Kost der Nonnen beschränkte sich inzwischen auf drei wässrige Suppen am Tag, in denen ein wenig Getreide schwamm.

Anna Schwarz versuchte nun die hungrigen, ängstlichen Frauen für sich zu gewinnen: »Unsere Lage ist aussichtslos! Die würdige Mutter hat sich verrannt. Sie stürzt uns alle ins Unglück. Wir müssen sie abwählen und eine andere Äbtissin muss mit dem Rat der Stadt verhandeln, ehe die Bauern uns alle umbringen werden!«

Doch der Effekt, den sie sich erhofft hatte, war ein gegenteiliger. Statt zermürbt aufzugeben, fingen die Nonnen, auch die ganz jungen, an, verbissen zu kämpfen. Sie kämpften gegen den Hunger, gegen die Verzweiflung, ihre Angst und die große Verführung, nun aufzugeben. Mit fast fanatischer Ergebenheit hingen sie an den Lippen ihrer würdigen Mutter. Caritas beschwor nun täglich die unendliche Liebe, die Jesus über ihnen ausschüttete, in immer neuen lyrischen Bildern. Je hungriger sie waren, desto eher nahm sie ihre Beispiele aus dem Bereich der Nahrung. Sie sprach vom Honig der Liebe, der sie nährt; vom täglichen Brot, das sie sättigt; vom Duft der Gewürze und den üppigen Gaben der Natur, in denen sich Gottes Liebe zeige. Zum Abschluss erinnerte sie immer an den 116. und 118. Psalm, den alle am Tag ihrer Profess gebetet hatten: »Der Herr ist mit mir, darum fürchte ich mich nicht; was können mir Menschen tun? Man stößt mich, dass ich fallen soll, aber der Herr hilft mir.«

Eine geradezu tragische Bedeutung bekam dabei in ihren Ohren der Vers: »Ich will mein Gelübde dem Herrn erfüllen offen vor seinem ganzen Volk.«

Caritas betete fest entschlossen weiter mit ihnen die Stundgebete und die Messe, obwohl der Rat der Stadt es ihnen schlichtweg verbot. Die Klarakirche war die einzige Kirche weit und breit, in der zu den Stundgebeten unverdrossen die Glocke erklang. Alle anderen Klöster, die es zu Ostern 1525 noch gab, unterwarfen sich dem Verbot des Rates. In eine unheimliche Stille hinein erscholl die einzelne Gebetsglocke, wo sonst über die ganze Stadt hinweg zum Gebet geläutet worden war.

Da schickte der Rat wieder einmal Kaspar Nützel, um mit der Äbtissin zu reden. Er bekniete sie, doch noch einzulenken und den Widerstand und damit das Kloster aufzugeben.

»Würdige Mutter, Ihr dürft vor allem eines nicht übersehen: Die Stimmung in der ganzen Stadt ist gegen Euch. Und außerhalb Nürnbergs ist der Bauer im Land aufgestanden. 50 000 Mann haben sich zusammengerottet nur zwei bis drei Tagreisen von hier. Sie schreien auf den Marktplätzen, sie wollen die feindlichen Sekten vertilgen. Sie werden nach Nürnberg kommen, um Euer Kloster zu plündern.«

»Ich muss es Gott anheim stellen, wenn darüber Blutvergießen entsteht«, antwortete Caritas fest und ernst. »Die Bauern wollen nach christlicher Freiheit niemandem etwas schuldig sein; wir Klosterfrauen aber fühlen uns an unsere Gelübde gebunden. Wir werden uns nicht durch Prediger, die ihr Gelübde gebrochen haben, aus dem Kloster locken lassen und auch nicht durch die Angst vor den Bauern. Meine Töchter haben mir gesagt, sie werden das Kloster nicht dem Rat übergeben, und wenn ich als ihre Mutter es täte, dann haben sie mir angekündigt, dass sie mir ungehorsam werden. Kaspar Nützel, seht doch ein, ich kann das Amt nicht niederlegen und die Schäflein verlassen, wenn der Wolf kommt. Wir haben in unserem Konvent gemeinsam gute Tage gehabt, nun werden wir auch die bösen teilen. Unsere Angst ist groß, denn es geht hier um das Heil der ewigen Seele.«

Da ging Kaspar Nützel ohne Ergebnis zurück in die Ratsversammlung. Apollonia, die bei diesem Gespräch dabei gewesen war, gab später zu bedenken, dass sie eine Verantwortung vor allem für die jungen Mädchen hätten, die man vielleicht gehen lassen sollte, ehe es gefährlich wird. Aber Caritas wollte davon nichts wissen.

»Wenn es so weit ist, können wir sie ja immer noch durch die Pforte im Klostergarten hinausschleusen. Jetzt müssen wir erst einmal hart bleiben.«

Die Nonnen bereiteten in diesem Jahr mit großer Inbrunst das Osterfest vor. Es war ihnen das wichtigste Fest, sie feierten die Auferstehung ihres Herren. Am Karfreitag folgten alle Bewohner des Klosters, immer noch an die achtzig Personen, dem großen Holzkreuz, das eine Novizin vorantrug. Durch den Kreuzgang bewegte sich die Prozession in die Kirche. Die war mit Fahnen, Kerzen und dem neuen Altartuch geschmückt. Dort sangen die Nonnen und feierten die heilige Messe – ohne Priester. Hinterher wurde jeder Nonne zur Tafel eine Maß Wein ausgeschenkt.

Ausgerechnet an diesem Nachmittag, am 8. April 1525, kamen wieder die Ebnerin und die Nützelin, ihre Kinder am Redegitter zu sprechen. Der Besuch verlief ganz ähnlich wie andere vor ihm mit verächtlichen Beschwörungen der Mütter und verbissener Weigerung durch die Töchter. Bibelzitate flogen hin und her, als Kaspar Nützel hinzukam. Die Ebnerin sagte ihm, sie wolle ihre Tochter übers Wochenende zu sich nehmen. Er sagte, seine Frau wünsche Ähnliches, auch sie wolle ihre Tochter wiederhaben. Die Mädchen weinten und flehten.

»Lasst uns hier, wir wollen nicht weg, erst recht nicht zum Osterfest.«

Caritas beendete schließlich diese unangenehme Begegnung mit den empörten Worten: »Ihr Evangelischen habt nicht das Evangelium von der Liebe, sondern nehmt uns die Ehre und fast die Seele weg.«

Nun erschienen die Tetzelin, Ebnerin und Nützelin fast täglich vor dem Kloster und riefen und hämmerten an die Türen, wenn ihre Töchter nicht zum Redegitter kamen. Sie ersuchten beim Rat schriftlich um die Herausgabe ihrer Töchter. Caritas ersuchte schriftlich darum, dass die Töchter bei ihr blieben. Noch immer weigerten sich die Nonnen, sowohl im direkten Gespräch mit der Familie als auch auf Nachfragen der Geistlichen. Und sie wurden zornig, als Anna einmal sagte: »Wäre ich an eurer Stelle, ich würde diesen Ort verlassen!«

»Das sieht dir ähnlich!«, gifteten sie da zurück.

Caritas hielt ihre Gemeinschaft verbissen und trotzig zusammen.

»Oh, der Tod wär mir lieber, als dass meine herzlieben Kinder und armen Schäflein von den Wölfen zerstreut werden. Ich trau ihnen alles Gute zu und sind noch alle standhaft und eines guten Willens. Gott verleih uns Geduld und Beständigkeit«, sagte sie zum Klosterpfleger, als der sie wieder einmal besuchte.

Es kam zwar nicht zu dem gefürchteten Sturm der Bauern, dafür sorgten schon die Stadtwächter. Doch die Bauern, die die klösterlichen Güter bewirtschafteten, weigerten sich weiter, Gült und Korn zu zahlen, aus anderen Besitzungen blieben die Zinsen nun auch aus. Außerdem hatte der Rat enorme Steuern erhoben, so dass er den Nonnen die Hälfte dessen, was noch blieb, wegnahm. Trotzdem beteuerten die Schwestern immer wieder: »Wenn man den Konvent nur beisammen lässt, wollen wir schon mit einer Wassersuppe zufrieden sein.«

Das Leben in der Gemeinschaft hatte seinen Gleichklang, seine Ruhe verloren. Man fürchtete sich, wenn nur die Glocke an der Pforte läutete. Und das zu Recht: Diesmal war es ein Brief vom Rat. Nichts Gutes war zu erwarten. Darin gewährte der weise Rat der Stadt Nürnberg den Nonnen für die Ablegung ihrer Kutten und den Bau eines Gesichtsfensters eine Frist von vier Wochen.

Caritas traute ihren Augen nicht und las den Brief wieder und wieder. Der Rat verlangte wirklich, dass sie fortan weltliche Kleidung tragen und sich in dieser Kleidung auch in einem Fenster, in der Tür, zeigen sollten? Bisher hatte man das Redegitter mit einem Vorhang noch zusätzlich verhängt, nun sollte es plötzlich ein großes Fenster in der Tür geben? Ganz aus der Tiefe stieg in das Erstaunen hinein ein Gedanke in ihr auf, der sie beschämte: Wenn es das damals gegeben hätte, hätte ich Sixtus von Angesicht zu Angesicht sehen können! Kaum gedacht, verbannte Caritas ihn wieder entschieden in die Tiefe. Das kam überhaupt nicht in Frage, was für eine Versuchung!

Da der Rat die Nonnen in Ordenskleidern vor dem Pöbel auf der Straße nicht schützen könne, so begründete er den Schritt, und sie damit rechnen mussten, angegriffen zu werden, sollten sie andere Sachen anziehen. Dann werde er Handwerker schicken, die das Gesichtsfenster in die Tür einbauten. Außerdem erwarte er, dass Katharina Ebner, Margarethe Tetzel und Klara Nützel das Kloster in Kürze verließen.

Caritas rief ihre Nonnen zusammen und erzählte ihnen, was auf sie zukäme.

»Natürlich macht die Kutte nicht selig«, sagte sie. »Aber wir sollen auf sie verzichten, um mit Gewalt in ein evangelisches Leben gebracht zu werden.«

Alle Schwestern redeten aufgeregt in den Raum hinein: »Da muss man sich ja vor übler Nachrede fürchten.« – »Die evangelischen Prediger machen sich doch jetzt schon über uns lustig, wie soll das nur werden, wenn wir in unseren alten Tagen die Kutte mit einem Narrenkleid tauschen.« – »Alle Leute aus der Stadt werden kommen und sehen wollen, wie wir dann gekleidet sind.« – »Vielleicht verhüllen wir uns einfach mit einem Tischtuch oder Betttüchern, wenn wir zum Gesichtsfenster gehen.« Eine andere schlug vor, die grauen Kutten bunt zu färben.

»Bedeutet die Ablegung der Kutte nicht auch eine Verleugnung unserer Aufgabe, unserer Profess?«, fragte Caritas und blickte ernst in die Runde.

»Ja, und das Gesichtsfenster, stört es nicht unsere Klausur«, rief Katharina.

»Wir werden Schaden an der Seele nehmen«, sagte Margarethe leise. Und dabei dachte sie vor allem daran, dass sie und die beiden anderen bald das Kloster verlassen mussten.

Blass und elend saßen die drei Frauen nebeneinander. Die Stimmung war bei allen sehr gedrückt.

»Es weinet und klaget der ganze Konvent«, schrieb Caritas an Willibald.

Am nächsten Tag schickte Kaspar Nützel eine Magd ins Kloster, Maß für ein Kleid zu nehmen, das er seiner Tochter anfertigen lassen wollte.

Mütter und Töchter

Einige Tage später mussten Katharina, Margarethe und Klara schließlich Gürtelstrick und Schleier ablegen und stattdessen einen weltlichen Gürtel, also ein Mieder anlegen und ein Auflegerlein, eine Kappe auf den Kopf setzen. Dann gingen sie mit Caritas und einigen Schwestern in die Kapelle der Klarakirche und warteten, dass die Mütter kämen, die »Wölfinnen«, wie die Äbtissin sie für sich immer nannte.

Eine Stunde hatten sie warten müssen, dann hörten sie lautes Geschrei, es musste sich draußen in der Gasse und dem Kirchhof eine Menge Volk gesammelt haben. Sebald Pfinzing und Endres Imhoff, zwei bekannte Ratsherren, traten an die kleine Öffnung in der Tür zur Kapelle, an der die Nonnen sonst die heilige Kommunion empfingen. Caritas Pirckheimer hatte beide gebeten, als Zeugen dabei zu sein, wenn die Mütter die Töchter holten.

Endres Imhoff sagte nach einer knappen Begrüßung, die Mütter hätten es gerne, wenn Caritas die Töchter zum hinteren Tor am Garten hinausließe, denn es wäre so viel Volk zusammengelaufen, als erwarteten alle eine Hinrichtung.

Caritas Pirckheimer blickte abweisend und erwiderte: »Ich wollt nicht heimlich mit der Sache umgehen. Täten die Mütter recht, dürften sie sich nicht schämen. Ich wollt sie an keinem anderen Ort hinausgeben, als wo ich sie vor bald zehn Jahren hineingenommen habe, was durch die Kapellentür gewesen ist.« Sie meinte die Kapellentür, die sich zur Kirche öffnete.

Also blieb den Müttern nichts anderes übrig, als durch die Volksmenge in die Kirche zu gehen. Dann scheuchten sie die Leute auf den Kirchhof und schlossen hinter sich die Kirchentür. Sie hatten sich auch Verstärkung mitgebracht, einen Onkel von Katharina Ebner und drei weitere Frauen.

Nun war der Moment, in dem die Töchter aus der Kapelle zu den Müttern in die Kirche treten sollten. Stattdessen ließen sie sich zu Füßen der Äbtissin nieder und jammerten und flehten, bei ihr bleiben zu können, und weigerten sich, über das Tryscheufelin, das Trittschäufelin, also die Türschwelle, zu gehen. Auf den Gesichtern der Mütter in der Kirche spiegelten sich Mitleid und Wut. Die Ratsherren standen missmutig daneben und wussten nichts anzufangen mit ihrer Würde.

In der Kirche lockten und drohten die Mütter, ihre Kinder mit Gewalt zu holen. In der Kapelle entsetzte sich Caritas Pirckheimer, um sie die jammernden Töchter. Es war ein Elend.

Katharina Ebner rief ihrer Mutter entgegen: »Du bist die Mutter meines Fleisches, aber nicht meines Geistes. Denn du hast mir meine Seele nicht gegeben, darum bin ich dir auch kein Gehorsam schuldig in den Dingen, die wider meine Seele sind. Wir wollen uns nicht von dem frommen heiligen Konvent scheiden, wenn wir hier herausgehen, werden wir in den Abgrund der Hölle fahren.«

Ihr Onkel grinste spöttisch. Und auch die Mutter lachte nur derb: »Das ist doch albern. Ich werde die Sache schon vor Gott verantworten, da mach dir mal keine Sorgen. Ich nehme die Sünde auf mich.«

Der Onkel streckte Katharina die Hand durch die Öffnung. »Schlag ein, Nichte, ich versprech dir, all deine Sünden, die du noch jemals in dieser Welt tun wirst, auf meine Seele zu nehmen und sie am Jüngsten Tag zu verantworten. Und eure Margarethe und Klara tut gleich noch darauf. Sie wiegen leicht genug.«

Die Frauen wichen zurück vor so viel Hochmut.

Derweilen waren die Ratsherren herangetreten und redeten leise durch die Öffnung auf die Äbtissin ein. Sie machten ihr klar, dass die Mütter aufs Äußerste entschlossen wären, ihre Töchter zu holen. Notfalls würden sie mit Gewalt in den Konvent eindringen. Wenn die Äbtissin das verhindern wolle, dann müsse sie die jungen Frauen jetzt hinausdrängen.

So wandte sich Caritas Pirckheimer also schweren Herzens an diese drei.

»Liebe Töchter, ihr wisst, was ihr Gott gelobt habt, davon kann ich euch nicht befreien, aber mir seid ihr keinen Gehorsam mehr schuldig. Ihr seht, dass ich euch leider nicht helfen kann, denn es ist zu viel der Gewalt. Und wenn dem Konvent daraus Unglück entspringt, seht ihr es auch nicht gern. Ich hoffe, wir werden nicht geschieden sein, sondern wieder zusammenkommen und ewiglich bei unserem treuen Hirten bleiben.«

Kaum hatte sie das gesagt, öffnete sie die niedrige Kapellentür, schob die drei hinaus und schloss die Tür hinter ihnen schnell und fest. Der Onkel nahm Katharina Ebner gleich unter die Arme und versuchte sie zum Eingang der Kirche zu ziehen. Caritas hörte ein großes Zanken, Zerren und Schleppen mit viel Geschrei. Je vier Menschen zogen an einer Nonne.

Die zwanzigjährigen Frauen machten sich schwer wie müde Kinder, die nicht laufen wollen. Als die Mutter kurz von Margarethe abließ, entwand sich diese ihrem Griff und sprang mit einigen schnellen Schritten die Stufen zum Predigtstuhl hinauf. Dort rief sie mit rotem Kopf, alle Schüchternheit vergessend, von der Kanzel: »Ihr sagt, wir leben unrecht. Habt ihr denn völlig die Begriffe verkehrt. Ist es etwa unrecht, zu Gott zu beten, ist es unrecht, ein gottesfürchtiges Leben zu führen. Wenn das Leben im Kloster unrecht wäre, warum hat Gott seit tausend Jahren zugesehen, wie Tausende von Nonnen und Mönchen in Tausenden von Klöstern für ihn gelebt haben. Ja, ihr habt Recht, die Heilige Bibel spricht nicht von klösterlichem Leben. Aber wir haben Gott unser Gelübde gegeben, so für ihn zu leben, wie wir in den letzten Jahren für ihn gelebt und gearbeitet haben. Unser Gelübde können wir nicht brechen, das ist Unrecht, das ist und bleibt Unrecht, die Kraft eines Gelübdes darf man niemals brechen. ›Wenn du Gott ein

Gelübde thust, so verziehe es nicht zu halten; denn er hat keinen Gefallen an den Narren. Was du gelobest, das halte‹, so könnt ihr es in der Bibel lesen. Was tut ihr uns hier an. Ihr wollt unser Seelenheil und doch werden wir euretwegen in der Hölle schmoren als uneidige, ausgelaufene Schwestern.«

Vor Staunen über diese mutigen Worte waren die Mütter und Ratsherren zunächst verstummt.

Dann herrschte ihre Mutter sie an: »Ich stoß dich vom Predigtstuhl, wenn du nicht auf der Stelle zu mir kommst.« Sie zerrte sie herunter.

Derweil hatte die Mutter von Katharina einen Sack hervorgezogen, der bisher unbemerkt geblieben war. Klaras Mutter drehte ihn um und schüttelte so lange, bis alle Kleider, Röcke und Hauben herausgefallen waren. Jede griff jetzt ihre Tochter und versuchte ihr die weltlichen Kleider überzustreifen. Das dauerte bei den sich wehrenden Frauen geraume Zeit. Die Männer hatten sich wieder verlegen abgewandt und warteten am Eingang, wie es weiter ginge.

Da schrie Margarethe: »Reicht es nicht, dass ihr uns aus unserem Leben reißt, müsst ihr uns auch noch unsere Tracht und unsere Ehre nehmen. Ich will meine graue Tracht allein und in Ruhe ablegen, ich lass mich nicht von euch zwingen.«

Da war das Maß voll. Die Mutter schlug zu, mit aller Kraft der zurückgewiesenen, enttäuschten Gefühle schlug sie ihrer Tochter ins Gesicht. Sie traf nicht nur die Wange, sondern auch ziemlich stark die Nase, die sofort anfing, heftig zu bluten. Nun verloren alle drei Nonnen völlig die Fassung, laut schreiend und wehklagend wurden sie aus der Kirche geführt. Vorneweg die blutende Margarethe.

Sie wurden auf die wartenden Wagen gehoben und die Kutscher fuhren an, noch ehe die Landsknechte, die verblüfft am Wegrand standen, dreinschlagen und den Nonnen zu Hilfe eilen konnten. Sie ballten nur noch drohend die Fäuste.

So begann für die drei jungen Frauen ihr weltliches Leben. Es dauerte lange, bis sie sich wieder daran gewöhnten. Die zurückgebliebenen Nonnen im Konvent erfuhren kaum etwas von ihren drei Mitschwestern, denen die Mütter nun jeden weiteren Kontakt zum Klarakloster kurzerhand verboten. Es hat nur geheißen, Klara Nützel hätte nach vier Tagen noch keinen Bissen zu sich genommen.

Einige Jahre später heirateten Katharina und Klara zwei ehemalige Mönche, da mögen sie sich mit ihrem Schicksal ausgesöhnt haben. Margarethe aber kehrte doch noch wieder in ein Kloster zurück, jedoch in ein fremdes.

Etwas Gutes aber hatte dieser Nachmittag, der für alle Beteiligten schrecklich war. Die Nürnberger, die bei der Entführung dabei gewesen waren, verbreiteten, was sie gesehen und gehört hatten, und alle waren empört darüber. Die Klarissen waren immer noch ein angesehener

Konvent. Man hatte auch nicht vergessen, dass Caritas Pirckheimer vor kurzem noch als kluge Äbtissin weithin gerühmt worden war. Seit zweiundzwanzig Jahren leitete sie das Klarakloster. Eine alte Dame und drei ehrenwerte Jungfrauen so zu behandeln, das war schändlich, würdelos, unchristlich. Das konnte der neue Glaube nicht sein, auch wenn man durchaus dafür war, das Kloster aufzulösen. Sebald Pfinzing und Endres Imhoff sorgten mit ihren Reden im Rat dafür, dass alle, und zumal der Pfleger Kaspar Nützel, voll schlechten Gewissens waren.

Natürlich war der Erste, der von Caritas Pirckheimer einen langen Brief über das Geschehen bekam, ihr Bruder Willibald.

Er war gerade von einem Besuch bei seinem alten Freund Albrecht Dürer zurückgekehrt. Der lebte und arbeitete in einem Haus am Thiergärtner Tor in der Nähe der Burg. Dort hatte er seine Mal- und Druckwerkstatt mit einigen Gesellen. Wenn Willibald ihn besuchte, zogen sie sich in eine stille Ecke zurück, tranken eine Maß Bier zusammen, und Albrecht Dürer zeigte ihm neue Zeichnungen oder Willibald Pirckheimer brachte ihm die ein oder andere Schrift mit. Diesmal aber nicht. Diesmal hatten sie nur beieinander gesessen und besorgt über die Stimmung in der Stadt geredet. Es wurde jetzt öffentlich weniger über die Änderungen gesprochen. Die Stimmung war aufgeheizt. Es ging nicht mehr um Worte und wenn, waren sie aggressiver und für die Menschen, die an der herkömmlichen Form der Gottesverehrung festhielten, verletzend. Katholische Prediger wurden verjagt, Gebote und Verbote wurden erlassen und sollten eingehalten werden.

Dürer sagte, er habe von Martin Luther gehört, dass er jetzt gegen die Eiferer in den eigenen Reihen predigen müsse. In der Zeit, in der er sich auf der Wartburg versteckt gehalten hatte, waren Luthers Anhänger viel radikaler geworden als er selbst. Es ging ihnen darum, dass die Menschen sich ganz genau so veränderten, wie sie, die Protestanten, sich das vorstellten. Sie sollten eben keine Heiligen mehr verehren oder zur lateinischen Messe gehen. Luther predigte nun: die Äußerlichkeiten bei den Messen, die Heiligenbilder möge man belassen, bis die Menschen sich genügend geändert hätten. Und bloß kein Blutvergießen! »Predigen will ich's, sagen will ich's, schreiben will ich's, aber zwingen, dringen mit Gewalt will ich niemand.« Dürer bedauerte, dass in Nürnberg ein so besonnener Mensch fehlte.

Später als gewöhnlich war Willibald nach Hause geritten. Da fand er auf seinem Schreibtisch den Brief der Schwester. Er erbrach das Siegel und las ihn gleich. Dann setzte er sich und starrte lange vor sich hin.

Gewalt im Klarakloster. Das hätte er nicht gedacht. Jetzt musste etwas passieren, man konnte die Frauen nicht so schutzlos lassen! Er überlegte angestrengt, wie er vorgehen sollte. Es würde nicht reichen, wenn er selbst im Rat vorsprach. Er müsste eine prominente Person finden, die sich für den Klarissenkonvent einsetzte. So jemanden wie Martin Luther. Luther selbst konnte natürlich nicht nach Nürnberg kommen. Aber da war doch der junge Professor Philipp Melanchthon, der gleich neben Luther in Wittenberg wohnte und ihm bei der Übersetzung der Bibel ins Deutsche half. Schon gelegentlich hatten sie sich geschrieben. So griff Willibald zur Feder und schrieb Philipp Melanchthon, was vorgefallen war. »Wenn du hier wärest«, schloss er, »würdest du die Tränen kaum zurückhalten.«

Herr Philipus zögerte nicht lange, zumal auch noch Kaspar Nützel ihn inständig in einem anderen Brief darum bat, und kam selbst aus Wittenberg angereist.

Kaspar Nützel begleitete Philipp Melanchthon ins Beichthaus des Klaraklosters, wo die Äbtissin sie erwartete. Der junge Gelehrte und die alte Äbtissin fanden sich von den ersten Worten an, die sie wechselten, sympathisch. Vorsichtig legte Melanchthon der Äbtissin die neue Lehre noch einmal dar.

Caritas Pirckheimer aber sagte: »Wir legen wie ihr unseren Grund auf die Gnade Gottes und nicht auf unser eigenes Werk. Wir könnten durchaus auch in der Welt glücklich werden wie im Kloster, wenn wir nicht unser Gelübde gegeben hätten.«

Philipp Melanchthon erwiderte, er glaube nicht, dass das Gelübde binde, man sei nicht schuldig, es zu halten.

Caritas Pirckheimer nickte.

»Darin, Herr Philipus, unterscheiden sich unsere Ansichten. Ich meine, was man gelobt hat, wäre man schuldig zu halten mit Gottes Hilfe«, und erzählte ihm von all dem, was im letzten Jahr vorgefallen war, und endete dann: »Es ist möglich, dass die Verwandten ihre jungen Mädchen aus unserm Kloster holen. Ich möchte niemanden mit Gewalt halten, achte es aber auch nicht für billig, jemanden mit Gewalt herauszuzerren oder den, der zu seinen Tagen gekommen ist, gegen seinen Willen hinauszunötigen, besonders wo nicht Vater und Mutter vorhanden sind. Täglich werden wir mit Scheltworten belästigt und, wer uns am meisten schänden, lästern, schmähen und betrüben kann, der meint, er habe Gott einen großen Gefallen getan. Da ist keine Liebe, kein Mitleid, keine Barmherzigkeit. Ist das die Frucht der christlichen Liebe? Es ist wahrlich eine bittere Frucht, weil sie so viel Jammer und Not verursacht. Bleibt man in dem Kloster, so ist es nicht recht, kommt man hinaus, so weiß man nicht, wo hinaus; da bleibt die Not der alten verlebten Menschen, die Gefahren für die jungen Mädchen unbedacht. Lange Zeit haben die Bauern in Deutschland die Klöster gestürmt und zerrissen, was daraus Gutes entstanden ist, liegt leider zu Tage: Nichts.«

Melanchthon konnte nur mit dem Kopf nicken, er stimmte ihr in allen Punkten zu, bis auf die Frage des bindenden Gelübdes.

Er antwortete nachdenklich: »Luther hat immer gesagt, man sollte die Klöster in ihrem Wesen lassen, wollt man ihnen nichts geben, sollt man ihnen auch nichts nehmen. Es können auch weder Vater noch Mutter mit gutem Gewissen vor Gott verantworten, dass sie ihre Kinder wider ihren Willen mit Gewalt aus dem Kloster nehmen.«

In Freundschaft gingen Caritas Pirckheimer und Philipp Melanchthon auseinander. Den Pfleger aber beredete Melanchthon, die Klarissen fortan stärker zu unterstützen, statt ihnen die Pflege aufzusagen, wie er es vorhatte, und sie zu drängen, ihr Kloster zu verlassen. Nützel stimmte dem verlegen zu.

Kaspar Nützel ritt anschließend mit Melanchthon zum Rathaus, wo ein Empfang für den ehrenwerten Gast gegeben wurde. Bei dieser Gelegenheit redete Melanchthon dem Rat sehr ins Gewissen, dass man den alten Franziskanerpredigern den Gottesdienst in der Klarakirche verboten hätte und zugelassen, dass die Frauen mit Gewalt aus dem Kloster gezogen wurden. Daran hätten die Nürnberger große Sünde getan.

Der Rat blieb von seinen Worten nicht unberührt. Schließlich war Melanchthon der engste Mitarbeiter Martin Luthers und damit fast letzte Instanz in solchen Fragen. Gerade erst hatten die Ratsherren erneut beschlossen, dass sie die restlichen Klöster nun auflösen und die alten Nonnen, die den neuen Glauben nicht annahmen, in ein Kloster zusammentun, die Jungen aber in die Welt zwingen wollten. Nach den eindringlichen Worten Melanchthons fanden die Ratsherren sich zu einem Kompromiss bereit: Die Nonnen durften im Klarakloster bleiben, Kaspar Nützel blieb ihr Pfleger, aber es durften keine altgläubigen Prediger in die Kirche und keine Novizinnen ins Kloster mehr aufgenommen werden. Das Klarakloster sollte sterben, es war nur noch eine Frage der Todesart. Statt eines kurzen, schmerzvollen, erlaubte der Rat den langsamen, sanften Tod, der sich von 1525 bis ins Jahr 1596 über siebzig Jahre hinzog, bis auch die allerletzte Nonne gestorben war.

Doch erst einmal jubelten die Nonnen, als sie die Nachricht bekamen. Mit Tränen in den Augen standen sie im Kapitelsaal und umarmten sich. Sie hatten gesiegt, sie durften in ihrem Kloster bleiben. Gott hatte ihre Gebete erhört, was waren sie glücklich!

Alle – bis auf eine: Anna Schwarz stand an die Wand gelehnt, scheinbar unbeteiligt daneben. Innerlich war sie der Verzweiflung nahe. Ausgerechnet ihr Kloster wurde nicht aufgelöst! Wie hatte sie zu Gott gebetet, hier herauszukommen, und nun sollte das Klarakloster das einzige sein, das bestehen blieb.

Soll ich mein Lebtag hier versauern? Was mach ich jetzt nur?, fragte sie sich unablässig, dabei streiften ihre Augen den Blick der Äbtissin. Der Triumph, der ihr von Caritas entgegenstrahlte, war zu viel für sie. Sie drehte sich um und ging in ihre Zelle. Dort legte sie sich auf ihre Pritsche und weinte und weinte und wollte nie wieder aufhören zu weinen.

Sie ging nicht zur Non, sie ging nicht zur Komplet, irgendwann stand sie auf, schlich in die Küche, holte sich Wasser und etwas Getreidemus und schlich wieder zurück. Am nächsten Tag genauso und am folgenden wieder, sie verlor jedes Zeitgefühl und starrte nur noch teilnahmslos vor sich hin. Die Apothekerin kam zu ihr und bat sie zu helfen – keine Reaktion. Caritas kam, um nach ihr zu sehen, und auch da blieb sie mit dem Gesicht zur Wand einfach liegen.

Caritas tat sie von Herzen Leid. Sie blickte auf die schmale Gestalt hinab, deren Gesichtszüge sich so verändert hatten. Was war Anna für ein lebensvolles Wesen, als sie sie hier im Kloster empfangen hatte. Wie abgezehrt, traurig und blass lag sie nun vor ihr. Caritas fühlte sich schuldig, das konnte sie vor sich selbst nicht leugnen. Und sie fragte sich in diesem Moment ernsthaft: Hätte ich mehr tun können, sie in die Gemeinschaft einzubinden? Hätte ich ihr eine andere Aufgabe zuweisen müssen? Hätte ich sie trotz aller Widerstände singen lassen sollen? Oder mehr persönlichen Unterricht geben? Und ich hatte immer geglaubt, in der Apotheke würde sie sich recht wohl fühlen! So dachte sie, als sie ratlos auf die abweisend schweigende Frau blickte. Aus diesem diffusen schlechten Gewissen heraus redete sie sanfter als sonst auf Anna ein.

»Schwester Anna, ich bitte Euch, Ihr reagiert nicht auf das Läuten der Glocke, Ihr widersetzt Euch unserem Tageslauf. Kommt zurück in unsere Gemeinschaft, wir wollen Euch gut aufnehmen. Wollt Ihr vielleicht die Leitung der Gesangsproben von Schwester Elisabeth übernehmen?«

Aber es war zu spät. Anna reagierte nicht. An die drei Wochen blieb sie in ihrer Zelle. Caritas behandelte sie wie eine Kranke und ließ ihr das Essen durch die Magd bringen. Aber auch hinterher, als sie längst wieder aufgestanden war, nahm sie nicht mehr am klösterlichen Leben teil. Sie erschien nicht zu den Stundgebeten. Wenn der Konvent bei Tisch war, dann schlief sie, waren die Schwestern im Chor, dann aß sie. Nur zu den evangelischen Predigten kam sie eifrig. Keine Bußübung, keine Strafe nahm sie an, stattdessen sagte sie: »Ich will kein Schaf, ich will eine Hirtin sein.« Und immer wieder schrieb sie an ihre Mutter, sie möge sie hier herausholen, sie halte es nicht mehr aus.

Dann endlich: am Abend vom St. Matthiastag 1528 kam ihre Mutter mit einem Kammerwagen und verlangte ihre Tochter.

Caritas segnete Anna, die sie ungeduldig ansah und sagte: »Anna, geht in den Chor unserer Kirche und befehlt Euch noch einmal Gott, ehe Ihr das Haus der Bräute des Herrn verlasst. Er beschütze Euch.«

Anna verharrte dort nur kurz, dann eilte sie zur Kapellentür, und als sie sich hinter ihr schloss, fiel sie ihrer

Mutter befreit um den Hals. Sie verließ eilig die Klarakirche, schwang sich sogleich auf den Wagen und fuhr ohne jeden Abschiedsschmerz davon.

»Keiner kann einem anderen zuliebe etwas glauben, was gegen sein Gewissen ist. Ein jeglicher trage seine Bürde allein vor die Augen Gottes«, sagte Caritas später vor den anderen Nonnen im Kapitelsaal. Und dann wurde in St. Klara nie wieder von Anna Schwarz gesprochen.

Wenig später feierte Caritas mit ihren Nonnen, dass sie nun bereits seit fünfundzwanzig Jahren Äbtissin des Klaraklosters war.

Schon am Morgen kam der ganze Konvent zur Mutter, jede Schwester eine Kerze in der Hand. Die treue Apollonia setzte ihr einen Kranz auf den Kopf, und dann trugen die jüngsten, kräftigsten Schwestern Caritas, auf einem Stuhl thronend, in die Kirche, dazu sangen sie das »Regnum mundi.« Die würdige Mutter weinte. Die Rührung hatte sie überwältigt, all die Jahre zogen an ihr vorüber: Sie erinnerte sich an den Tag, an dem die Großtante Katharina und die Großeltern sie vom Pirckheimerhaus zur Klarakirche brachten, Norius an ihrer Seite. Sie sah sich in der Kirche am Tag ihrer Profess, empfangen von der alten Mutter Margareta Grundherr; sie sah sich vor den Mädchen in der Schule stehen; mit Apollonia in der Bibliothek sitzen; sie dachte an Sixtus und all die Freude, die er ihr geschenkt hatte; und natürlich an die Kämpfe der letzten Jahre und die große Erlösung, als sicher war, dass sie bleiben durften. Mit einem tiefen Gefühl des Glücks und des Dankes für ihr reiches Leben blickte sie auf ihre singenden Töchter hinab, während sie auf dem schwankenden Stuhl in die Kirche getragen wurde.

Unter Tränen sprach Caritas die letzten Worte der Bibel: »Die Gnade unseres Herrn Jesu Christi sei mit euch Allen! Amen.«

Wie ging es weiter?

Drei Jahre später, an einem heißen Augusttag des Jahres 1532, starb Caritas Pirckheimer. Im Totenkalender des Klosters heißt es: »Unsere getreue, würdige, liebe Mutter war eine Liebhaberin des göttlichen Dienstes und Handhaberin aller geistlichen Ordnung.« Ihre Nonnen begruben sie »bei der Kapellentür, beim Weihkessel«.

Äbtissin wurde nun ihre Schwester Klara und ein Jahr darauf, als diese auch gestorben war, Katharina, die Tochter von Willibald. Die Klarissen mussten hinnehmen, dass 1574 der Rat die Klarakirche für den evangelischen Gottesdienst öffnete. Nun wurden hier an Sonn- und Feiertagen evangelische Frühpredigten gehalten. Die Nonnen weigerten sich, daran teilzunehmen, und feierten stattdessen weiterhin ihre Mitternachtsmessen.

Im Winter 1591 starb die letzte Nonne, die noch zu Zeiten der Caritas Pirckheimer ihre Profess abgelegt hatte. Aber noch weitere fünf Jahre geisterten drei alte Frauen durch die langen Gänge, aßen in dem großen Refektorium und beteten weiter wie in alten Zeiten. Es waren drei Augustinerinnen, die im Klarakloster Unterkunft gefunden hatten, als ihr eigenes Kloster Pillenreuth zerstört worden war. Die allerletzte Nonne im Klarakloster starb am 29. September 1596, siebzig Jahre nachdem Nürnberg lutherisch geworden war.

Zwanzig Jahre lang blieb das Klarakloster nun leer stehen. Der Wind pfiff durch die Fensteröffnungen. Manchmal stiegen kleine Jungen ein, um nach den Geistern der alten Nonnen zu suchen. Als das Dach schon undicht war, besann sich der Rat endlich, ließ es ausbessern und richtete im verwaisten Kloster 1618 ein Leihhaus ein, das bis 1896 bestand. Fast dreihundert Jahre lang hinterlegten die Nürnberger ihre Güter in dem Kloster der Klarissen und bekamen dafür etwas Geld. Wenn sie es nach einem halben Jahr nicht zurückzahlen konnten, wurden ihre Sachen versteigert.

Erst um die letzte Jahrhundertwende brach man die Klostergebäude an der Luitpoldstraße ab. Die Klarakirche aber blieb stehen. Sie diente zwischenzeitlich als Lager für Kaufmannsgüter; man stellte in ihr Industrieartikel, ja selbst ein Walfischgerippe aus; nach 1848 nutzte man sie als Militärlager. Erst als die Zahl der Katholiken in Nürnberg wieder so anstieg, dass die

Frauenkirche als einzige katholische Kirche in Nürnberg nicht mehr ausreiche, wurde die Klarakirche 1857 erneut katholisch geweiht. Nun wurden dort unter dem Rundbogen mit dem gekreuzigten Herrn wieder Messen gelesen.

Die Orgel, die Anton Tucher einst der Äbtissin Caritas Pirckheimer und ihrem Konvent geschenkt hatte, funktionierte noch. Und so ist es bis heute.

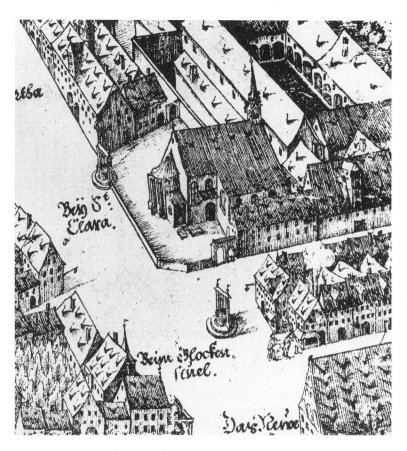

Das Klarakloster aus der Vogelschau, 1608

Quellen und Literatur

Das Leben der Caritas Pirckheimer ist nur in ihren letzten Lebensjahren gut dokumentiert, weil aus dieser Zeit viele ihrer Briefe erhalten sind und sie über ihre Erlebnisse in den schwierigen Tagen der Reformation einen Bericht geschrieben hat, die so genannten »Denkwürdigkeiten«.

Ihre »Denkwürdigkeiten« sind eine der ersten deutschen autobiographischen Schriften überhaupt und soweit mir bekannt die erste Autobiographie einer Frau, die nicht ihren geistigen Weg zu Gott beschreiben wollte, sondern wirklich über das, was ihr in ihrem Leben widerfahren ist, informieren. Sie verfolgte mit ihren Erinnerungen ein ganz klares Ziel, sie wollte das Vorgehen der Reformatoren anklagen. Gleichzeitig verriet sie dabei viel über sich und ihr Leben in der Reformationszeit.

Die »Denkwürdigkeiten« beschränken sich also auf die Jahre ab 1525. Der erste ihrer erhaltenen Briefe datiert aus dem Jahr 1498. Alles, was wiederum davor war, lässt sich nur aus wenigen Andeutungen oder Einträgen erahnen.

Ist also alles, was in diesem Buch über die Jugend von Caritas Pirckheimer steht, erfunden? Nicht ganz.

Was an Fakten fehlt, muss man durch andere Quellen zu ersetzen suchen. Die Inneneinrichtung des Pirckheimerhauses am Markt, das natürlich lange zerstört ist, kann man ungefähr Malereien und Graphiken aus dieser Zeit entlehnen oder auch den Gegenständen entnehmen, die andere Zeitgenossen in ihren Testamenten erwähnt haben. Dann weiß man in etwa, was sie besessen haben könnten. Ende des 15., Anfang des 16. Jahrhunderts haben wunderbare Künstler gelebt und auch in Nürnberg gewirkt, wie etwa Veit Stoß und Albrecht Dürer, die im Buch erwähnt werden und deren Werk einen guten Einblick in die ästhetischen Vorstellungen der Zeit gestatten. Welche Bücher Willibald Pirckheimer besaß und gelesen hat, weiß man ziemlich genau, weil sie zwar nicht vollständig, aber doch in großen Teilen heute noch in einer Londoner Bibliothek beisammen liegen.

So ist aus vielen überlieferten Kleinigkeiten ein Bild vom Leben der Caritas Pirckheimer entstanden, in großen Teilen beruhend auf Mutmaßungen, die aber fast alle ein Quäntchen Wahrheit enthalten.

Nehmen wir den Aufenthalt von Barbara Pirckheimer bei ihren Großeltern: Es gibt keine Quelle, die ausdrücklich sagt, dass Barbara bei den Großeltern gelebt hat, ehe sie ins Kloster ging. Aber einiges spricht dafür: Erstens haben Barbara und Willibald Pirckheimer die Großtante Katharina offenbar recht gut gekannt, denn in einem Schriftstück nimmt Willibald auf ihre gemeinsame Bekanntschaft Bezug. Zweitens durften Ende des

15. Jahrhunderts nur Nürnberger Bürgerinnen und erst nach der Erlaubnis des Rates in das Klarakloster eintreten. Es wäre also für ein in Eichstätt geborenes und lebendes Mädchen, selbst wenn es aus einer bekannten Nürnberger Familie stammte, zumindest schwierig und ungewöhnlich gewesen, ins Klarakloster einzutreten. Drittens hat der Vater 1478 tatsächlich eine neue Stelle beim Herzog von Bayern in München angetreten. Die Familie ist ihm von Eichstätt nach München gefolgt. Barbaras Schwester wurde Nonne in einem Münchner Kloster. Wenn Barbara diesen Umzug noch mitgemacht hätte, warum wäre sie dann nicht auch lieber in München ins Kloster gegangen wie ihre Schwester, statt in Nürnberg, wie sie es 1479 getan hat. Es spricht also vieles für Barbaras Aufenthalt in Nürnberg, bevor sie ins Kloster ging. Warum sollte sie dann nicht bei den Großeltern gewohnt haben? Warum nicht zu einem Zeitpunkt, wo der Umzug die Eichstätter Familie unter Druck setzte? Warum nicht? Es sprach nichts dagegen. So entstand der Gedanke, Barbara einige Zeit bei den Großeltern leben zu lassen.

Belegt ist, dass der Vater Johann Pirckheimer seine Kinder selbst unterrichtet hat, vor allem im Lateinischen und im Musizieren auf der Zither. Warum sollte dieser Unterricht unterbrochen worden sein, als Barbara in Nürnberg war? Warum sollte nicht die gebildete Tante, die Latein verstand und Lehrbücher über Himmelskunde besaß, sie weiter unterrichtet haben? Warum nicht?

Und so hat sich langsam aus den vielen Fragen nach dem »Warum nicht?« ein möglicher Verlauf des Lebens der Caritas Pirckheimer entwickelt.

Dieses Buch hat nur ein Ziel: ihr Leben so wirklichkeitsnah wie möglich zu erzählen. Wirklichkeitsnah heißt auch, dass man den Tagesablauf schildert, ein Bad, die Latrinen. Den Tagesablauf und die Bedingungen im Kloster etwa kann man aus Regeln schließen, die die heilige Klara ihrem Orden gegeben hat und nach denen auch die Nürnberger Nonnen des 15. Jahrhunderts gelebt haben; auch Chroniken und Berichte von anderen Nonnen und Mönchen auch aus anderen Ländern, anderen Jahrhunderten sind da aufschlussreich. So haben mich in religiöser Hinsicht am stärksten die Erinnerungen der Therese von Lisieux beeindruckt, deren Worte und Empfindungen in den ersten beiden Kapiteln Eingang gefunden haben.

Zur Wirklichkeit gehört aber auch ein Beziehungsgeflecht, Freundschaften und Feindschaften. Und davon ist natürlich kaum etwas überliefert außer einiger Briefe. Willibald Pirckheimer und die anderen Geschwister haben oft geschrieben. Diese Briefe bilden den Hintergrund der Dialoge ab ungefähr 1500.

Erhalten geblieben sind jedoch viele liebevolle und einfühlsame Briefe des Sixtus Tucher an Caritas Pirckheimer, so dass man zumindest eine ungefähre Ahnung von dieser Liebe bekommt. Erhalten geblieben sind auch die Namen aller Nonnen des Klaraklosters, deswegen kann man sicher sagen, dass alle Nonnen, die in diesem Buch namentlich genannt werden, auch wirklich im Klarakloster gelebt haben. Aber nur von einigen weiß man mehr. Apollonia Tucher war Priorin des Klosters, sie war wirklich mit Caritas Pirckheimer befreundet und eine Verwandte des Sixtus Tucher, der sie mochte, und sie hat mit Caritas gemeinsam an einer Klosterchronik geschrieben. Viel mehr aber weiß man nicht von ihr.

Von den anderen weiß man noch viel weniger. Nicht einmal die einzelnen Aufgaben, außer die der Äbtissin und Priorin, sind hinter den Namen der Nonnen verzeichnet, alles reine Mutmaßungen bis auf die Daten ihres Klostereintritts und ihres Todes. Aber irgendjemand muss die Ämter ausgeübt haben, denn dass es eine Siechenmeisterin, eine Sakristanin, eine Gewandschneiderin gab, das ist sicher. Warum sollte nicht Anna Neuper Gewandschneiderin gewesen sein? Sie hat am Ende ihres Lebens in nächtelanger Arbeit ein Goldbortenbuch geschrieben, in dem sie jeden Stich dieser komplizierten Stickereien aufzeichnete. Dieses Buch ist erhalten.

Und Anna Schwarz? Anna Schwarz war tatsächlich die einzige Sympathisantin der neuen Lehre im Klarakloster und hat es auch als einzige Nonne freiwillig verlassen.

Aus diesen vielen, kleinen Informationen, auch aus dem, was man von anderen Klöstern weiß, etwa dem

Klarissenkloster in Soest, ergab sich langsam ein Bild von der Gemeinschaft der Klarissen in Nürnberg, wie sie gewesen sein könnte.

Vieles musste trotzdem meiner Phantasie entspringen, denn es sollte ja ein anschauliches, kein wissenschaftliches Buch werden. Und wenn man das 16. Jahrhundert mit der Phantasie eines Menschen des 20. Jahrhunderts versteht, so gelten leider am Ende immer die wunderbaren Worte, die Goethe seinen Faust sagen lässt:

Mein Freund, die Zeiten der Vergangenheit
Sind uns ein Buch mit sieben Siegeln.
Was ihr den Geist der Zeiten heißt.
Das ist im Grund der Herren eigener Geist.
In dem die Zeiten sich bespiegeln.

Dagegen hilft nur, sich selbst ein Bild zu machen. Dabei sind folgende Bücher hilfreich:
- Caritas Pirckheimer 1467–1532. Katalog der Ausstellung der Katholischen Stadtkirche Nürnberg, München 1982.
- Die Denkwürdigkeiten der Äbtissin Caritas Pirckheimer des St. Klara-Klosters in Nürnberg. Übertragen von Benedicta Schrott. Herausgegeben von Georg Deichstetter. St. Ottilien 1983.
- Briefe von, an und über Caritas Pirckheimer (aus den Jahren 1498–1530). Herausgegeben von Josef Pfanner. Landshut 1966.

- Niklas Holzberg, Willibald Pirckheimer. Griechischer Humanismus in Deutschland. München 1981.
- Die Reformation in Nürnberg. Umbruch und Bewahrung. Ausstellungskatalog Nürnberg 1979.
- Quellen zur Nürnberger Reformationsgeschichte. Von der Duldung liturgischer Änderungen bis zur Ausübung des Kirchenregiments durch den Rat (Juni 1524–Juni 1525). Bearbeitet von Gerhard Pfeiffer. Nürnberg 1968.
- Gerd Zimmermann, Ordensleben und Lebensstandard. Die Cura Corporis in den Ordensvorschriften des abendländischen Hochmittelalters. Münster 1973.

Zur Reformation in Deutschland

Dieses Buch ist geschrieben für alle, die gerade erst anfangen, sich mit unserer Geschichte zu beschäftigen. Deswegen sei nun in Kürze von dem geschichtlichen Hintergrund der Ereignisse um Caritas Pirckheimer berichtet.

Als sie 1467 geboren wurde, hatte Johannes Gutenberg in Mainz den Buchdruck vor kurzem erfunden, d.h., Caritas Pirckheimer gehörte zur ersten Generation, die mit gedruckten Büchern aufwuchs. Es musste nicht mehr alles von Hand abgeschrieben werden, es gab mehr Bücher und sie waren billiger. Als sie 1532 starb, hatte eine neue religiöse Bewegung Deutschland verändert. Ihr Leben fiel also in die Zeit der Reformation.

Das Wort »Reformation« umschreibt den religiösen und kirchlichen Wandlungsprozess des 16. Jahrhunderts, der in Deutschland im Herbst 1517 ausgelöst wurde durch die Thesen Martin Luthers gegen den Ablasshandel (vgl. S. 213f.). Das lateinische Verb »reformare« heißt nicht nur »verändern«, sondern auch »rückverwandeln« in einen ursprünglichen, besseren Zustand, und das umschreibt gut, was die Reformatoren anstrebten: Luther wollte nicht die katholische Kirche in Deutschland zerstören, er wollte sie verändern, reformieren, zurückführen zum Wesentlichen. Er wollte den Gottesdienst von allem Unrat und Zierrat befreien, der nach seiner Sicht das klare Evangelium vernebelte. Dieses Vorhaben endete mit einer Spaltung der christlichen Kirche in eine katholische und eine evangelische Richtung und führte zu den bald darauf einsetzenden jahrzehntelangen Religionskriegen in Deutschland.

Da fragt man sich, war das nötig? Weswegen hat die katholische Kirche nicht von sich aus den Missbrauch des Ablasswesens unterbinden und sich selbst reformieren können?

Zwar kam die deutlichste Kritik aus dem Innern der Kirche; Luther selbst war ja ein Augustinermönch, der nicht allein stand mit seiner Kritik. Doch das Unterfangen, die Kirche zu ändern, war äußerst schwierig.

Die katholische Kirche war Anfang des 16. Jahrhunderts ein in sich geschlossenes, quasi weltumfassendes System und Herrschaftsinstrument. Sie bestimmte autoritär, was geglaubt werden durfte. Sie wurde zusammengehalten von einem streng hierarchischen Verwaltungsapparat. Wer darin Arbeit fand, war meist auch betraut mit dem Eintreiben von Geldern, was zum Missbrauch geradezu einlud. Zwischen unendlich vielen, sich widerstreitenden Interessen war die Kirche nicht mehr in der Lage, sich selbst zu reformieren, obwohl sie es immer wieder versuchte.

Schon im 15. Jahrhundert hat es in der Kirche, vor allem in den Klöstern, Reformen gegeben. Nehmen wir unsere Klarissen in Nürnberg, so gab es dort eine Straffung der Regeln und strengere geistliche Lebensführung schon vor der Äbtissin Margareta Grundherr. Diese Reformen wurden überwacht durch die so genannten Visitatoren, wie sie uns in der Figur des Wilhelm Bertho (S. 87f.) bei den Klarissen oder auch des Johann von Staupitz (207f.) bei den Augustinern begegnet sind. Das Leben, das die Nonnen und Mönche – vor allem in den Bettelorden – führten, war meist eines der persönlichen Armut, Bescheidenheit und Integrität, also sicherlich nicht Angriffspunkt der öffentlichen Kritik.

Anders verhielt es sich in den oberen Etagen der kirchlichen Hierarchie. Die Landesbischöfe hielten Hof wie die örtlichen Fürsten, ganz zu schweigen vom Oberhaupt der katholischen Kirche, dem Papst, der gerade in dieser Zeit mit Reichtum und Kunstschätzen prunkte, dass den ärmeren Gläubigen sich die Frage aufdrängte, ob er nicht mit dem Geld der Kirche in unredlichem Maße um sich werfe. Schauen wir, was Luther zu seinen Thesen veranlasst hat, dann wird das Unmaß der katholischen hohen Geistlichen unmittelbar verständlich:

Um 1515 hatte ein junger Mann Mitte zwanzig namens Albrecht von Brandenburg Papst Leo X. – den gleichen, der Caritas Pirckheimer den Gebrauch ihrer Orgel gestattete (S. 195) – mit 30 000 Dukaten bestochen, damit er werden konnte, was eigentlich verboten war: gleichzeitig dreifacher Bischof, in seiner Position als Erzbischof von Mainz zugleich auch Primas in Deutschland, Erzkanzler des Reiches und ranghöchster Kurfürst. Was versteckte sich hinter diesen Titeln? Neben sehr viel Geld unter anderem zum Beispiel die Macht, nach Maximilians Tod den neuen Kaiser mit zu wählen.

So hoch hinaufgestiegen war er natürlich nicht, um im religiösen Sinne Gott zu dienen, sondern, um, wie Leo X., sein Amt zu genießen, der Kirche weltlichen Glanz zu verleihen und vor allem die Position seiner eigenen Familie Hohenzollern zu stärken. Da Albrecht sich bei der Zahlung von Schmiergeldern übernommen hatte, vereinbarte er mit Papst Leo, dass er seine Schulden durch Ablässe unter dem Vorwand des Neubaus der Peterskirche in Rom tilgen könne.

Auch Caritas Pirckheimer hat das Geld für die Renovierung ihres Klosters durch einen Ablass gewonnen (S. 181f.). Doch ist es natürlich ein Unterschied, ob man das Geld der Gläubigen zum Erhalt eines Klosters dringend benötigt, das ja im Gegenzug dafür den Betdienst versieht, der von der Gemeinde der Gläubigen auch erwartet wird, oder ob man das Geld zur Befriedigung des persönlichen Ehrgeizes und des Anhäufens von Ämtern verschleudert. Das Vorgehen Albrechts von Brandenburg veranlasste Luther 1517 zu seinen 95 Thesen.

Missstände solcher Art waren ein Grund, warum Luthers Thesen signalhafte Wirkung besaßen, sich in

rasender Schnelligkeit im ganzen Land verbreiteten und auf Zustimmung stießen. Doch dafür finden sich auch noch andere Gründe. Sie seien zunächst nur genannt:
Die Entdeckung der Individualität im Humanismus, das beginnende nationale Bewusstsein in Deutschland und Luthers Wortgewalt.

Um diese knappen Antworten verständlich zu machen, müssen wir etwas weiter ausholen. Nehmen wir das Beispiel der Familie Pirckheimer.

Willibald und Caritas Pirckheimer gehören zu der ersten Generation in Deutschland, die ihre eigenen weltlichen Erlebnisse für so wertvoll gehalten hat, dass sie sie aufschrieb. Das hat es vorher so nicht gegeben. Im 14. und im 15. Jahrhundert schrieb man, wenn überhaupt, über den schwierigen, entbehrungsreichen Weg, den man gegangen war, um geläutert zu werden und sich in wunderbarer Ekstase mit Gott zu vereinen. Man erzählte von religiös-geheimnisvollen Erlebnissen und vom Einswerden mit Gott. Geheimnisvoll heißt lateinisch »mysticus«, daher nannte man diese Autoren auch die Mystiker. Nicht der Mensch stand bei ihnen im Mittelpunkt, sondern Gott; nicht das Leben, sondern der Glaube. Das änderte sich im 16. Jahrhundert.

Ausgelöst wurde dieser Wandel durch eine Entwicklung, die in Italien schon im 14. Jahrhundert eingesetzt hatte, eine Rückbesinnung der lateinkundigen Gelehrten auf klassische Autoren der Antike.

Überall suchten sie in den Bibliotheken der Klöster nach vergessenen Büchern römischer und griechischer Schriftsteller. Durch das, was sie dort lasen, wurden religiöse Themen zurückgedrängt und statt Gott stellten sie den Menschen und seine Fähigkeit, die Welt zu gestalten, in den Mittelpunkt ihrer Studien. Sie hoben das Irdische neben das Göttliche. Irdisch heißt lateinisch »humanus«, daher nannten sie sich Humanisten. Mit dem Humanismus entdeckten sie auch sich selbst als ein Wesen, das sich formt und sein Leben bewusst gestaltet. Ein Humanist wiederum war einer, der als Lehrer, Wissenschaftler oder Berater eines Fürsten seine Bildung für praktische Aufgaben benutzte und in die Welt trug.

Dabei galt als wichtigste Voraussetzung, dass er sich im Stil der römischen Schriftsteller im klassischen Latein ausdrücken konnte. Willibald Pirckheimer verstand sich natürlich als Humanist.

Am Beispiel seiner Vorfahren lässt sich die Entwicklung in Deutschland noch einmal recht anschaulich nachzeichnen:

Schon der Großvater, Hans Pirckheimer, hatte vor 1440 in Deutschland und auch in Italien studiert. Er musste noch alle ihn interessierenden Schriften selber abschreiben oder teure handgeschriebene Bücher kaufen. Deswegen beschränkte er sich auf die für ihn wichtigsten Bücher, die der religiösen Erbauung dienten oder sein juristisches Studium ergänzten.

Der Vater Johann studierte um 1460 herum fast sechs Jahre lang in Padua und Pavia. 1455 hatte Johannes Gutenberg in Mainz als erstes Buch einen Teil der Bibel gedruckt. Erst 1467 ließen sich deutsche Drucker auch in Rom nieder, doch gab es sie in Straßburg schon seit 1458. Bis zum Ende des Jahrhunderts wurden in Europa mehr als tausend Druckereien gegründet, die über 35 000 Schriftstücke druckten. Fortan mussten Bücher nicht mehr mit der Hand abgeschrieben werden, sondern konnten ohne Ende gedruckt werden. Ehrgeiz der folgenden Generationen, besonders der von Willibald Pirckheimer, wurde es, die Schriften griechischer und römischer Philosophen aufzufinden, sie in eine verständliche Sprache, also ins Lateinische, manchmal auch ins Deutsche, zu übersetzen und sie durch den Druck und die Verbreitung überall bekannt zu machen.

Johann Pirckheimer kaufte bereits nahezu alle wichtigen römischen Klassiker und arbeitete sie durch, so dass mit Willibald also die dritte Generation dieser Nürnberger Familie italienische Lebensart und die zweite Generation humanistische Bildung erwarb. So war es in vielen Patrizierfamilien, wie auch das Beispiel von Sixtus Tucher oder Kaspar Nützel zeigt, die ebenfalls dort studierten. Diese deutschen Gelehrten beherrschten zumindest das Lateinische, bemühten sich um das Griechische und waren belesen, was die römischen antiken Autoren anging und die zeitgenössischen italienischen, die sie in ihrem Stil nachzuahmen trachteten.

Caritas Pirckheimer, die als eine der ganz wenigen Frauen ihrer Zeit entsprechend das Lateinische sehr gut verstand und schrieb und antiken Büchern Interesse entgegenbrachte, wurde deshalb gelehrt genannt. Nachdem Konrad Celtis sie bekannt gemacht hatte (S. 158f.), wurde sie auch verehrt (S. 191ff.).

Indem nun der humanistisch gebildete, seine Antworten in den Büchern suchende, grüblerische Mensch zum Ideal der gelehrten Welt erhoben wurde, setzte auch eine starke individuelle, d.h. persönliche Beschäftigung mit religiösen Themen ein. Viele, die lesen konnten, suchten einen ganz eigenen Zugang auch zu Gott.

Durch den Buchdruck wurden nicht nur die Gedanken der römischen und griechischen Philosophen verbreitet, sondern vor allem die religiösen Schriften: die Bibel zuvorderst, aber auch Schriften der Heiligen, etwa Hieronymus (S. 137f.), Klara, Franziskus (S. 110f.) und Bernhard von Clairvaux (S. 207f.), wie Caritas Pirckheimer sie gelesen hat, fanden weite Verbreitung. *Die Entdeckung der Individualität im Humanismus* führte zu einem breiteren Nachdenken über die christliche Religion und auch über die Form, den Ausdruck, den diese Religion in der zeitgenössischen Kirche fand.

Das ist also ein Grund, warum Luthers Thesen auf fruchtbaren Boden fielen: Es gab viele, die sich Gedanken über Religion und Kirche machten, und er sprach ihnen aus dem Herzen.

Die Vorstellungen, die man sich von einem Leben nach dem Tod machte, blieben durchgehend noch christlich geprägt vom Fegefeuer und dem Bestreben, die eigenen Sünden zu mindern.

Die Humanisten, so sehr sie von den heidnischen philosophischen Schriften beeinflusst waren, waren dennoch tief christlich religiös. Ziel und Streben des guten Lebens war und blieb es noch lange Zeit, im Einklang mit Gott zu leben. Man suchte nur nach neuen Wegen.

Dabei entdeckte man die christliche Vergangenheit wieder. Der Geschmack der Zeit, sich mit der Vergangenheit zu befassen, mit der vorchristlichen Zeit des Römischen Reiches, aber auch mit dem frühen Christentum und den Schriften vergangener Kirchenväter, führte zu einer Rückbesinnung auf die Anfänge des Christentums, an dessen Ursprung das Heilige Evangelium stand. Es wurde eine Beweisführung zugunsten des Echten und Unverfälschten daraus entwickelt gegenüber dem sittlich und dogmatisch Entarteten, wie es sich für die Zeitgenossen im Ablasswesen zeigte.

Nun kommt der zweite Grund für Luthers Popularität:

Das erwachende nationale Bewusstsein gegen die römische Gängel.

Im Jahre 1501 wurde eine Schrift von dem römischen Autor Tacitus wieder gefunden, die man verschollen geglaubt hatte. Sie hieß »Germania« und beschrieb die Germanen, also, so folgerte man, unsere Vorfahren. Es entwickelte sich das Gefühl: Wir haben eine eigene Geschichte, eine deutsche Geschichte, auch eine eigene Sprache, und wir müssen den Italienern, die wenig gute Worte über die Deutschen finden, einmal zeigen, dass wir auch etwas vorzuweisen haben. Dieses Anliegen hatte auch Konrad Celtis, und es ist ein Grund für seine Verehrung der Caritas Pirckheimer (S. 148), wie es auch ein Grund dafür ist, dass er die religiösen Dramen der Nonne Roswitha von Gandersheim gesucht, gefunden und neu herausgegeben hat. (S. 147.)

In Deutschland hatte der Humanismus einen deutlichen antirömischen, antipäpstlichen und nationalen Akzent. In Luthers Angriff auf den Papst und die römische Kurie, also die Führung der katholischen Kirche in Italien, mischte sich so etwas wie erstes nationales Erwachen mit ein, was den Zeitgenossen gefiel.

Hätte die Führung der Kirche, also vor allem der Papst und seine Kardinäle, die Tragweite der lutherischen Thesen erkannt, hätte sie sicher anders reagiert, so wie sie hundert Jahre zuvor kurzerhand den böhmischen Reformator Jan Hus auf dem Konstanzer Konzil verbrennen ließ. Die äußeren Umstände waren für Luther viel günstiger: Seine Thesen wurden veröffentlicht in einem Moment, in dem der Kaiser Maximilian kurz vor seinem Tod stand und nicht mehr mit aller Macht die Entwicklung verfolgen konnte. Außerdem regierte in Rom der Papst Leo X., der, wie schon erwähnt, eher mit künstlerischer Gestaltung beschäftigt war, als auf ein

»Mönchsgezänk«, wie er das nannte, aus Deutschland zu achten. Der neue Kaiser Karl V. kam bekanntlich erst 1520 nach Deutschland (S. 227f.), was Luther also einige Jahre Zeit ließ, seinen Einfluss zu verstärken.

Luther nutzte die kaiserfreien Jahre und produzierte in einer rastlosen Geschwindigkeit seine Schriften, die durch den Buchdruck große Verbreitung fanden. An alle Bevölkerungsschichten wandte er sich.

Vor allem die drei Schriften von 1520 schlugen ebenso ein wie die Thesen von 1517: »An den christlichen Adel deutscher Nation, von des christlichen Standes Besserung« und »Von der babylonischen Gefangenschaft der Kirche«, schließlich die bekannteste Schrift: »Von der Freiheit eines Christenmenschen«. Und jeder verstand darin und nahm sich daraus, was er gebrauchen konnte. Der erste Satz in *»Von der Freyheyt eyniß Christenmenschen«* lautet zum Beispiel: *»Eyn Christen mensch ist eyn freyer herz über alle ding und niemandt unterthan.«* Dieser Satz löste einen beinahe landesweiten Aufstand der Bauern gegen die Lehensherrschaft ihrer Herren aus, der sehr blutig verlief und in Nürnberg nur durch das geschickte Lavieren des Rates verhindert werden konnte. Diese Unruhen waren gar nicht in Luthers Sinne, so hieß auch der zweite Satz in *»Von der Freyheyt eyniß Christenmenschen«: »Eyn Christen mensch ist eyn dienstpar knecht aller ding und yderman unterthan.«*

Doch seine Ideen verselbständigten sich, er formulierte die Unruhe der Zeit, schürte sie, fasste in Worte, was vielen im Herzen drängte. Luthers Wortgewalt also besaß die Funktion eines Auslösers.

Hinzu kam, dass es vielen Landesherren und Städten durchaus gelegen kam, ihren Weg abseits von Kaiser und Papst zu suchen. Und dabei konnten sie auch noch reich werden, denn der Besitz der Klöster, die aufgelöst wurden, fiel den Landesherren zu.

Die Reformation setzte sich in vielen kleineren Stadtstaaten wie Nürnberg und einigen deutschen Fürstenländern wie Sachsen oder Hessen durch, da es nur weniger entschiedener Befürworter, so genannter Lutheraner oder, wie man ganz zu Anfang sagte, Martinianer, bedurfte, um eine Veränderung durchzusetzen.

Nehmen wir wieder das Beispiel Nürnberg. Dort herrschte eine kleine Führungsschicht. Ein die Stadt regierender Ratsherr konnte nur werden, wer aus einer der 40 ältesten, anerkannten Kaufmannsfamilien stammte, also Patrizier war. Dazu zählten die Tucher, die Pirckheimer, die Nützel, Ebner, Volckamer, Grundherr, Meichsner, um nur einige Namen zu nennen, die uns im Buch begegnet sind. Anton Tucher, Kaspar Nützel, Hieronymus Ebner waren entschiedene Anhänger Luthers.

Wenn diese Patrizier sich einig waren, dann wurde Nürnberg eben reformiert. Und so geschah es auch. Die Reformation wurde zwar behutsam wegen der Beziehungen zum Kaiser, die man nicht stören wollte, aber doch energisch eingeführt.

Anderswo in Deutschland, nicht in den Stadtstaaten, sondern an den Fürstenhöfen hing die Einführung der Reformation sogar allein von der Haltung eines Einzelnen ab, des jeweiligen Staatsoberhauptes.

Schließlich darf man noch eines nicht vergessen: Luther hat Glück gehabt. Hätte Karl V. auf dem Reichstag zu Worms 1521, wo Luther seine Lehre vorstellen und widerrufen sollte, sein Wort nicht gehalten, sondern den Reformator verbrannt wie hundert Jahre zuvor Jan Hus in Konstanz, hätte sich die Reformation wohl nicht in dieser Weise durchsetzen können. Karl V. hat sein Leben lang diese Milde bereut, aber da war es schon zu spät. Der zweite glückliche Umstand war, dass Luthers Landesvater Friedrich von Sachsen Luther entschieden unterstützte und ihn – als er schließlich überall in Deutschland als Ketzer gesucht wurde – auf der Wartburg versteckte, bis die Lage sich etwas entspannt hatte. Dort hat Luther sich auch innerlich sammeln können und damit begonnen, die Bibel systematisch ins Deutsche zu übersetzen. Es war eine Übersetzung in die Sprache des Volkes, deren Satzschöpfungen noch heute unseren Sprachgebrauch prägen. Ebenso wie die Ausgabe des »*Geystlich Gesangk-Buchleyn*« 1524 den mehrstimmigen, protestantischen Choral schuf und mit solchen Liedern wie »Ein feste Burg ist unser Gott« (1527) Luther unseren Sprach- und Liedgeschmack prägte.

Wie stark griffen eigentlich die Veränderungen der

Reformation, wo sie eingeführt wurde, in den Alltag der Gläubigen ein?

Die Veränderungen gingen sehr weit. Die Messe wurde nun auf der Grundlage der Lutherbibel deutsch gelesen und damit für viele zum ersten Mal verständlich; aus den Kirchen wurden die Heiligenbilder entfernt; die Festtage der Heiligen mit all ihren Umzügen, Heiltumsweisungen und Extraablässen wurden abgeschafft; die Klöster wurden weitestgehend aufgelöst und ihr Besitz auf die Landesherren verteilt; nicht einige wenige sollten zum Beten für die Allgemeinheit abgestellt werden, sondern ein jeder sollte für sich Gebete und gottesfürchtiges Leben in seinem Alltag umsetzen.

Ein gottesfürchtiger, angesehener Lebenswandel war der der Arbeit und des Fleißes, der persönlichen Buße und strengen Sitte. Gemäß der lutherischen Forderung: jeder Gläubige sollte sozusagen sein eigener Priester sein, der für seine Verbindung zu Gott nur noch die Anleitung des örtlichen Pfarrers brauche. Alleinige Autorität war damit nicht mehr der Papst, sondern die Heilige Schrift. Damit bekam die deutsche Predigt im Gottesdienst die zentrale Bedeutung, da sie die Heilige Schrift auslegte und den Gläubigen verständlich machen sollte.

Aber nicht nur der Alltag änderte sich, auch langfristig hatte die Reformation für Deutschland eine enorme und leider äußerlich betrachtet verheerende Wirkung: Innerhalb weniger Jahre breitete sich das Luthertum vor allem im Norden und Osten Deutschlands, in Livland, Schweden, Finnland, Dänemark und Norwegen aus. Einige deutsche Länder, wie zum Beispiel Bayern oder Baden, blieben aber katholisch. Das hat zu einer fatalen Spaltung des Landes geführt, deren Spannungen sich hundert Jahre später in einem der grausamsten und längsten Kriege der frühen Neuzeit entluden, dem Dreißigjährigen Krieg.

Außerdem schwächte das Luthertum die Stellung des deutschen Kaisers, denn die mittelalterliche Vorstellung von Kaiser und Papst waren die eines komplementären, von Gott eingesetzten Duos, das heißt, der Kaiser sollte die weltliche Macht, der Papst die geistliche besitzen, beides von Gott gewollt. Wenn man eine Macht stürzte, stürzte man auch die andere. Mit der Einführung der Reformation verlor Karl V. endgültig die Macht, sich gegen die erstarkenden Landesherren durchzusetzen. Diesen wiederum war die Reformation ein willkommener Anlass, sich selbständig zu machen. Der Zerfall des Reiches in unzählige kleine deutsche Einzelstaaten, wie sie das Bild Deutschlands zweihundert Jahre später prägen sollten, war hier angelegt.

Zeittafel zu Leben und Zeit der Caritas Pirckheimer

1445	Erster Druck mit beweglichen, gegossenen Metallbuchstaben von Johannes Gutenberg in Mainz
1455	Gutenberg druckt 42 Zeilen aus der Bibel. Weitere Ausbreitung des Buchdrucks: Straßburg 1458, Köln 1465, Rom 1467 – von 1445 bis 1500 entstehen über tausend Druckereien in Europa mit über 35 000 Druckerzeugnissen
März 1467	Geboren in Eichstätt als Tochter des Dr. Johann Pirckheimer und seiner Frau Barbara, geb. Löffelholz; getauft auf den Namen Barbara
1470	Bruder Willibald wird in Eichstätt geboren
1479	Eintritt in das Klarakloster in Nürnberg, zunächst als Klosterschülerin
Jan. 1481	Gespräch Wilhelm v. Berthos mit der Klosterschülerin Barbara Pirckheimer ist durch einen Brief bezeugt, den die Äbtissin Margareta Grundherr an Barbaras Onkel Georg Pirckheimer schrieb
Nov. 1483	Geburt Martin Luthers in Eisleben
1485	erste Erwähnung des Namens Caritas
ca. ab 1490	Arbeit als Kindmeisterin; Quellensammlung zur Klostergeschichte; deutsche Abschrift einer Kloster-

	chronik mit Apollonia Tucher; Mitschriften der Predigten Stephan Fridolins
1495	Willibald kehrt aus Italien zurück, heiratet Crescentia Rieter und lässt sich in Nürnberg nieder
1497	Geburt Philipp Melanchthons
1499	Die Schweiz beginnt sich vom Reich zu lösen; Nürnberger ziehen in den Schweizer Krieg unter dem Hauptmann Willibald Pirckheimer
1501	Konrad Celtis druckt die Werke der Roswitha von Gandersheim (935–973), die er 1493 im Kloster St. Emmeram zu Regensburg entdeckt hat. In der einleitenden Widmungsrede rückt Celtis nach Hinweisen auf berühmte Frauen der Antike auch Frauen der Gegenwart in die Nähe der Roswitha von Gandersheim. Dabei fällt der Name Caritas Pirckheimer, deren Fähigkeit, Latein zu sprechen und lateinische Briefe zu schreiben, er hervorhebt
1502	Im März antwortet Caritas mit einem langen Dankesbrief, woraufhin Celtis ein Lobgedicht auf sie schreibt, das er ihr zusammen mit seinem neuesten Buch sendet. Dieses Gedicht macht Caritas Pirckheimer in Humanistenkreisen bekannt
Dez. 1503	Caritas wird einstimmig zur Äbtissin des Klaraklosters gewählt
1506	Ein junger Verwandter Apollonias, Christoph Scheurl, veröffentlicht den Briefwechsel zwischen Konrad Celtis und Caritas Pirckheimer wie auch
1514	Die Briefe von Sixtus Tucher an Caritas Pirckheimer

1507	Sixtus Tucher, der langjährige Freund, stirbt
1511	Albrecht Dürer und Benedictus Chelidonius widmen Caritas Pirckheimer die Buchausgabe des »Marienleben«
Okt. 1517	Luther verfasst 95 Thesen gegen den Ablasshandel
Okt. 1518	Luther erscheint vor Cajetan im Augsburg und besucht auf dem Rückweg Willibald Pirckheimer in Nürnberg
1519	Wahl Karls V. zum Kaiser
1520	Bannbulle gegen Luther. Luthers wichtige Schriften erscheinen: An den Adel; Von der babylonischen Gefangenschaft; Von der Freiheit eines Christenmenschen
1521	Reichstag zu Worms, Luther weigert sich zu widerrufen und muss sich anschließend auf der Wartburg verstecken
Juni 1522	Brief der Caritas Pirckheimer an Hieronymus Emser, in dem sie sich gegen die reformatorischen Ideen ausspricht
1522	Das neue Testament von Luther in deutscher Übersetzung wird herausgegeben; erst 1534 erscheint die vollständige Bibel von Luther übersetzt
März 1525	Allen Mönchen wird vom Rat der Stadt Nürnberg die Predigt und das Beichthören in den Nonnenklöstern untersagt. Die Klarissen müssen von jetzt an den evangelischen Predigten folgen. Bis Oktober 1525 lauschen sie 111 evangelischen Ansprachen, darunter einer vierstündigen Unterweisung durch Andreas

	Osiander, Prediger von St. Lorenz
	Die drei Nonnen Katharina Ebner, Margarethe Tetzel und Clara Nützel werden von ihren Müttern mit Gewalt aus dem Kloster geholt
Nov. 1525	Gespräch Philipp Melanchthons mit der Äbtissin von St. Klara. Der Rat der Stadt lenkt ein, das Kloster bleibt bestehen, darf aber keine neuen Nonnen aufnehmen
1528	Anna Schwarz verlässt das Klarakloster und heiratet später Friedrich Pistorius, ehedem Abt von St. Egidien
Ostern 1529	Als erste Äbtissin feiert Caritas Pirckheimer ihr 25-jähriges Äbtissinnenjubiläum
Aug. 1532	Tod der Caritas Pirckheimer
Herbst 1596	Die letzte Nonne im Klarakloster stirbt

Bildnachweis

Seite 2: Alter Stadtplan der Stadt Nürnberg; *Seite 16*: Lorenz Strauck, Der Hauptmarkt nach Norden. Gemälde von 1599. Bildarchiv der Stadt Nürnberg; *Seite 23*: Robert Campin (Meister von Flémalle), Werl-Altar, rechter Flügel. Archiv für Kunst und Geschichte, Berlin; *Seite 29*: Albrecht Dürer, Vermählung Mariä. Kupferstich, um 1504; *Seite 32*: Albrecht Dürer, Geburt Mariä. Kupferstich, um 1503; *Seite 40*: Der Erzengel Michael, Veit Stoß zugeschrieben, vor 1477; *Seite 51*: Albrecht Dürer, Das Ornat Karls des Großen. Federzeichnung, 1510; *Seite 64*: Das Klarakloster. Foto von 1887. Bildarchiv der Stadt Nürnberg; *Seite 139*: Albrecht Dürer, Willibald Pirckheimer. Kohlezeichnung, 1503. *Seite 147*: Georg Fennitzer (?), Sixtus Tucher. Schabkunstblatt, 1507; *Seite 190*: Johann Adam Delsenbach, Die St. Clara Capellen in Nürnberg. Kupferstich, 1445. Nürnberg, stadtgeschichtliche Museen; *Seite 194*: Balthasar Schmitt, Plastik bei den Engl. Fräulein zu Nürnberg; *Seite 275*: Hieronymus Braun, Das Klarakloster aus der Vogelschau-Perspektive gezeichnet. Ausschnitt aus dem Braunschen Prospekt der Stadt Nürnberg. Federzeichnung 1608. Bildarchiv der Stadt Nürnberg.